选题策划　何　龙　何少华

执行策划　彭永东

编辑统筹　彭永东

装帧设计　胡　博

督　　印　刘春尧

责任校对　蒋　静

中国科普大奖图书典藏书系

100个似是而非的问题

陈天昌◎著

长江出版传媒 | 湖北科学技术出版社

图书在版编目(CIP)数据

100个似是而非的问题 / 陈天昌著. —武汉：湖北科学技术出版社，2013.4(2018.6重印)
(中国科普大奖图书典藏书系/叶永烈　刘嘉麒主编)
ISBN 978-7-5352-5614-0

Ⅰ.①1…　Ⅱ.①陈…　Ⅲ.①科学知识—普及读物
Ⅳ.①Z228

中国版本图书馆CIP数据核字(2013)第055094号

100个似是而非的问题
100 GE SISHIERFEI DE WENTI

责任编辑：彭永东　胡　静　　封面设计：戴　旻

出版发行：湖北科学技术出版社　　电话：027-87679468
地　　址：武汉市雄楚大街268号　　邮编：430070
(湖北出版文化城B座13-14层)
网　　址：http://www.hbstp.com.cn

印　　刷：武汉中科兴业印务有限公司　　邮编：430071

700×1000　1/16　15.75印张　2插页　188千字
2013年4月第1版　　2018年6月第5次印刷
定价：26.00元

总序

ZONGXU

我热烈祝贺"中国科普大奖图书典藏书系"的出版！"空谈误国，实干兴邦。"习近平同志在参观《复兴之路》展览时讲得多么深刻！本书系的出版，正是科普工作实干的具体体现。

科普工作是一项功在当代、利在千秋的重要事业。1953年，毛泽东同志视察中国科学院紫金山天文台时说："我们要多向群众介绍科学知识。"1988年，邓小平同志提出"科学技术是第一生产力"，而科学技术研究和科学技术普及是科学技术发展的双翼。1995年，江泽民同志提出在全国实施科教兴国的战略，而科普工作是科教兴国战略的一个重要组成部分。2003年，胡锦涛同志提出的科学发展观则既是科普工作的指导方针，又是科普工作的重要宣传内容；不是科学的发展，实质上就谈不上真正的可持续发展。

科普创作肩负着传播知识、激发兴趣、启迪智慧的重要责任。"科学求真，人文求善"，同时求美，优秀的科普作品不仅能带给人们真、善、美的阅读体验，还能引人深思，激发人们的求知欲、好奇心与创造力，从而提高个人乃至全民的科学文化素质。国民素质是第一国力。教育的宗旨，科普的目的，就是为了提高国民素质。只有全民的综合素质提高了，中国才有可能屹立于世界民族之林，才有可能实现习近平同志最近提出的中华民族的伟大复兴这个中国梦！

新中国成立以来，我国的科普事业经历了1949—1965年的创立与发展阶段；1966—1976年的中断与恢复阶段；1977—

1990年的恢复与发展阶段;1990—1999年的繁荣与进步阶段;2000年至今的创新发展阶段。60多年过去了,我国的科技水平已达到“可上九天揽月,可下五洋捉鳖”的地步,而伴随着我国社会主义事业日新月异的发展,我国的科普工作也早已是一派蒸蒸日上、欣欣向荣的景象,结出了累累硕果。同时,展望明天,科普工作如同科技工作,任务更加伟大、艰巨,前景更加辉煌、喜人。

“中国科普大奖图书典藏书系”正是在这60多年间,我国高水平原创科普作品的一次集中展示,书系中一部部不同时期、不同作者、不同题材、不同风格的优秀科普作品生动地反映出新中国成立以来中国科普创作走过的光辉历程。为了保证书系的高品位和高质量,编委会制定了严格的选编标准和原则:一、获得图书大奖的科普作品、科学文艺作品(包括科幻小说、科学小品、科学童话、科学诗歌、科学传记等);二、曾经产生很大影响、入选中小学教材的科普作家的作品;三、弘扬科学精神、普及科学知识、传播科学方法,时代精神与人文精神俱佳的优秀科普作品;四、每个作家只选编一部代表作。

在长长的书名和作者名单中,我看到了许多耳熟能详的名字,备感亲切。作者中有许多我国科技界、文化界、教育界的老前辈,其中有些已经过世;也有许多一直为科普事业辛勤耕耘的我的同事或同行;更有许多近年来在科普作品创作中取得突出成绩的后起之秀。在此,向他们致以崇高的敬意!

科普事业需要传承,需要发展,更需要开拓、创新!当今世界的科学技术在飞速发展、日新月异,人们的生活习惯和工作节奏也随着科学技术的进步在迅速变化。新的形势要求科普创作跟上时代的脚步,不断更新、创新。这就需要有更多的有志之士加入到科普创作的队伍中来,只有新的科普创作者不断涌现,新的优秀科普作品层出不穷,我国的科普事业才能继往开来,不断焕发出新的生命力,不断为推动科技发展、为提高国民素质做出更好、更多、更新的贡献。

“中国科普大奖图书典藏书系”承载着新中国成立60多年来科普创作的历史——历史是辉煌的，今天是美好的！未来是更加辉煌、更加美好的。我深信，我国社会各界有志之士一定会共同努力，把我国的科普事业推向新的高度，为全面建成小康社会和实现中华民族的伟大复兴做出我们应有的贡献！“会当凌绝顶，一览众山小”！

中国科学院院士　杨叔子　二〇一二 九、廿八
华中科技大学教授

写在前面的话

这本书包含《牧鹅散记》（科学散文），已入选中学语文教科书；《中国孩子的疑问》（人体奥秘篇、动物植物篇、航空航天篇）曾获中国图书奖和全国优秀科普作品奖；《眼见未必为实》（似是而非错误百出的故事），著名科普作家金涛、郭正谊、陈浩元等都曾在报刊发表文章，评介推荐这本书，出版3个月就重印1次，累计印数22 000册。上述三部分分成上篇、中篇和下篇。

一

上篇《牧鹅散记》是我在团中央五七干校养鹅两年半后，把亲身观察所得，在回京后写成的。我们团中央五七干校当时建在河南信阳地区的潢川县。那里本来有一个围湖垦地的大农场，方圆10里地。团中央就在那里建立了五七干校，团中央机关和直属单位中国青年报社、中国青年出版社、中国青年杂志社、中央团校（现名青年政治学院）等几个单位各占一方，以军队连队建制建起了生产队，并在一个荒岛建立了养禽场，圈养鸡、鸭、鹅等家禽。我在那里养鹅、牧鹅并主持孵鹅两年半。每年孵小鹅2 000多只，除干校自己分发各连队放养外，还赠送给附近总工会、全国妇联等10多家五七干校放养。我坚信日后还会干回科普编辑这一行，还会拿起秃笔写我的科普文章，《牧鹅散记》是其中的一篇。

《牧鹅散记》最初曾写成科学相声，老一辈科普作家叶至善先生看过后建议我改写成科学散文。这篇科学散文现在已有多个版本：1981年初最早发表在《科学与文化》杂志上，福建科学技术出版社出版；1984年5月，入选《少年科普佳作选》，中国科普创作研究所选编；1995年10月，入选《中外儿童文学精品文库》（中国科学文艺卷），北京师范大学浦漫汀教授主编，广西师范大学出版社出版；2001年8月，入选《小学生课外精读·科学小品卷》，由原国家教委副主任柳斌主编，人民文学出版社出版；2002年8月，入选《中国科普名家名作》，中国科普作家协会章道义主编，山东教育出版社出版；2003年7月，入选湖北省中学语文教科书。2001年我被邀作为评审专家参加第四届全国优秀科普作品评选工作期间，同住京郊蟹岛度假村的同是评审专家的我国科学散文大家黎先耀先生曾对我说，“你的《牧鹅散记》比杨玉龄翻译的《雁语者》写得好。”当然这是鼓励之辞。

二

中篇《中国孩子的疑问》是问答体裁的科普图书。这类读物每篇题材的选择和题目出得是否吸引人，是读物能否受读者欢迎的关键所在。

一是求新。题材新，角度新，是写好问答体裁少儿科普读物必须考虑的。创作别的体裁的少儿科普读物，必要讲究新。但是问答体裁由于不必过多考虑全书的系统性，不必考虑各篇之间的内在联系，所以选材更加自由，比较容易实现求新的意愿。即使不很新鲜的题材，如果选择一个比较新的角度来写。或者通过新近发生的事件，利用一些新闻报道来普及不算新鲜的科学知识，并跟新闻报道联系起来出题，容易引起读者的关注和兴趣。比如《中国孩子的疑问》里面有篇短文，题目是“考察队横穿南极人体自身怎样抵御严寒”。人体自身的自我保护和自我调节功能，不算什么新知识，当然对少年儿童来说，知道的不多；但结合当时由中、美、俄、法、英、日6个国家组成考察队徒步行进6 000多千米，完成人类历史上首次横穿南极大陆的报道，来讲人体自身对严寒的自我保护和自我调节方面的知识，小读者会更加觉得新鲜有趣。

又比如“海豚真的会救助溺水孩童吗”这样的题目，如果只是一般讲海豚非常喜欢跟人接近，万一有人溺水，海豚会边游边推溺水的人，把人推上海岸，这样的报道有过一些，也就不算新鲜。题目如果进一步提炼，进一步挖掘有趣的素材，把题目改成“海豚为什么会主动救助落水孩童”，文章着重在为什么会自发主动救助落水孩童上，内容就比较新鲜了，也就更能吸引人了。原来海豚自发主动救助落水孩童，是出于一种本能，每次看见会活动的东西沉向水底，它都会赶紧游过去。把活东西托出水面，并推向安全的地方。这种本能跟属于海兽的海豚的生育习性有关。因为海豚是在水下生育后代的，生下后立即把小海豚托出水面呼吸，并帮助小海豚安全地学会游泳。海豚自发救助落水儿童，主要正是受这种本能所驱使。

二是求奇。要满足小读者的好奇心，要特别爱护少年儿童的好奇心和求知欲，要设法激发和引导他们的好奇心和求知欲，使思维想象的活动经常处于活跃的状态。我们的小读者对平淡无奇的问题不容易引起注意，阅读中周围稍有一点动静就会分散注意力。出题就得考虑小读者好奇这一特点。比如“我们的心脏日夜不停地跳动从不休息吗”还是比较平淡了一点。如果深入一步，改成“我们的心脏是怎样自己安排作息时间的”，小读者一看题目，会感到新奇，因为他们已经知道，心脏一停止跳动，人就死了。现在说心脏居然还会自己安排作息时间，就会出于好奇，要看个究竟。如果按每分钟心跳75次计算，每一个心动周期是0.8秒，这时间里心房收缩占0.1秒，心房舒张占0.7秒；心室收缩占0.3秒，心室舒张占0.5秒。你看，不论心房还是心室，收缩占的时间都比舒张占的时间短，所以，心脏在每次收缩之后，都有充分时间用来休息——心脏是很会忙里偷闲休息的。

三是求趣。从选材到题目的提炼，都要考虑挖掘知识本身蕴含的趣味。因为给小读者出版的课外读物不是课本，课本是必须学习的，而课外读物是选读，只有富有趣味，他们才喜欢看。比如寄居蟹怎样“谈判”换房，对小读者来说，就是比较有趣的题材。寄居蟹每脱皮一次，身体随着长大。到一定时候，原有的螺壳容不下长大了的身体了，就得寻找比原有稍大一点儿的螺壳藏身。诺大的大海，不是到处都有空螺壳可供它们挑选的。寄居蟹又生性从不主动侵犯活着的海螺，从不强迫海螺让出螺壳给自己居住。它们总是交换螺壳住。这种“谈判”交换的行为是很有趣的，不同种类的寄居蟹“谈判”方式还不一样，对方表示同意交换还是不同意交换，作出的反应也不一样。总之是怪有趣的。

四是求活。这里的活字指活气，借用文艺感染力更须发掘科学内涵的魅力。比如“为什么顶碗杂技演员的身子几乎能任意弯曲”这样的题目，实际讲的是人体有关骨和关节的知识，跟杂技艺术一联系，从杂技表演出题，就显得活了，孩子们也爱看了。这道题从传统杂技顶碗的表演开头，讲了人体有关节面、关节囊、关节腔、韧带等的位置和所起作用之后，又回到杂技演员身上，说明杂技演员的关节在从小经受锻炼，身子从小做超越常人的弯曲锻炼，关节软骨比较厚，韧带的伸展性比较大，并且特别富有弹性，因此关节的活动范围比一般人大得多，甚至几乎可以任意弯曲。

五是求巧。这里是指题目要尽量设计得比较巧妙。这得下功夫，熟后才能生巧。从平凡中找出不平凡的东西，这是比较巧妙的设计。比如人的正常体温大约是37℃，这是大家都知道的常识，平凡得很。但是如果提问，“为什么人体正常体温正好是37℃？”也就是问，人体正常体温既不是39℃、40℃，也不是35℃、33℃，不多不少正好是37℃？这就显得不一般了。这样出题可归于从平凡中找出不平凡。回答这样的问题，牵涉到人体内酶的活动的最适温度以及控制人体正常体温的调控系统。

从纠正似是而非的错误认识出题，这也是比较巧妙地提出题目的方法。比如关于鱼鳔的功能，一向认为是它控制鱼的沉浮，这是一个似是而非的认识。其实鱼鳔对鱼的沉浮并不起决定作用。鱼鳔的真正功能十分有限，只是帮助某种鱼类留在某一个水层里生活。比如乌鳢、青鱼的鱼鳔结构和体积，跟它们底栖的习性相关；鲢鱼、鳙鱼的鱼鳔结构和体积，又跟它们生活在水域的中上层的习性相关。鱼鳔体积的改变是被动的，是在外部压力的增强或减弱的作用下改变的。这种体积的改变对鱼来说，不但没有好处，相反，倒是替它招来麻烦。深水底栖的鱼，如果因为某个原因身不由己地升到水面，鱼鳔甚至会由于鱼体大大减压而胀大得从嘴里鼓出一块来。所以决定活鱼沉浮的，与其说是鳔，还不如说是鳍。

三

下篇《眼见未必为实——似是而非错误百出的故事》曾由金盾出版社出版。

出于一个科普编辑的职业敏感，在日常生活中，总会发现人们对周围事物存在似是而非的常识性误解，或者混淆概念。比如电视台的嘉宾主持人一再错把天气不好说成气候不好，全国性大报纸的记者不止一次错把长城上的敌台说成是烽火台……不少人把日华看做日晕，把农历看做阴历，把尘卷看做龙卷。更多的人对虹与霓分不清，冲翼艇与水上飞机分不清，上现蜃楼与下现蜃楼分不清，鲆与鲽分不清……有的似是而非的问题甚至以讹传讹上千年。本书通过讲述日常生活中似是而非容易引起误解的事例，指出错在什么地方，正确的认识应该是什么样的，从而纠正错误认识，增长科学知识。

这里所收文章多数曾在中国少年儿童出版社出版的《我们爱科学》月刊上发表过。该刊由我策划设计了一个“100 个似是而非的问题”栏目，由我独家撰稿，1998 年 9 月一直连载到 2001 年 12 月，跨越 4 个年头。所有题材大多来自日常生活，如看电视节目的时候，出差的旅途中，平时的阅读中以及跟周围同志的闲聊中，随时发现似是而非的问题，随时提炼出选题。

目录基本上按文章发表前后的次序编排，没有按学科分类，这出于两个考虑：一是各科文章数量不平衡；二是索性交错编排，倒也显得丰富多彩。

目录

上篇 牧鹅散记

牧鹅散记 …… 2

中篇 中国孩子的疑问

人体奥秘篇 …… 8
人和动物从身体构造来说主要差别在哪儿 …… 8
田径赛场上为什么都逆时针方向绕圈赛跑 …… 8
左撇子比一般人聪明能干吗 …… 9
身高怎么会与气候有关 …… 10
杂技演员的身子为什么能任意弯曲 …… 11
血型决定性格的说法是对还是错 …… 12
考察队横穿南极,人体自身怎样抵御严寒 …… 13
为什么人体正常体温正好是37℃ …… 13
发烧对人体的好处多于害处,真是这样吗 …… 14
少年大学生的大脑是不是跟一般少年不一样 …… 15
心脏跳动由“谁”支配 …… 15
我们的心脏是怎样自己安排作息时间的 …… 16

为什么手腕部位的血管会搏动,肘部的血管不会搏动 …………… 17
人体内数目最多的是什么细胞………………………………………… 17
人类为什么有不同肤色………………………………………………… 18
为什么同样碰撞后头上会长包,别的部位不长包 ………………… 19
为什么指纹可用来帮助破案…………………………………………… 19
为什么有的人头发乌黑光亮,有的人不是这样 …………………… 20
头发怎么也能用来诊断疾病…………………………………………… 20
为什么有的人脸上有酒窝,有的人没有 …………………………… 21
为什么女孩子十二三岁以后变化特别明显………………………… 22
为什么说眼睛是心灵的窗户…………………………………………… 22
为什么比较起来眼睛不那么容易得病……………………………… 23
人到暗处为什么过些时候才能看清东西…………………………… 23
事物映入眼底应是倒立的,为什么实际上看到的是正立的 ……… 24
晕船、晕车是怎么发生的 …………………………………………… 25
为什么久而不闻其臭…………………………………………………… 25
打喷嚏是出于人体的一种自卫本能吗……………………………… 26
为什么害羞时会脸红…………………………………………………… 27
为什么小孩子特别怕吃药……………………………………………… 27
吃下去的食物怎样变成人体能吸收的营养………………………… 28
盲肠有什么用处………………………………………………………… 29
胃的消化能力很强,可为什么没把自己消化掉 …………………… 29
感冒了为什么不想吃东西……………………………………………… 30
扁桃体该不该摘掉……………………………………………………… 30
肝脏动手术割去一部分后真的还能再生吗………………………… 31
为什么肾脏比较容易做移植手术…………………………………… 32
断肢再植获得成功的关键在哪儿…………………………………… 33
为什么有的病得过一次就不会再得了……………………………… 33

人的寿命究竟有多长 34
动物植物篇 35
动物看周围东西跟人看到的一样吗 35
家养的动物对主人真有感情吗 36
动物会使用简单工具吗 36
动物会自己治病吗 37
为什么黑猩猩当演员特别会表演 38
为什么峨眉山的猴子不怕人 38
大熊猫为什么那么稀罕 39
老马识途,真有这样的事吗 40
长颈鹿低头喝水,头重脚轻,不会倒下来吗 41
为什么人们关注寻找大象"公墓" 41
海豚为什么会主动救助落水孩童 42
南极中国长城站附近有企鹅吗 44
鹦鹉学舌是怎么回事儿 44
丹顶鹤为什么爱跳舞 45
孔雀鱼是胎生的吗 46
为什么五月的黑鱼最容易上钩 46
弹涂鱼为什么能水陆两栖 47
寄居蟹怎样"谈判"换房 48
章鱼体色是怎么变深变浅的 49
在地球之外宇航员已做过哪些种植试验 49
还有比甜叶菊更甜的植物吗 50
发菜极像乱头发,到底是种什么东西 51
冬虫夏草到底是虫还是草 51
寄生植物菟丝子是怎样吸取寄主营养的 52
捕蝇草真能捕食苍蝇吗 53

舞草怎么会随音乐节拍舞动绿叶 …… 53
王莲叶上坐人怎么不会下沉 …… 54
无籽西瓜为什么比普通西瓜甜 …… 54
无花果不开花怎么结果 …… 55
落花生怎么花开在地面之上,果实却结在地下 …… 56
有胎生的植物吗 …… 56
昙花为什么只开一忽儿就谢了 …… 57
千年古莲怎么还能开花 …… 57
一株棉花怎么开出几种颜色的花 …… 58
为什么有的马铃薯外皮发青 …… 59
真有自己会在地上爬行的果实吗 …… 59
屋顶上长小树是怎么回事儿 …… 60
有的树夜里会发光,这是怎么回事儿 …… 61
为什么榕树又叫不死树 …… 61
珙桐为什么也叫鸽子树 …… 62
小球藻为什么被看做是未来的太空粮食 …… 62
地震前植物也有异常反应吗 …… 63
航空航天篇 …… 64
我国已能给国外发射通信卫星,为什么大型民航客机还靠进口 …… 64
飞机南来北往是不是有自己的空中走廊 …… 65
飞机高空飞行尾部怎么会出现带状白烟 …… 66
为什么大型客机的头等舱一般都设在前面 …… 66
我国早期载人飞机制造家和飞行家是谁 …… 67
乘飞机、轮船、火车到底哪个安全 …… 68
现代飞艇是什么样的 …… 69
是谁发明了世界上第一架喷气式飞机 …… 70
飞机为什么怕跟飞鸟相撞 …… 70

空难后为什么要搜寻黑匣子…………………………………………………… 71
最早用于战争的飞机是什么样的……………………………………………… 72
飞机怎样在空中加油…………………………………………………………… 73
隐形飞机为什么能隐形………………………………………………………… 74
U-2 飞机事件是怎么回事儿…………………………………………………… 75
我国古代的二级火箭是什么样的……………………………………………… 75
第一枚现代实用火箭是哪个国家发明的……………………………………… 76
美国为什么没有首先把人造卫星发射上天…………………………………… 77
发射到卫星轨道的第一只实验动物是什么…………………………………… 78
发射人造卫星、宇宙探测器等
为什么必须选择发射时机……………………………………………………… 79
我国是在什么情况下决定搞人造卫星的……………………………………… 80
我国的"实践 1 号"卫星上天后为什么一度失去了跟地面的联系…… 81
第一个进入太空的华人是谁…………………………………………………… 81
杨利伟在太空为什么没有见到万里长城……………………………………… 82
我们地球人已给"外星人"发送过什么礼物…………………………………… 84
返回式卫星是怎样返回地面的………………………………………………… 85
救援卫星怎样救人……………………………………………………………… 86
发射通信卫星难在哪里………………………………………………………… 86
卫星通信地面站为什么要配备碟形天线……………………………………… 87
间谍卫星比间谍飞机优越在什么地方………………………………………… 88
高级侦察卫星怎样窃取情报…………………………………………………… 89
太空间谍卫星到底有几种类型………………………………………………… 89
"爱国者"导弹为什么能拦截"飞毛腿"导弹………………………………… 90
"星球大战"是怎么回事儿……………………………………………………… 91
美国在首次登月前事先作了些什么准备……………………………………… 92
为什么要发射无人驾驶月球车………………………………………………… 93

太空漫步有什么危险…… 94
人体卫星飘飞跟太空漫步有什么不同…… 95
航天员出入座舱时飞船内空气不会泄漏掉吗…… 96
是谁第一个在月球上留下了人类的足迹…… 97
在月球上看地球是什么样的…… 98
“阿波罗13号”登月飞船太空遇险，航天员是怎样返回地面的…… 99
为什么不跨越硬着陆一步实现软着陆…… 100
探测月球的最终目的是什么…… 101
怎样使航天飞机出入稠密大气层时不被烧毁…… 101
航天飞机目前还没用在民航客运上，那它干什么了…… 102
运用航天飞机发射人造卫星有什么好处…… 103
航天飞机怎样捕获和修复观测太阳卫星…… 104
哈勃空间望远镜是怎样进行空间维修的…… 105
在太空，航天员最担心发生什么危险…… 106
人在太空能长期生活吗…… 107
飞船漏气减压时穿上航天服能维持生命多久…… 108
在太空，航天员能吃什么…… 109
航天员在太空睡觉跟地面有什么不同…… 109
在太空，航天员有没有条件洗澡…… 110
太空飞船上有没有卫生间…… 111
“金星11号”探测器降落金星发现了什么…… 112
“水手10号”探测水星发现了什么…… 113
火星探测器拍摄的照片说明了什么…… 113
木星探测器有什么新发现…… 114
空天飞机跟航天飞机有什么不同…… 115
设想中的太空电站是什么样的…… 116
为什么设想要建造人造小月亮…… 117

未来的永久性空间站是什么样的……………………………………………… 118

下篇　眼见未必为实

似是而非错误百出的故事 ……………………………………………………… 120
眼见未必为实………………………………………………………………… 120
人们对万里长城的四个误解………………………………………………… 122
四鳃鲈并不真有四鳃………………………………………………………… 124
足球·嘉宾·天气…………………………………………………………… 125
航天飞机其实不能算是飞机………………………………………………… 127
谁主沉浮……………………………………………………………………… 129
库尔斯克号核潜艇沉没给人的误解………………………………………… 130
鸳鸯和天鹅…………………………………………………………………… 132
狮子座流星雨来自狮子座吗………………………………………………… 134
蝠鲼不是胎生的……………………………………………………………… 136
浮力永动机…………………………………………………………………… 138
海豚为什么喜欢尾随海船同行……………………………………………… 140
对飞鱼的误解………………………………………………………………… 142
将错就错寄居蟹……………………………………………………………… 143
船蛆并不真是蛆……………………………………………………………… 144
美人鱼………………………………………………………………………… 146
不该有的 97% ……………………………………………………………… 148
“饮水鸭”是怎样自动饮水的………………………………………………… 149
鱼的沉浮……………………………………………………………………… 151
哦！对虾……………………………………………………………………… 152
月落乌啼霜满天……………………………………………………………… 154
是华，还是晕 ………………………………………………………………… 156

凿石穴居的凿穴蛤……163
龙卷和尘卷……164
是鲆,还是鲽……166
电扇·冰宫·空调制冷……167
似鱼非鱼文昌鱼……169
举重·身高·体重……170
从"空中芭蕾"说开去……172
启明星和黄昏星……173
正是河豚欲上时……175
招潮蟹为什么舞动大螯……176
多数鲨鱼并不伤人……178
海龟之岛以龟代舟……180
潜艇·电池·烟囱……182
泉水叮咚……183
夕阳山外山……185
鳄鱼泪……187
浮生如梦……189
是虹,还是霓……190
企鹅·头领·演员……195
上现蜃楼和下现蜃楼……196
给优秀电视剧挑个毛病……199
高处不胜寒……200
南斯拉夫上空的隐形飞机……202
蛇颈龙、翼龙、鱼龙等都不是恐龙……204
酷似飞机的新型船舶——冲翼艇……207
从长脚怪蛇说到海蛇……209
宇航员在太空能不能看到中国的万里长城……211

后记　一路走来……………………………………………………215
给道义同志“打工”纪实……………………………………………225
机遇只给有准备的人………………………………………………229
乐在其中……………………………………………………………231

SHANGPIAN

上篇

牧鹅散记

MUE SANJI

牧鹅散记

我的故乡松江有一句土话——“鹅呆头”，意思就是笨鹅，大人们常用来责备他人，说人家笨得像鹅。但是根据我的观察，鹅似乎不笨。

认路回家

深秋季节，田里的庄稼收完了，我们就每天把鹅群赶到田野里，让它们自由自在地找食吃。我们住的那个农场，方圆十里地，水塘很多。白鹅常常三三两两在水塘中结伴闲游，有的喜欢站在塘边洗刷自己洁白的羽毛。碧水映白鹅，红掌泛清波，如能入画，就是一幅恬静的乡村小景。

每到傍晚5点前后，站在我们的鹅岛上向东边遥望，总有一幅美丽的田园图景呈现在眼前。在老远老远的地方，先是见到一条白色的带子在移动，渐渐地，能分辨出是一队白鹅走在回家的路上。它们队伍排得非常整齐，沿着一条直通鹅岛的小路，一个跟着一个，一摇一摆，越近家走得越快；一回到岛上，个个展翅迅跑。这时候，我总要想起柴可夫斯基《天鹅湖》中一个优美的群舞场面。

鹅群每天自动回家，十分准时。我看到它们常常侧着脑袋用一只眼睛瞧太阳，可能会从太阳在天空的位置来确定时间。奇怪的是，阴天不见太阳，它们也会很准时地回家，可能是所谓“生物钟”起了作用。据科学家推测，任何动物都有自己的“生物钟”。据说家鹅等鸟类的“生物钟”就在脑内的松果体里，松果体有规律地分泌一种激素，能调节鸟类规律性的活动。

对号入座

初春孵鹅季节，为了观察每只母鹅的情况，我们用紫药水在鹅头上写上号码，每个窝也用粉笔编上相应号数。

有趣的是，并排3大间孵房，总共120多个窝，大多数母鹅都认得它们的窝，能自动对号入座。

每天下午4点前后，要给母鹅"放风"一次，让它们到塘边去拉屎、洗澡。它们养成了定时拉屎的习惯，晚上就不必"多此一举"了。这样可以避免正在孵化中的蛋凉得太久，降低出壳率，我们也不必晚间起身看管。

母鹅"放风"归来，总有个别捣乱分子占据别家的窝，死乞白赖不走，把"户主"挤在一边。这时候，往往就要动武，需及时把它遣送回去。还有的好欺侮伙伴，别的母鹅走过它的窝，它都要咬人家一口。碰到这种情况，必须早点儿给它换个位置，塞到最靠边的角落里去，这叫特殊分子特殊处理。

偷蛋高招

母鹅到了繁殖季节，出于本能，对蛋特别有兴趣。我们定时喂食，给每只母鹅准备了一只小白碗。喂食以后，如果不及时把碗收走，一眨眼工夫，碗就不见了——母鹅把它弄到肚子底下，当蛋孵上了。

每个窝里，我们一般放16个蛋，放多了怕孵不好。每天"放风"的时候，我们查一遍窝，有时会发现这么一个怪现象：有的窝，多了一个蛋，而旁边那个窝，少了一个蛋。幸亏每个窝都立有鹅事档案，每个蛋上也都有编号，先下的先孵，后下的后孵。利用档案一查，就可以知道哪一窝的母鹅作了案。

鹅蛋圆滚滚的，各个窝之间，都用三四层砖隔开，它们怎么偷蛋呢？有一次我在房外悄悄观察到了。

原来，鹅群里也有马大哈和机灵鬼。偷蛋的是机灵鬼，被偷的准是马大哈。马大哈孵蛋不那么经心，老有一两个蛋露在身子外边。这样的窝，出壳率很低，十五六个蛋只能孵出七八只小鹅。马大哈旁边碰上机灵鬼，就可能发生偷蛋的事。机灵鬼看见蛋就眼红，它先伸过头去跟马大哈闹着玩儿，碰碰头，碰碰露在外边的蛋，看对方不介意，它就“动手”了：用老长的脖子和嘴，小心地、慢慢地拨拉露在外面的那个蛋。它先把蛋钩出邻居的窝外，然后拨拉到隔墙一端一个只有七八厘米宽共用的平台上，再从平台钩到自己的窝里。这个过程差不多得花半个小时。慢是慢，可是从来没有发现因此碰破了蛋。

循规蹈矩

有人说，鹅是“一夫一妻”制的，我看不见得。作为繁殖用的鹅群，为了节省越冬饲料，又考虑到蛋的受精率，留的母鹅、公鹅一般是六比一，就是母六公一。

不过我又观察到，起码在一天之中，鹅的确是成双成对活动的，特别是繁殖季节，更是一双双形影不离。到了孵蛋时候，每天“放风”结束，母鹅回孵房来的时候，我常常见到有的母鹅总有一只公鹅陪着。不过公鹅只陪到孵房门口，从不往里闯，非常守规矩，即使没有人在场也是这样。

公鹅经常昂起脖子，踱着方步，显得落落大方。不刮风的好天，我们常常把黄毛小鹅放出去晒太阳，活动活动。这时候，公鹅就会闻声赶来，把小鹅团团围住，赶都赶不走，还用嘴巴钳小鹅，弄得小鹅吱吱叫，局外人误以为这是老鹅欺侮小鹅了。我们心里可明白，这是疼爱小鹅的一种表现——疼爱还疼爱不过来呢，哪里说得上欺侮！

忠于职守

我有两个警卫员——两只大公鹅。一只叫“花子”，一只叫“老二”。在野外，只要有人接近我，“花子”或者“老二”就会伸长脖子，把头几乎贴近地面，并且张开双翅，像歼击机一样，直冲过去。假如，你是第一回碰到这个情景，准会把你吓一大跳。我们鹅岛的看家狗“黑子”，见了“老二”的这个架势，也得怕它三分。“老二”还会咬人，咬住以后就拧，即使隔着裤子也很疼。所以农民爱养一两只公鹅来看家，就像养狗一样。出远门的放鸭人和放蜂人，也爱养一两只公鹅当守卫。

这有个有趣的现象，“花子”和“老二”，不能同时当我的警卫。它们俩要是都在我身旁，十有九回要咬架。它们咬住对方的后脖梗，两只翅膀使劲扑打。我也说不准，这算是争宠，还是什么——不过这的确是事实。

“花子”对我最亲。我从村外的鹅岛到半里外的村子里去干点别的什么事儿，它总是跟着我。可是它不进村，每次总是在村口等着我一起回鹅岛。

我们牧鹅的草场上连棵大点儿的树也没有。夏天在烈日下无遮无掩，真有点受不了。幸亏那儿有几口废井，大暑天水位高得几乎齐到井口。热得实在没法的时候，我就用赶鹅竹竿横在井口，攀住竹竿把身子泡进井水里避避暑。这时候，我的“花子”还是忠于职守，在大太阳下，直挺挺守卫在井旁。

我经常在鹅岛塘边洗刷东西，“花子”往往单独在水塘里守着我。它常常歪着头伸进水下然后又突然把头伸出水面，一而再，再而三地重复同一动作。我理解“花子”对我表示的美好的情意，因为它向情伴表达爱慕之情的时候，用的也是这种无声的“语言”。

鹅的智慧

我曾经养了两年半鹅，跟它们朝夕相处，说句公道话，鹅不笨，可以说还相当灵巧。不过话还得说回来，鹅的一些灵巧表现，大多是一种本能行为，就像婴儿一出世就会张嘴咂奶一样。鹅脑的构造远不及人脑完善，脑量也小得多，因此不可能有人的思维和意识活动，更说不上有什么智力。按照巴甫洛夫学说，支配它们行为的，大多是一些非条件反射构成的本能而已。正因为它们具有这些有利于生存的本能，在漫长的自然选择中，它们没有被大自然所淘汰；而且在自然选择的严酷考验中，那些有利于生存的本能，又得到了强化和发展，使它们显得很有点智慧的样子。

ZHONGPIAN

中篇

中国孩子的疑问

ZHONGGUO HAIZI DE YIWEN

人体奥秘篇

人和动物从身体构造来说主要差别在哪儿

人的能耐，许多方面不如动物。论跑，肯定比不上雪豹跑得快；论跳，肯定比不上袋鼠跳得远；论力气，肯定比不过大象力气大；论耐饿，肯定比不过骆驼耐饥饿。人更不能像鸟类那样展翅翱翔，也不能像鱼类那样长期生活在水里。这都是因为人体构造跟动物身体构造有差异。

人的大脑很发达，这是任何动物都比不上的，也是区别一般动物的一个十分突出的方面。人有听、说、读、写一整套语言功能，动物都没有，因为人脑的构造远比动物的精细复杂。人能创造性地运用工具制造东西，会发明创造以不断改善生活条件，动物都没有这种能耐，也是因为人脑的构造比动物的更加完善。

正是因为人类脑的发展大大超越了其他动物，才使人类成了地球的主人。

田径赛场上为什么都逆时针方向绕圈赛跑

不知道你在看田径赛电视转播的时候，是否注意到，无论400米、1 500

米、5 000 米的赛跑，运动员都是按逆时针方向绕圈跑的，即在运动场上沿着左手内侧跑。还有冬季室内短道快速滑冰比赛，运动员也是按逆时针方向在冰上绕圈比赛的。

你知道这是为什么吗？

原来我们人体左右两半，右侧比左侧稍重，但是人体的重心却位于左侧。科学家研究发现，人们双脚并排站立，左脚接触地面的面积都大于右脚。所以左脚是人体重心的主轴，起着主要支撑人体的作用，被称做“支持脚”。右脚的功能主要是司运动和调节速度，所以右脚也称“运动脚”。田径赛场上赛跑的时候，拐弯时由于惯性的原因，运动员容易失去平衡，按逆时针方向沿运动员左手内侧跑，左脚充分支持人体使运动员容易保持身体平衡，顺利跑到终点。室内短道冰上速滑拐弯时也主要靠左脚支撑身体保持平衡。

还有，短跑比赛起跑前，大多数运动员都采用左脚在前的“蹲踞式起跑”姿势，左脚支撑全身体重，起跑时向后一蹬，可使起跑的速度达到最高。另外，在手球、足球、柔道、击剑等对抗性运动中，以左脚支持和控制身体平衡的更是占压倒多数。

左撇子比一般人聪明能干吗

习惯用左手写字、拿筷子、用刀切菜的人，不是个别的，各个地方都有，据说国内外约占总人口的10%。有的乒乓球运动员还习惯用左手握拍，有的排球运动员也习惯用左手发球和击球。他们身手不凡，常常打出许多精彩的好球。说左撇子一定比习惯使用右手的人聪明能干，那倒未必。

手脚等的活动，都受脑子指挥。人脑分左右两半，样子很像合在一起的两瓣核桃仁。左边的脑子专管右半边身子的活动，右半边的脑子专管左半边身子的活动。新生儿的脑子还不很发达，左右两半边的脑子是一样的，多数幼儿从小学周围大人的样，慢慢养成以使用右手为主的习惯，用右手的机会多了，受到的锻炼多，左半边脑子比右半边脑子受到的锻炼也多，比较发达，于是用右手就比用左手好使。相反，少数幼儿从小养成以使用左手为主的习惯，用左手的机会多了，受到的锻炼多，他们脑子的右半边从小就受到充分的锻炼，比左半边脑子发达得多，所以用左手写字、干活、打球的时候，也跟用惯了右手的人一样灵便。

近来国外有人做了调查研究，发现大龄妇女生的孩子左撇子多。这中间的原因，有待进一步研究。

身高怎么会与气候有关

我国按地域分布，总体来说，南方人身高一般不及北方人。体操运动员南方人多，大多个子不高，身体重心比较低，稳定性高，有助于完成各项动作。举重运动员也是南方人多，大多个子也不高，因为举重按体重分级别，个子不高有利于出成绩。足球运动员北方人多，大多个头比较高大，足球运动高大队员在比赛中占优势。芭蕾舞演员也是北方人居多，大多身高较高，特别是男演员，常常要把女演员高高托举起来，没有身高和力量，那是不能胜任的。

据调查测定，我国目前东北地区和华北地区，人平均身高比较高，男子为1.693米，女子为1.586米；贵州、四川、云南平均身高比较低，男子为1.647米，女子为1.546米。一南一北的平均身高男子相差4.6厘米，女子相差4厘米。

为什么我国人群一南一北平均身高相差好多厘米，原因可能是多方面的，包括食物结构、饮食习惯、气候条件，等等。据科学家新近研究得出结论，我国人群按地域分布南方人一般比较矮小，北方人一般比较高大，主要跟气候条件中的日照（太阳的照射）长短密切相关。贵州、四川、云南云量和雾日最多，是我国日照时数最少的地区，年平均日照时数都是1228.3小时，贵阳是1 371小时，日照百分率仅30%左右。而东北、华北地区年日照时数为2 500～2 800小时，日照百分率为58%～63%。北京年日照时数为2 780.2小时，日照百分率63%；哈尔滨年日照时数为2 641小时，日照百分率60%。对16个省市20万名儿童、青少年身高的调查发现，孩子们的身高排列顺序，跟城市年日照时数排列顺序完全一致。

日照跟身高密切相关，原因是太阳光中的紫外线，可促使人体皮肤和皮下组织中的麦角固醇和脱氢胆固醇转变为维生素D_2和D_3，调节人体内钙、磷吸收利用，促使骨骼软骨细胞分裂、钙化，促使骨骼生长，身材发育加快。

所以，经常注意适当地在阳光下锻炼身体，有助于身体长高。

杂技演员的身子为什么能任意弯曲

我国传统杂技表演中的顶碗、弯腰穿桶等节目，要求演员身子非常柔软，几乎能作任意弯曲，仰弯时候后脑能碰到屁股，俯弯时候脑门能碰到脚背。为什么一般人身子不能那么弯曲，而杂技演员却能做到这一点，这还得从人的关节说起。

人体一共有大小206块骨头连接支撑，骨连接的主要形式是关节。关节由关节面、关节囊和关节腔组成。连接的两骨端面，一般一头呈球面，一头呈凹面，这两头关节面上覆盖着一层比较薄的透明软骨，很光滑，有弹性。关节囊附着在关节面周缘，包住整个关节，囊壁的内表面能分泌滑液，以减少关节面的摩擦。关节腔是关节囊和关节面共同围成的空腔，里边盛滑液，起润滑作用。有一些关节还有韧带，富有韧性和弹性，坚固有力，能承受一定的拉力，可加强关节的稳定性，限制关节活动的范围，使关节不易脱位。

杂技演员的关节在结构上跟一般人是完全一样的，所不同的是，杂技演员的关节从小经受锻炼，身子从小做超越常人的弯曲锻炼，关节软骨比较厚，韧带的伸展性比较大，并且特别富有弹性，因此关节的活动范围比一般人大得多，几乎可以任意弯曲。

血型决定性格的说法是对还是错

2001年11月21日北京《晨报》刊出一篇《求职先得看血型》的报道，说是一公司高薪招聘高级职员，除了要求高学历、多年在大型企业工作的经验等等之外，血型为O型或B型也列为招聘条件，引起人们议论纷纷。

这家公司领导的解释是：血型决定性格，而性格对于事业成功与否起着至关重要的作用。血型为O型或B型的人性格比较稳定，具有亲和力，这正是高级销售人才必不可缺的条件。血型为A型的人比较保守拘谨，AB型的人情绪多变，这两类人都不适合做销售工作。

这在国外，比如在日本，也有类似的说法。也认为血型决定着一个人的性格、气质和缘分。认为O型血的人性格特征是热情、坦诚、善良、平和，办事雷厉风行、踏实苦干、效率高；B型血的人聪明、思路广、拓展力强……

人们通常认为，人类的血型有A型、B型、O型和AB型4种。其实这只是"红细胞型"，是指红细胞表面抗原差异的类型。我国科学家认为，以血型决定职位的做法并不科学，比如同样是作家，各种血型的人都有。如同人的脾气，有急有缓，很难说明哪种脾气好。血型没有优劣之分，目前也没有科学的统计数据证明血型跟人们的性格有多么密切的关系，更没有表明哪种血型的人成功率高。血型取人只片面看到了人先天性的某一面，而人出生后受教育的程度、进取心、自我性格的塑造等，对成功来说更为重要。

最后我想跟大家说句心里话，不管你是哪种血型，对自己优良性格的塑造一定要从小注意，应该从小学会宽容、豁达、热情、坦诚、善良、踏实、刻苦，注意改正偏执、猜忌、狭隘、刻薄……我一生见到过一些人，由于性格上的缺陷，影响了一生的幸福，也同时影响了一生事业的发展。

考察队横穿南极，人体自身怎样抵御严寒

国际横穿南极大陆考察队，经过7个多月艰苦跋涉，徒步行进约6 000千米，完成了人类历史上首次徒步横穿南极大陆的壮举。6名考察队员来自中国、美国、前苏联、法国、英国、日本6个国家。中国的秦大河为能参加这次南极考察而自豪，受到了祖国人民和世界人民的尊敬。

南极大陆常年冰天雪地，气温低时可达−50℃。一杯咖啡，喝不到一半就结成了冰；稍不留意，舌头就会粘在冰冷冰冷的勺子上。在这样寒冷的环境里工作生活几个月，除了人们穿有比较保暖的探险防寒服外，人体自身抵御寒冷的自我调节和自我保护功能，也起到了重要作用。

人体热量，主要是由肌肉和各器官的运动以及对食物的消化产生的。南极考察队员必须吃含有高热量的食物。在寒冷条件下，人们容易饥饿，胃口比较好，消化活动旺盛，这其实就是一种人体御寒的自我调节和自我保护功能。在南极，体内热量大量损耗。为防止体温降低，人体靠近皮肤的血管遇寒会自动收缩，把热乎乎的血液藏在体表深处，尽量减少热量损耗。如果体温降低，肌肉就会战栗，全身颤动，使肌肉产生更多的热量，保护人体抵御严寒。

为什么人体正常体温正好是37℃

健康人的体温在37℃左右，昼夜体温稍稍有点儿不同，不过相差不会超过1℃。

人体活动须消耗能量，正像电风扇转动须消耗电能一样。人体产生的能量，主要是由食物转变来的。吃饭时候吃进肚子里去的米饭、鱼肉、蔬菜

等等，经过消化，分解成各种营养素。能量是由营养素在人体内进行连续不断的化学反应产生的。这些化学反应，又必须依靠人体内对温度十分敏感的各种酶的帮助。对酶这种胶状物的活动最适宜的温度，正是37℃。体温下降，酶的活动就会减弱，人体内的化学反应跟着减慢，人体产生能量减少。体温低于30℃，大脑活动会受影响；低于22℃，心脏就会停止跳动。体温高了也不行，高到41℃，儿童会发生惊厥；高于43℃，会引起死亡。

人体正常体温是由大脑统一支配和调节的，平时，大脑通过人体内的产热系统，如肌肉、肝、心、脑等，以及通过人体内的散热系统，如汗腺、皮肤等，来使人体保持正常体温。

发热对人体的好处多于害处，真是这样吗

人体正常体温通常维持在37℃，这是口腔表测定的体温；肛门表温度应比这高0.3～0.5℃；腋下体温比这约低0.5℃。

人一生病，不管是伤风感冒，还是肺炎、肠炎等等，都会浑身发热。感染了病菌、病毒，通常是引起发热的主要原因。

其实，发热体温不太高的时候，人体会自动产生比平时多得多的白细胞和抗体，跟病菌、病毒作斗争，以消灭它们。人体发热的时候，肝脏的解毒能力也会比平时增强。而且，一般病菌已经适应了人体的正常体温，在37℃左右繁殖能力比较强，人体发热体温升高，能抑制病菌的大量繁殖。从这些方面看，发热也是人体的一种自我防卫反应，对战胜疾病倒是有利的。并且，病人发热服用抗病药物，体温上升可以使药物更加有效地杀死病菌和病毒。

不过话还得说回来，发热毕竟是人体有病的一种症状，特别是高热40℃上下的时候，对病菌对人体都有害，还是应该及时找医生治疗，找出病因，对症用药。

少年大学生的大脑是不是跟一般少年不一样

我国少数名牌大学,曾经设置少年班;少年班学员是小学生、初中生的年龄,学的却是大学的课程。

正常人的大脑构造没有根本性的差别。就先天条件来说,天资的差异是存在的。但是小孩子智力发展的高低,在家庭,主要靠早期教育;在个人,主要靠早期学习。

人的智力活动是以大脑的发展为基础的。7岁儿童脑重已达成人脑重的9/10,5岁以前是智力发展最迅速的时期。如果把一个人长到17岁时候所达到的普通智力水平定为100%的话,那么,从出生到4岁就能获得50%的智力,4~8岁又获得30%的智力,8~17岁只获得20%的智力。大多科学巨人,多数少年早慧。数学大师高斯,7岁能解级数求和难题。诺贝尔奖金获得者杨振宁,他自己说4岁就已认得3 000多个汉字,基本上达到了成人的识字水平。现代航空大师冯·卡曼,8岁能讲出"行星运行图",17岁解决马达的"高速颤动问题"。少年早慧,智力过人,这都归功于早慧科学家儿童和少年时代所得到的优越的早期教育以及他们自己小时候勤奋的超前学习。

心脏跳动由"谁"支配

人体许多部位的活动,都是受大脑支配的。比如妈妈让你打开电视机,正好你也想看电视节目,于是通过你的大脑,先让双脚走到电视机前,然后伸出你的右手去摁电视机的开关按钮。这一套动作都是通过你的大脑完成的。

能不能发出一道命令：停止心脏跳动！这谁也做不到。

原来，在整个心肌组织中，存在一种自律细胞，最集中的是在右心房的一个叫窦房结的部位。这个部位是正常心跳的发源地，也叫心搏起搏点，窦房结能够有节律地发出一股股微弱电流，此电流先传到心房，引起心房收缩，再由心房经心脏里的传导系统传给心室，引起心室收缩。

大脑对心脏只起调节作用，比如精神紧张或者情绪激动，都会使心跳加快。

我们的心脏是怎样自己安排作息时间的

在夜里睡眠以后，人体许多器官都休息了：手脚休息不动了；脑子基本上也休息了——做梦时候也只有局部大脑细胞没有完全停止活动；眼睛和耳朵也休息了——只有做梦时候眼球还会滴溜溜转动……可是也有一些器官没有休息。

心脏日夜不停地跳动，每分钟儿童心跳80~90次，少年80~85次，成人60~80次。

心脏不停地跳动，不累得慌吗？

其实我们的心脏是很会找机会休息的。

心脏的一次收缩、工作以及相应的一次舒张、放松，叫做一个心动周期。如果按每分钟心跳75次计算，每一个心动周期是0.8秒（60秒÷75=0.8秒）。这0.8秒时间里，心房收缩占0.1秒，心房舒张占0.7秒；心室收缩占0.3秒，心室舒张占0.5秒。你看，不论心房还是心室，收缩占的时间都比舒张占的时间短，所以，心脏在每次收缩（即工作）之后，都有充分的时间用来休息——心脏是很会忙里偷闲休息的，因此它不会疲劳过度。

为什么手腕部位的血管会搏动，肘部的血管不会搏动

人体里的血管，有点儿像城市里的地下铁道。连接血管的心脏，就像地下铁道的动力总站。在心脏左心室收缩的时候，鲜红的血液，带着养料和氧，被压出心脏，通过连接左心室的血管——动脉血管，流向全身各处。左心室每一次收缩可射出 60 ~ 80 毫升血液。在全身各处，跟动脉血管几乎平行的，是静脉血管，里面的血液暗红色，带着二氧化碳和含氮代谢废物等，流向正好跟动脉血管里血液的流向相反，最终流回心脏的右心房。流回心脏的血液，又从右心房流向右心室，从右心室流向肺。暗红色的血液，在肺里卸下二氧化碳等废物，带上氧，于是血液又变成鲜红色，再流回心脏，从左心房流入左心室。左心室一收缩，鲜红的血液又通过动脉血管流遍全身。血液这一去一回，就形成全身的血液循环。

能搏动的是动脉血管，它管壁较厚，交织生长许多弹性纤维，所以能随心脏的收缩搏动。动脉血管多数埋藏较深，少数也可在体表摸到，如腕部、耳前、足背、腹股沟等部位，都可摸到搏动的动脉血管。不能搏动的是静脉血管，它管壁较薄，弹性纤维少。在四肢皮下，比如手的肘部，可以看到一条条青紫色的血管，这就是体表的静脉血管。

人体内数目最多的是什么细胞

人体内数目最多的细胞是血液里的红细胞，大约是 25 万亿个。红细胞一般只活 120 天左右。每分钟都有好几亿个红细胞死亡，又新生好几亿个红细胞补充进血液里。

红细胞的主要功能是运送氧气和二氧化碳气。这个功能主要是红细

胞里的血红蛋白来完成的。血液的红色，主要就是血红蛋白的颜色。血红蛋白从肺里得到氧气——这些氧气是我们呼吸的时候从空气中吸进肺里的——并把氧气携带给大脑等需要氧气的各个组织器官，同时又把那里的二氧化碳气送到肺里，在我们呼吸时候排出体外。

血红蛋白跟煤气（主要成分是一氧化碳气）的亲和力特别强，比跟氧气的亲和力大200多倍。所以，屋子里一旦有煤气，血红蛋白就爱跟煤气结合，于是丧失携带氧气的能力，使人体缺氧，造成煤气中毒。

海拔高的地方，氧气稀薄。人到那里去工作或旅游，人体会自动增生比在平原时候多得多的红细胞，以适应携带足够的氧气的需要。这也算是人体的一种自我调节和自我保护功能吧。

人类为什么有不同肤色

全世界主要的人种有黄种人、白种人、黑种人、棕种人，他们的皮肤分别呈淡黄色、白色、黑色、棕色。尽管夏天人的皮肤颜色可能会变深一点儿，但是不同人种的人固有的肤色是不会改变的，黄种人怎么晒太阳也变不成黑种人。人种的肤色是以一定的遗传因子为基础的，白种人父母生的子女，不可能是黑种人，只能还是白种人。

人种主要是由于地理环境不同所形成的。各个人种只有肤色、毛发、体形等表面的差异，没有生理、智力等方面的本质的不同。

人的肤色是黑色素起了主要作用，黑色素是由皮肤里的一种色素细胞生成的。各个人种都具有差不多相等数目的色素细胞，不过黑种人的色素细胞更为活泼，能产生更多的黑色素，所以皮肤显得特别黑。

为什么同样碰撞后头上会长包,别的部位不长包

小同学磕磕碰碰,是常有的事,倒不一定因为毛手毛脚。

不小心把额头撞在硬东西上,额头上就会长出个包包来,那是因为那个地方的细胞受到了损伤。受伤细胞会产生一种物质,这种物质会使那个地方生出过多的积液。这些额外增加的积液使额头皮肤隆起,并压迫神经使人感到疼痛。

至于同样碰撞后为什么额头上会长包,别的部位不一定长包,那是因为额头基本上是皮包骨头,没有足够的脂肪层用来缓冲撞击。另外,人体别的部位被碰撞后即使也产生积液,这些积液主要只是压迫软组织,所以不至于隆起一个包包;额头部位情况就不同,底下是骨头,积液只能使额头皮肤隆起,长出一个包包。

为什么指纹可用来帮助破案

皮肤由内层的真皮和外层的表皮组成。手指头上的真皮和表皮,并不平整地叠合在一起。手指头真皮上有一种乳头状小突起,小突起呈小圆锥体状,向上隆起,嵌接在表皮的凹穴中。这种构造放大了看,有点儿像乒乓球拍橡胶贴面上的乳头状小突起。手指头上这些乳头状小突起,以平行成排的方式排列,形成环形花纹或涡旋形花纹。这就是指纹,医学上叫做皮肤嵴线。

皮肤嵴线纹理千变万化,这种变化在胎儿发育早期就形成了。每个人的指纹不一样。同一个人10个指头上的指纹也不一样。你自己仔细看看10个手指头上的指纹,是不是不一样。世界上没有两个完全相同的指纹。

因为指纹有这么一个非常突出的特点，公安人员就利用指纹的这一特点，用查对指纹来帮助侦破偷盗、谋杀等犯罪案件。因为罪犯在作案过程中，手总要接触现场的一些东西，留下指纹痕迹，公安部门经过特殊处理，能把一般人看不见的指纹痕迹显示出来。

兄弟姐妹之间的指纹类型比较接近，所以也可以利用指纹来鉴定血缘关系。

为什么有的人头发乌黑光亮，有的人不是这样

头发根埋在皮肤里面，叫毛根。在毛根的一旁有一个葫芦形的小囊，这个小囊叫皮脂腺。皮脂腺能分泌油性的皮脂。在每根头发的肌肉被牵引的时候，皮脂就会从皮脂腺向上顺着头发渗出来，滋润头发，不使头发发干。这样头发就显得乌黑光亮，一头秀发，十分漂亮。

皮脂腺是人和哺乳动物特有的能分泌皮脂的一种皮肤腺体。皮脂腺有保护皮肤、毛发的作用。

每个人皮脂腺发达的程度不同，皮脂分泌的多少就不同。生活条件和健康状况不同，皮脂的分泌多少也不一样。皮脂腺不太发达的人，生活条件较差和健康状况不太好的人，皮脂分泌比较少，于是头发显得发干，没有光泽，还容易变脆断掉。

皮脂分泌过多，也不好，是一种病症，叫皮脂溢出症，能引起脱发，应请医生治疗，多吃青菜，慢慢能治好。

头发怎么也能用来诊断疾病

我们人体内含有铜、锌、锰、钼、汞、钴、锂等几十种微量元素，血液和人

尿里含这些元素比较多,头发里含这类东西也不少。

儿童缺锌，化验头发也能显示出来。缺锌会影响儿童的正常生长发育。现在已经发现,患糖尿病儿童头发里铬的含量,比正常儿童头发里铬的含量少。在食道癌、肝癌发病率比较高的地区,那里的人们头发里钼的含量比一般地区少,而铜、锌、锰、钴、锂等等的含量比一般地区多。抽烟的人患肺癌的百分比明显大于不抽烟的人,而抽烟的人头发里铅、铁、锡的含量明显多于不抽烟的人。

对病人来说,用头发测定微量元素来诊断疾病,显然比抽血化验遭受的痛苦要小。头发已被用来诊断营养不良、锌缺乏、少年糖尿病、先天性精神异常以及智力障碍等病症。

为什么有的人脸上有酒窝,有的人没有

女孩子一笑,脸上出现两个小酒窝,显得更加妩媚可爱。

酒窝是由皮肤下面的肌肉活动形成的。人体大部分肌肉都由肌腱纤维牢固地附着在骨头上,如胸肌、下肢肌都是这样。面部的表情肌是个例外,它直接附着在面部皮肤上。表情肌收缩的时候,牵动面部皮肤,于是面部出现各种皱纹,产生喜、怒、哀、乐的表情,并且可以做出各种滑稽有趣的面部表情。一笑脸上出现两个小酒窝，就是面部皮肤与面部表情肌如颊肌、笑肌相对牵动形成的。

不是每个人笑的时候脸上都会出现酒窝的。能不能有酒窝,跟表情肌的发达程度有关。笑肌不那么丰满,面部皮下脂肪不那么多的人,一般微笑的时候不会出现小酒窝。

为什么女孩子十二三岁以后变化特别明显

小时候，女孩子跟男孩子长相差不多少，如果都留短发，往往分不清是男是女。可是女孩子十二三岁以后，变化就大了，身体各部分慢慢长得丰满起来，乳房慢慢鼓起来了，皮肤变得细嫩了，脸色红润，眼睛水灵，总之，越变越好看了。此外，性情也变得温柔了，也注意打扮自己了。

女孩子到这个年龄变化特别明显的原因，主要是因为身体里雌性激素分泌明显增加。女孩子到了十二三岁，卵巢开始发育成熟。卵巢能产生卵子，卵子跟男人的精子结合，就生儿育女。雌性激素也是由卵巢分泌的。雌性激素进入血液循环，随血液流遍全身各处，发挥激素的奇妙作用，使女孩子全身逐渐显出女性的各种特征。到十八九岁，身体发育成熟，这时候体格、相貌、性情等基本上就算定型了，整个青年时期一般变化就不那么明显了。

为什么说眼睛是心灵的窗户

人的眼睛最能传神。画肖像画，画好眼睛最关键。有的人的眼睛还会说话——当然不是说这个人眼睛会出声，而是说有的人眼睛很会表达感情。

人的眼睛有上百万根神经连接着大脑，所以大脑的高级神经活动，人的心理活动，会反映到眼睛里来。比如青年人看到自己喜欢的人，眼睛真的会发亮，十分有神。

现在有人认为真正的心灵的窗户不是眼睛，而是眼睛里的瞳孔。有经验的老师跟自己的学生谈话时，总爱盯着对方的眼睛，经过仔细琢磨，他就能知道学生对自己的话听得进去还是听不进去。有经验的售货员，在顾客挑选货物时，也总爱望着顾客的眼睛，能从眼神判断顾客对哪种货物有兴趣。其实他们都是在观察对方的瞳孔，从瞳孔大小的变化，了解对方的心理活动。一般来说，人们看到令人高兴或感兴趣的事物时，瞳孔会不由自主地放大；相反，看到让人害怕或厌恶的事物时，瞳孔会不由自主地缩小。

为什么比较起来眼睛不那么容易得病

眼睛长得水灵，好像很娇嫩。但是它比较起来还不那么容易得病，这是有原因的。眼睛自身有自我保护的功能。

眼睛的外上角，长有泪腺，是专门分泌泪水的。泪水不是纯净的清水，它里边含有一种叫做溶菌酶的成分，可以杀灭闯进眼睛里的病菌。并不是人到伤心时候才流泪。平时，泪腺也在不停地分泌泪水，只是数量不多，随时起到保护眼睛的作用。

眼皮隔一会儿就会眨一下，这也起保护眼睛的作用。眼皮内层是一层非常光滑柔软的薄膜，眨一下眼睛，上下眼皮来回一趟，就能用存在眼皮底下的泪水，把眼球上的灰尘涮洗掉。

眼睛也不是天生不生病的，不讲卫生，用脏手揉眼睛，用别人的脏毛巾擦眼睛，病菌的入侵超过了眼睛自我保护能力，也会害病。眼睛一旦红肿发炎，还是应该及时找医生治疗。

人到暗处为什么过些时候才能看清东西

我们眼睛的眼底，有一层视网膜，它像照相机里的照相底片，在那儿感光成像。视网膜上有两种感受光线的视觉细胞，一种叫做圆锥视觉细胞，另一种叫做圆柱视觉细胞。平时，我们在白天或者灯光下看东西，主要是圆锥视觉细胞感光成像。圆锥视觉细胞有个特点，它们只在明亮的光线下感光成像，在近乎黑暗的弱光下不起作用。圆柱视觉细胞刚好相反，它们倒是能在弱光下发挥作用，能在弱光下感光成像。不过圆柱视觉细胞在弱光下需要有个短时间的适应过程，才能发挥作用。

晚上，我们从灯光明亮的客厅，走进没有开灯的卧室，圆锥视觉细胞突然失去作用，圆柱视觉细胞还没有来得及开始工作，于是眼前一片黑暗，几乎什么也看不见。可是过一忽儿，圆柱视觉细胞经过了短时间的适应过程后开始发挥作用，于是室内家具的轮廓，墙上挂的东西，就都能看见了——虽然颜色和细微部分还是模糊不清。

人到暗处，眼睛瞳孔会自动放大，这也有助于在暗处看清东西。因为瞳孔自动放大，使射入视网膜的光线增多，有助于感光成像。这就像在光线较弱的条件下照相，光圈放大有助于照相底片感光成像一样。

事物映入眼底应是倒立的，为什么实际上看到的是正立的

跟耳朵、鼻子等感觉器官比起来，最精巧的器官要数眼睛。我们的眼睛像一架照相机。照相机上有一个镜头，主要是一块凸透镜，用来聚光成像。我们的眼睛前边有一个晶状体，样子很像凸透镜，也起凸透镜的作用，也能聚光成像。照相机里有个光圈，用来控制进入照相机的光线。我们的眼睛靠虹膜组成的瞳孔，来调节进入眼睛的光线。光线强，瞳孔自动缩小；光线弱，瞳孔会自动放大。照相机用底片感光记录图像。我们的眼睛靠眼球后的视网膜感光形成影像。

在照相馆里的大照相机后面，在正式照相之前，照相师通常不放进照相底片，总是先放上一块磨砂玻璃代替底片，看映入磨砂玻璃上的图像来调节光圈和距离。从磨砂玻璃上看，照相机聚光形成的图像是倒立的。我

们的眼睛聚光后视网膜感光形成的影像，本来也是倒立的——看人的时候，在视网膜上的影像是头冲下，脚朝天，倒立的。视网膜由一层极小的神经细胞组成，对光十分敏感。神经细胞在光线的作用下，把影像信号沿视神经从眼底传到大脑。大脑得到传来的影像信号，再加以调整，把倒立的影像纠成正立的图像。所以，我们看到的周围事物，都是经大脑调整过的，都是正立的，不是倒立的。

晕船、晕车是怎么发生的

坐船遇到风浪，坐车遇到道路不平，上下颠簸，人体失去平衡，很容易晕船晕车。本来外出旅行是一件愉快的事儿，发生晕船晕车叫人扫兴。

人体的平衡，是靠耳朵里的三根骨质小管控制的。这些骨质小管叫半规管，位于内耳深处。管内充满液体，管底布满末梢神经。三根骨质小管，一根垂直，一根平卧，一根斜立。

平时，人体稍稍摇动，半规管内液体流动，末梢神经受到刺激，把新的平衡状况的信号传给大脑。坐船遇到风浪，坐车遇到道路不平，人体上下颠簸太厉害又太久，半规管受到的刺激太大，管内液体长时间撞击末梢神经，神经调节引起紊乱，于是出现头晕、恶心、呕吐等症状。

至于为什么海轮上的海员一般不晕船，那是因为他们长期在海上生活，难免经常遇到大风大浪，经过多次风浪，神经调节上就会逐渐适应，不致引起神经调节紊乱，所以他们不晕船。

为什么久而不闻其臭

不知你有没有过这样的经验，走进咸鱼店铺，时间一长，就闻不出鱼腥味儿来了。古人说“如入鲍鱼之肆，久而不闻其臭”，说的就是这个意思。其实闻花香，也一样，闻久了，感觉上香味儿就不那么明显了。

原因是我们的嗅觉器官特别容易疲劳，一疲劳嗅觉就不灵敏了。这是跟其他感觉器官不同的地方。

鼻腔内鼻咽通道的顶部，有两个嗅觉灵敏的区域。气味中的化学分子刺激这两个区域，末梢神经把这种刺激传给大脑，产生嗅觉。如果长时间闻一种气味儿，嗅觉器官会因疲劳而嗅不出那种气味儿。

嗅觉器官的功能是辨别各种不同的气味儿。饭菜喷香，能增进食欲。香花散发幽香，使人感觉舒服精神爽。

嗅觉器官还有报警的功能，如果闻到某种怪味，应该警觉起来，设法了解怪味对人体是否有害。

打喷嚏是出于人体的一种自卫本能吗

人们闻到刺鼻的气味，比如炒辣椒的时候，辣味冲进鼻子，就会打喷嚏。我们在伤风感冒的时候，也会身不由己打起喷嚏来。

其实，打喷嚏是一种人体自我保护现象，是出于人体的一种自卫本能。

鼻腔黏膜受到辣味刺激，这种刺激通过末梢神经传到大脑，于是自动作出反应，人们先深吸一口气，然后胸部猛烈收缩，肺里的气急速有力地从气管经口鼻喷射出来，把刺鼻的气味赶跑。伤风感冒的时候，鼻腔里有大量病毒和病菌，这些病毒、病菌刺激鼻腔黏膜，于是接二连三地打喷嚏，这有助于清除鼻腔里的病毒和致病细菌。

感冒病人的一个喷嚏，通常一次能喷射出上百万个活病毒和活细菌。所以千万不要冲着旁人打喷嚏，应该像咳嗽时候那样，用手帕轻轻捂住口鼻，防止把感冒传染给旁人。

为什么害羞时会脸红

人体有一种可以独立工作的神经系统，叫植物性神经，过去叫自主神经。害羞红脸，跟它有关。

植物性神经也受大脑控制，统一调节人体内脏的活动。植物性神经分交感神经和副交感神经两大类，人体内脏器官一般都受交感神经和副交感神经双重作用，它们的调节作用正好相反。交感神经可以使心跳加快加强，副交感神经可以使心跳减慢减弱。心跳加快或者减慢，是不由自主的，把植物性神经说成是一种可以独立工作的神经系统，就是对不由自主而言。人们受惊的时候，心跳会不由自主地加快，这时交感神经起了调节作用。

人的情绪会影响植物性神经，而植物性神经又会反过来影响身体的其他部分。害羞受窘的时候，心跳也会不由自主地加快，使人感到浑身发热，面部血管扩张，使更多的血液流到面部皮肤表层附近，这样脸也就红了。

为什么小孩子特别怕吃药

食物吃进嘴里，是甜是酸，是苦是辣，辨味儿靠舌头上长的味蕾。味蕾密密麻麻分布在舌头的上表面和边沿，总共有3 000个左右，感受食物中化学成分的刺激，并把这种刺激通过末梢神经传给大脑，产生味觉。

感受甜味的味蕾主要分布在舌尖，感受酸味的味蕾主要分布在舌头两侧的中部，感受苦味的味蕾主要分布在舌根部位，感受咸味的味蕾主要分布在舌头两侧的前端。人的基本味觉就是甜、酸、苦、咸四种，其他味觉都是这四种味觉的不同组合。

儿童时期舌头上味蕾比成年人多，分布范围也比成年人广，所以味觉特别灵敏。正因为这样，小孩子吃糖果特别香甜，吃起药来感觉特别苦。

味觉的敏感程度还和食物的温度有关，在二三十摄氏度的时候，味觉最敏感；太冷太热，都会使味觉的敏感程度下降。

吃下去的食物怎样变成人体能吸收的营养

食物吃进嘴里，到变成人体能够吸收的养分，要经过许多道“工序”。把食物嚼碎捣烂，主要靠牙齿和胃。真正把食物消化变成可吸收的养分的，是人体内分泌的各种消化液，包括唾液、胃液、胆汁、胰液、肠液等。

口腔里的唾液有初步消化食物的作用，比如能把米饭、馒头里的部分淀粉变成葡萄糖。唾液湿润食物，才使舌头辨出食物的滋味。

嚼碎了的食物经咽和食道，进入胃里。这时候胃一边分泌胃液，一边不停地蠕动，把食物进一步捣烂，揉成糊状的食糜。在胃里停留约 3 小时后，食糜就在胃肌的收缩下送入小肠。

食糜进入小肠的时候，胆汁、胰液也一起通过胆管和胰管末端的共同开口处流入小肠，在那里进一步搅和。这些消化液把食糜进一步分解成极细的可吸收的养分。

小肠壁上分布了密密麻麻毛茸茸的小突起，叫做绒毛。这些绒毛是吸收食糜中养分的主力军。养分通过绒毛进入血管，由血液运输到全身各个部位。食糜在小肠里慢慢行进，停留约 5 个小时。

剩下的残渣排入大肠。大肠只能吸收残渣里的水分和部分维生素等。大肠里细菌最多，使残渣腐败发酵，变成粪便排出体外。

盲肠有什么用处

盲肠是大肠的头，是小肠跟大肠连接起来的一段肠子，长6~8厘米。盲肠在跟小肠连接的地方有一片瓣膜，名叫回盲瓣，是它阻止流入大肠的东西不再流回小肠。盲肠的功能是吸收水分，合成复合维生素B、维生素K。盲肠平常很少发炎致病。人们常说的“盲肠炎”，其实是一个误会，通常说患了“盲肠炎”，其实患的是阑尾炎。

阑尾是长在盲肠内侧的一条细小肠子，它是一个退化了的附属器官，没有什么功能，一旦发炎，就可以割掉，免得引起腹膜炎。割阑尾是个小手术，不过必须及时，贻误时机，阑尾发炎化脓穿孔，再做手术就要吃大苦头了。

胃的消化能力很强，可为什么没把自己消化掉

胃的内壁之所以不会被消化作用十分强的消化物质溶解掉，是因为它上面覆盖着一层天然保护膜。如果没有这一层保护膜，胃很快就会被自己消化掉。

胃的消化能力很强，它能产生一种任何蛋白质都无法抵抗的名为胃蛋白酶的分子，同时还能产生一种液态盐酸，这种盐酸在试管里甚至能“消化”铁钉。

由特殊的胃细胞（“黏液细胞”）分泌的黏液在胃壁上形成了一层500微米厚的保护层，这个保护层能阻止蛋白酶和盐酸与胃壁接触。

但这种黏液自己又是怎样抵抗消化分子的进攻的呢？是这样的，这种黏液含有一种名叫碳酸氢盐的抗酸物质，这种抗酸物质能中和酸，也能使蛋白酶失去作用。由于有一层富含脂肪的特殊保护膜的保护，胃壁细胞自

己也能阻止消化物质的进入。由于特殊分子结构的作用，胃壁细胞之间联系十分紧密，消化酶和盐酸不可能在胃细胞之间扩散。而且，胃细胞每两三天更新一次，这能使胃壁表面受到的损害很快得到愈合。此外，作为最后的保护手段，胃壁上密布血管，能迅速过滤和消除渗透的酸。

但是，胃壁本身的保护手段只能对付少量透过黏液层的消化分子。如果黏液层受到破坏(例如被某种细菌感染)，这种保护就不够了。胃壁一旦暴露，就容易受到酸和酶的侵害，就会发炎，这就是胃炎。时间一久，胃就会穿孔。

感冒了为什么不想吃东西

我们吃东西的时候，不光味觉器官起作用，嗅觉器官、视觉器官也同时在起作用。香喷喷的鱼香肉丝，甜爽的白糖拌西红柿，闻着看着都爱吃。饭菜讲究色、香、味，就是这个道理。色、香、味俱全，有助于增进食欲。

吃饭时候食物的气味吸进鼻腔，嗅觉神经就产生反应，并反映到大脑，我们才意识到这些食物的特殊气味，产生食欲。

得了感冒，鼻腔被黏液阻塞，嗅觉不灵，甚至被阻断，嗅不到所吃食物的特殊气味，这就会影响食欲。如果一病几天，时间一长，食欲会更加减退。

当然，病后舌苔增厚，味觉减弱，也会影响食欲，不想吃东西。

扁桃体该不该摘掉

扁桃体是人体上比较大的淋巴器官，位置在人的咽喉部位，能产生淋巴细胞，吞噬细菌，有防护呼吸道和消化道的功能。扁桃体实际上分舌扁桃体、咽扁桃体和腭扁桃体。舌扁桃体在舌背的后部。咽扁桃体在鼻咽部后壁，10 岁以后逐渐萎缩。腭扁桃体才是一般所指的扁桃体，在咽峡侧壁，形状像扁桃，一边一个，共有一对，被黏膜覆盖。平时你听说某某人动了个小手术，把扁桃体给摘除了，指的就是摘除腭扁桃体。

扁桃体通常被看做是跟细菌作斗争的卫士。可是它本身又非常容易受到细菌感染，引起发炎，成为带菌的病灶。扁桃体发炎时候会肿大，并引起疼痛。医生检查身体时候总要让病人张嘴，让病人伸出舌头说“啊”，就是观察扁桃体是否肿大。如果扁桃体经常发炎，往往会引起许多全身性疾病。在这种情况下，医生常常建议病人动手术，摘除扁桃体，以除后患。如果你的扁桃体始终好好的，不经常发炎，那当然不要随便摘除它，让它充分发挥把门卫士的积极作用。

肝脏动手术割去一部分后真的还能再生吗

人的手脚动过截肢手术以后，就不会长出来了。肺动手术切除一部分以后，也不会再长出来了。但是肝脏即使切除一半，对人没有太大的损害，并且过一段时间，有可能再生。因为肝脏有很强的再生能力。

肝脏比肺脏还要大，是人体内最大的内脏。肝脏的一个重要功能是分泌胆汁。胆汁平时储存在贴近肝脏的胆囊里。我们吃饭的时候，吃进含脂肪的食物，胆囊就会自动收缩，把胆汁排入小肠。胆汁是消化脂肪所必需的一种物质，胆汁中的胆盐能把脂肪乳化成细小的小滴，供小肠吸收利用。

有人把肝脏比做一个化工厂。人体内肠道吸收营养物质的同时，也会吸收一些有害物质，如酒精等。肝脏一方面把营养物质进行再加工，制造成人体能够利用的东西，另一方面又把有害物质转化成无害物质，排出体外。

肝脏也像一个小仓库。在血液中的糖过多的时候，肝细胞会自动把血糖合成肝糖原储存起来；血糖不足的时候，肝细胞又会自动及时地把肝糖原分解成葡萄糖，输送到血液里供人体利用。肝脏这个小仓库还储存多种维生素，例如加强视力的维生素A、促进骨头和牙齿生长的维生素D、制造红细胞所需的维生素B等。

为什么肾脏比较容易做移植手术

日本电视剧《赤魂》中，良子得了慢性肾炎，当医院院长的父亲告诉她，现在肾移植成功率很高，做一次肾移植手术就能病愈。器官移植成功是现代医学一个突出的成绩。肾移植的最大障碍是异体肾植入人体后，由于不相容，产生排斥现象。直系亲属间的肾移植，由于血统关系近，排斥现象不突出，手术成功的可能性更大。

肾脏是内脏器官中最容易移植的，因为肾在脊椎的两侧靠外，腹腔的后面，没有肋骨和其他器官覆盖，所以要做的外科手术比较简单，比做心脏移植手术简单多了。

2001年12月，我国首例借助腹腔镜取肾活体肾移植在解放军309医院获得成功。采用腹腔镜手术切口小，一般只有5~7厘米，切口的位置在腹部而不在腰部，无需切断腹部肌肉，一般住院两三天即可出院。

肾脏的主要功能是清洁血液。血液除了运输从肺脏吸入的氧气，从肠道吸收来的营养物质，也运输人体各器官产生的废物。血液经过肾脏，能自动把废物和对人体有害的物质过滤出来，随尿液排出体外。一个人每天大约排出尿液1.5千克。夏天出汗多，排尿少一点；冬天出汗少，排尿多一点。如果肾脏有病，清洁血液、过滤体内废物的功能减退和丧失，这些废物如尿素、尿酸、硫酸盐等，就会积聚在血液和人体组织器官里，引起中毒，医学上叫尿毒症，可引起死亡。

断肢再植获得成功的关键在哪儿

断肢再植获得成功，是我国医学对世界人民的一大贡献。

我们人体各部分组织，只要血液流动通畅，即使有点儿损伤，一般也能自我修复。可是如果失去血液供应，损伤的那部分组织就失去修复能力，并慢慢坏死。过去，在生产劳动中因意外事故而断手断脚的工人，因为没有办法重新接活，都变成了残疾人。

世界上第一例断手再植获得完全成功的手术，是我国上海的一位外科医生做成功的。他取得成功的关键，是不仅把断手的骨骼、神经、肌肉、肌腱以及皮肤接上了，而且把断手的主要血管都一一接上了。把主要的动脉、静脉血管作精细缝合接通，保证血液循环通畅，这是断手接活的关键。

手术时，先要把轧坏的组织切除，再用不锈钢螺丝钉把断骨固定在一起，然后尽快缝合接通血管，再把主要的神经和肌腱分别缝合，最后缝好皮肤创口。

断肢再植目前还只限于用病人自己的肢体来接活，而且断肢后必须在很短的几个小时内马上做手术。因为人体对别人的肢体有排斥反应；又断肢后如果不在一定时限内做手术，断肢就会因没有血液供应而坏死，那时候要接也接不活了。

为什么有的病得过一次就不会再得了

麻疹、天花、腮腺炎、脑炎等传染病，在人的一生中一般只得一次；不像别的一些病，比如感冒、肠炎、痢疾等，稍不注意，一年能得几次。

人体具有专门对付麻疹等传染病的特殊本领，这就是免疫力。不过这类免疫力，必须在细菌、病毒等叫做抗原的东西刺激下，才能产生。这就是为什么人得过一次麻疹等传染病以后，就一生不会再得的简单道理。

人体内存在专门形成免疫力的免疫淋巴组织，包括胸腺、红骨髓、淋巴结、脾脏、扁桃体、阑尾。免疫淋巴组织产生免疫淋巴细胞和免疫记忆细胞。免疫淋巴细胞接连受到同一种抗原的刺激，比如受到麻疹病毒的刺激，就能被激活而直接杀灭病毒。免疫记忆细胞对接触的麻疹病毒等抗原留下了印记，下次同一抗原再次入侵的时候，免疫记忆细胞能很快识别出来，并迅速生成大量免疫物质，杀灭麻疹病毒。

儿童时期因为免疫功能还没有发育完全，因此抵抗麻疹等传染病的能力很差。给儿童预防接种各种疫苗、菌苗，就是把病毒、细菌或它们的毒素作减毒处理后，作为抗原注射到儿童身上，来提高免疫力。预防接种过麻疹、天花、腮腺炎、脑炎疫苗的儿童，可以免得这些传染病，而且可以终身免疫。

人的寿命究竟有多长

国内国外都有百岁老人，可是多数人五六十岁、六七十岁就死了。我们中国人管自然衰老活到了头叫终其天年，管得病或事故死亡叫短命夭折。说人的寿命有多长，是指人的天年有多长。

法国生物学家经过研究认为，哺乳动物的寿命相当于它生长期的5～7倍。马的生长期是3～4年，寿命该是15～28年。象的生长期是25年，寿命该是150年左右。从动物分类角度看，人类作为一种高级的特殊动物。生长期是20～25年，寿命该是100～175年。我国人口普查中发现过155岁的老人。英国有位老人活了209岁。有人预测，到本世纪的中后期，人的平均寿命有可能达到100岁左右。

延长寿命并不只是老年人的事。只有从小注意合理的营养，坚持锻炼身体，保持乐观的情绪，养成良好的卫生习惯，才有可能终其天年。到老年才注意保健和锻炼，往往已难弥补。

动物植物篇

动物看周围东西跟人看到的一样吗

动物跟人没有共同语言，所以不可能通过互相交谈，来了解动物看周围东西，是不是跟人看到的一模一样。动物也不会绘画，不然可以通过绘画，把它们看到的东西的模样和色彩，画出来给我们看。

人们只能靠观察动物的表现，靠解剖动物的眼睛，从眼睛构造上来了解它们的视觉功能。

昆虫中的蜜蜂，它能分辨不同形状和颜色。有人做过试验，在不同形状和不同颜色的盘子里，有的放蜜，有的不放蜜，时间一长，即使那种形状那种颜色的盘子里不再放蜜，蜜蜂也一样飞落到那种盘子里来找蜜吃。蜜蜂找到不同形状不同花色的蜜源植物，会飞回蜂巢，在巢脾上跳舞，用舞蹈形式告诉同伴哪里有蜜源植物，可在那里采到花蜜和花粉。可见蜜蜂对不同形状和不同颜色是能够分辨出来的。

从眼睛构造来看，猴子、狒狒、猩猩、黑猩猩等高等的灵长类动物，眼睛构造复杂，具有角膜、虹膜、巩膜、瞳孔、晶状体、视网膜等构造，非常接近人的眼睛。这些高等动物看周围东西，很可能跟人看到的一模一样。

家养的动物对主人真有感情吗

一些家养的动物，比如鹅、狗、马等，经过人的驯养，在跟人的长期接触中，它们获得了对人依恋、感谢等表现感情的能力。

放养鹅群，时间一久，有的大公鹅就会对主人表现有感情，鹅群里会自动出现保护主人的“警卫员”。在野外，只要有人接近主人，担负警卫的大公鹅就会伸长脖子，把头几乎贴近地面，并且张开双翅，像歼击机一样，直冲过去，把人吓一大跳；有时候还会咬人，咬住就拧。主人每次从村外牧场进村，担负警卫的大公鹅总是跟着，不过它不进村，在村口等着，然后跟随主人一起回牧场。

狗更聪明伶俐，跟主人相处一久，很愿意跟主人接近。主人一回家，它就会主动迎上来，摇着尾巴，在主人周围转悠，表现出对主人十分亲热。义犬救主的故事就更生动了，经过训练的警犬，能用嘴从坏人手里夺过手枪，把主人从十分危急的场合解救出来。

马也是喜爱跟人亲近的动物。长期接触，马还能听懂主人的少数日常用语，如它自己的名字，“快卧下”，“不要动”，等等。在危急关头，马也会冒险救主人。抗日战争时期，两军炮战中，我军的一匹枣红马发现主人已负伤昏迷，伏在马背上，这匹马就趁着硝烟弥漫时，把主人平安驮回军营。

动物会使用简单工具吗

一向认为人类区别于动物的标志之一，是人能制造和使用工具，动物却不能。现在人们发现，有些动物虽然不能自己制造工具，但是能够利用身边的小棍和石块当工具使用，以达到填饱肚子的目的。

比如非洲大陆有一种秃鹫，为了打开鸵鸟蛋，饱吃一顿，它会从附近地方衔来小石块，向鸵鸟蛋猛击，一次不成，再来一遍，直到把鸵鸟蛋击破，蛋清蛋黄流淌出来为止。

再比如海獭，先挑选一块觉得合适的石块，用两只带爪的前肢抱住，再潜入浅海的海底，用嘴叼起海贝，然后仰浮海面，用扁平的尾巴维持身体平稳，用带蹼的后肢接过石块，抱在胸前，再用前肢拿海贝往石块上砸，直到壳破肉出才罢休。这时候海獭仍悠闲地仰浮水面，美美地品尝海鲜。海獭常常用同一块石块作工具，每次叼起海贝，都往这石块上砸。

又比如黑猩猩，会把树枝插进白蚁的洞穴里，隔一会儿，等树枝四周爬满白蚁，就把树枝从洞穴里抽出来，用嘴舔食树枝上的白蚁。

动物会自己治病吗

动物园里的动物生了病，饲养员会把它们送进附设的野兽医院，由专职的兽医给它们治病。那野生动物生了病怎么办呢？好多动物都自己会给自己治病，也有的动物会给别的动物治病。

比如鹬和雉鸡，一旦一条腿骨折，会自己忍痛转移到河边或塘边，用嘴衔些软泥掺和进小草，敷在骨折处，把断骨固定住，过一段时间，骨伤处就自己长好了。

有的鱼的鱼身上会寄生好多白色的寄生虫，像是从鱼鳞和鱼鳃上长出了豆芽似的。得了寄生虫病，对鱼健康生长很不利。有一种清洁鱼，专爱吃鱼身上的寄生虫，这样它们就成了鱼医生。清洁鱼既治好了病鱼的寄生虫病，又养肥了自己，倒是一举两得。

热带森林里的猴子，得了疟疾，像人得疟疾那样，身上热一阵，冷一阵。这时候病猴就会去啃金鸡纳树的树皮，尽管这种树的树皮十分苦涩。金鸡纳树皮中含有奎宁成分，能治疟疾，所以病猴啃了这种树的树皮，可治好疟疾。

为什么黑猩猩当演员特别会表演

儿童电影《姣姣小姐》，讲的是马戏团里发生的故事。由黑猩猩扮演的鲁鲁，在一群动物演员中表现最突出。

比如动物乐队小合奏那个场面，小狗花花拉手风琴，熊猫姣姣吹笛子，黑猩猩鲁鲁打鼓。鲁鲁打的鼓点很有节奏，实际上起到了指挥这场演奏的作用。

再比如黑猩猩鲁鲁模仿京剧花旦画脸谱，抹口红，甚至闯到正在演出的前台，跟人合演了一台“偷仙桃”，逗得观众笑痛肚皮。

又比如黑猩猩鲁鲁半夜里从驯兽员枕头底下偷走钥匙，并用钥匙打开了狮子、老虎的铁笼子。于是狮子、老虎在马戏团里到处转悠，吓得男女驯兽员到处逃命，免遭狮子、老虎伤害。黑猩猩鲁鲁却在一旁又拍“手”，又吱吱直叫，兴高采烈地看热闹。

黑猩猩在动物中智力仅次于海豚，具有十分发达的大脑。黑猩猩脑量比狒狒几乎大一倍，在构造上近似人脑。黑猩猩特别善于模仿，教它各种表演动作，它能学得像那么回事儿，有时还学得十分传神。所以经过耐心驯养，让黑猩猩演电影，演节目，给人的印象是它特别会表演。

为什么峨眉山的猴子不怕人

从四川成都坐车，向西南方向行车约 6 小时，就可到达我国名山之一峨眉山的山脚下。峨眉山风景秀丽，有“峨眉天下秀”的赞誉，是我国的一大旅游避暑胜地。现在早晨坐上小面包车，可环山直上海拔 2 500 多米的接引殿，从那里坐上缆车，只用5分钟，就可到达海拔3 000多米的顶峰——金顶。然后徒步下山，得在半山腰的大寺院住上一夜，第二天傍晚前可回到山脚下。

从峨眉山海拔约2 000米处的洗象池，往下到海拔约1 000米处的洪椿坪，一路上能碰到数群猴子。峨眉山的猴子不怕人，人少的情况下，倒是人怕猴子。猴群见人，由老猴带队，会迎着人上来。山间小路很窄，有的地段路在山腰间，碰到猴群，躲也没处躲，只好硬着头皮面对面走过去。事先一般得给猴子准备一点儿吃的东西，它最爱吃的是带壳花生；如果给白馒头，猴子会对准馒头猛击一掌，吓你一大跳，并把馒头击出老远，表示对馒头毫无兴趣，并且生你气了。给东西还得一次给足，不能分几次往外掏，不然猴子就会上来掏你的口袋。随身带的红头巾，搭在手臂上的花衣服，背在肩上的彩色小提包，稍不留神，猴子就会从你身上抢走，挂到很陡的高坡树杈上，叫人哭笑不得。猴王一般不出面要吃的，稳坐在高坡上，远远地注视着山间小路上发生的这一切。猴群也有自己的地界，一座山间小桥可能就是两群猴子的分界线，它们彼此一般不越界行动。

因为峨眉山四季游人不断，旅游者又都爱拿食物跟猴子逗着玩儿，那里的猴子跟人接触多了，胆子也就越来越大，不但不怕人，还会跟人闹些恶作剧逗着玩儿。

大熊猫为什么那么稀罕

大熊猫又叫大猫熊，是只有我国才有的珍贵动物，是在我国也只有四川、甘肃、陕西的少数地区才有的稀有动物。现在活着的大熊猫估计只有1 000多只，被看做是我国的“国宝”。大熊猫肥肥胖胖，乳白色的圆大头上长有两只小黑耳朵，以及八字形的大黑眼眶，乳白色的身上长有黑色的四肢和肩膀，长相在动物中很罕见。大熊猫坐下来休息或吃鲜竹的那种独特姿态，自己玩乐和贪玩淘气的那种模样，以及跟人在一起的时候表现出来的那种憨态，十分有趣可爱。

大熊猫第一次送国外展出是1938年，地点是美国芝加哥动物园。多年来，已有100多只大熊猫被送到全世界各大动物园，同许多国家的小朋友见面。

大熊猫稀罕、濒临灭绝是有一定原因的。

第一，大熊猫很挑食，虽然偶尔也捕食小鸟、野鼠等，但是它的主食是竹子，而且主要是箭竹。它的食量还极大，野生条件下几乎昼夜觅食，每天要吃鲜竹15～20千克。一旦箭竹大批枯死，大熊猫就会因断粮而大批死亡。1983年就发生大批箭竹枯死，幸亏及时采取抢救措施，救活病饿大熊猫80多只，并陆续放归大自然。

第二，一些大熊猫的地区分布范围一般不算大，近亲繁殖问题比较突出，幼仔的成活率不很高，造成种群衰落，数量越来越少。

第三，大熊猫眼神不好，耳朵也背，自卫能力极差，容易招凶悍动物袭击；大熊猫也容易患蛔虫病等消化道疾病。所有这些，也是大熊猫越来越少的原因。

老马识途，真有这样的事吗

“老马识途”这句成语的意思，是说老马记性好，能认识道路。这句成语出于一个历史故事，是说春秋时代，齐国跟邻国打仗，齐国军队迷了路，被围在山里。这时候大臣管仲出了个主意，他让士兵牵出几匹老马，让它们在前面带路，大队人马紧紧跟在后面，终于回到了齐国。

说明马记性好的记载还有，比如有一匹马，它的马蹄铁脱落了，主人没有发现，这匹马就自己跑到过去给它上过马蹄铁的铁匠铺去，静静地站在那儿。铁匠赶它走，走不多远它又回来了。铁匠仔细一瞧，出于职业的敏感，发现马的一只脚上的马蹄铁脱落了，这才恍然大悟。于是给马钉上了新马蹄铁，这匹马才打了一个响喷，回家了。

其实牛的记性也不差。比如广西大化瑶族自治县百马乡，有一位村民正在喂猪的时候，突然发现他3年前在50千米外早就卖掉的一条老黄牛，又摇头摆尾来到他面前。开始他以为是买主牵它回来的，可是一看牛后边并没有人，才知道这老黄牛是自己找回家来的。

长颈鹿低头喝水，头重脚轻，不会倒下来吗

长颈鹿身高6米上下，是地球上现存动物中个子最高的动物。长颈鹿脖子特别长，长脚又细又长，显得有点儿头重脚轻。正因为这样，长颈鹿低头饮水十分费劲，它必须先左右叉开两只前脚，使整个身体重心下移，然后低头饮水；或者干脆跪下，使整个身体重心更向下移，然后低头饮水。也许正是因为长颈鹿饮水太费劲，所以它平时可以长时间不饮水。

长颈鹿只产在非洲，主要靠吃高处的树叶生活。它的眼神很好，伸直脖子可以看得很远。一旦发现狮子一类猛兽，它拔脚就跑，跑得还挺快。万一跟猛兽狭路相逢，它会用脚回击，抵挡一阵子。因为长颈鹿得经常提防猛兽袭击，连睡觉也不安稳，所以养成了站着睡觉的习惯，这样一有情况，就可马上逃跑。

为什么人们关注寻找大象“公墓”

大象是合群的动物，小群10多头一群，大群上百头一群。跟一般群居动物如猕猴、海狮等不一样，大象群中当首领的是雌性成年母象。集体行进的时候，首领母象走在队伍的前面，其他母象和幼象走在中间，一群公象

走在后面压阵。头象决定象群的行动路线、时间安排、取食地点、休息场地等，公象是象群的保卫者，如果遇上危险，必须挺身而出，确保象群的安全。

旅途中母象对幼象的爱护是十分周到的，如刚出生的幼象不能走路，象群甚至停止前进，一直等到幼象能够行走时，才继续前进。

大象能活 100 多岁。象到了老年，能自知老之将死。传说象有它们自己的“公墓”，老象总不远千里独自赶来，就老死在那里。平时极少发现死象留下的象牙和象骨，这个事实支持了大象有自己的“公墓”的传说。传说大象“公墓”里堆有许多象牙和象骨。象牙可制象牙雕刻等名贵的工艺品，很值钱，所以人们十分关注寻找大象“公墓”发财。可是人们从未找到过大象“公墓”。有人这样解释，孤独的老象走不了远路，身体逐渐衰弱，就只好找个草深林密没有人迹的地方藏身。它也许死于一场热带的大暴雨中，也许死于河水泛滥中，尸骨就被洪水冲散，或者沉没在泥沙里。即使没有沉陷掉，残骸也会给鬣狗、豺、秃鹫等分食，象骨和象牙，也会给豪猪啃掉。所以死象不久就消失得无影无踪。

海豚为什么会主动救助落水孩童

海豚聪明、活泼，智力仅次于人，比黑猩猩智力高。海豚大脑发达，按脑量跟体重的比例，也仅次于人。而且大脑沟回很多，很像人脑。因此海豚跟一般动物比起来，教它学习完成一定动作，比如打捞海底沉物，给潜水员传递信息，它们学得很快，显得很有灵气。海豚两个大脑半球可以轮流休息，这比人脑优越，所以它整日搏风击浪，永不疲倦。

海豚是哺乳动物，长期生活在海洋等水域，前肢已退化演变成鳍肢，不过仍保留着 5 个指骨。海豚总共约有 32 种，生活在我国海域的约有 29 种。海豚喜欢吃成群游动的鱼类，如沙丁鱼、黄鱼、带鱼等。从前，渔民常根据海豚的活动情况，来判断上述鱼群的所在。

海豚非常喜欢跟人交往，海边的人们和船上的海员，也很喜欢跟海豚做伴。海豚也是最逗人喜爱的观赏动物。

海豚自发救助落水孩童的记载很多。澳大利亚可可斯岛海边，一群孩子兴致勃勃地在做冲浪运动。突然一个大浪涌来，把其中的一个孩子卷进大海，并随着波浪渐渐向深海漂去。忽然，这孩子发现身旁有一个动物蹭了他一下，原以为是条鲨鱼，他害怕极了。后来发现这是头海豚，它不但不伤害他，还围着他转圈，驱赶其他海里的动物，精心保护这个落水的少年。随后海豚一再托起这个少年，并把他推向海岸，终于使这个落水少年得救了。孩子的父母见人就说，是海豚救了他们的儿子，这头海豚是他们的救命恩人。

有人认为，海豚救助落水孩童可能是出于它们特有的一种本能。每当海豚看见会活动的东西沉向水底时，就会赶紧游过去，把活东西托出水面，并引向安全的地方。这是海豚做父母形成的本能，因为海豚是在水下生产后代的，生下后立即把小海豚托出水面呼吸空气，并帮助小海豚安全地游泳。海豚救助落水孩童，正是受这种本能所驱使。

国外现在有人正研究海豚能否懂得近似人类的语言。他们用犒赏食物的办法来建立声音、手势、实物和行为之间的联系，然后转入语言学习阶段。经过训练，人们发出“冲浪板，拿来，说话人”的指令，就能吩咐海豚把冲浪板拿给说话的人。据说训练有素的海豚已熟悉300多个句子，并对其中85%的句子作出正确的反应。

海豚经过驯养，也可以当出色的马戏演员。驯养海豚主要靠物质刺激，完成一个动作，奖励一条鱼，让它形成条件反射。训练讲究循序渐进，由易到难。比如钻火圈这个节目，先让海豚学会钻圈，慢慢换一个冒烟的圈，再换一个有点儿火苗的圈，最后才换上着火的圈。一开始就钻火圈，它当然不干。海豚表演的传统节目，有跳高触球、顶球入筐、水中拉车、钻火圈、识谱唱歌、跳水上迪斯科、水中救人等许多节目。海豚有个人来疯的特点，掌声越热烈，它们表演起来越来劲，越来情绪，否则就敷衍了事。

南极中国长城站附近有企鹅吗

1985 年早春，我们中国人第一次在南极大陆的乔治岛上，建起了自己的第一个南极考察站——长城站。说到南极，人们想起了企鹅，想知道南极长城站附近有没有企鹅。据曾经参加过建设长城站的考察队员回来说，那里不仅有企鹅，而且不止一种，已经发现的就有帽带企鹅、阿德利企鹅、巴布亚企鹅三种。

其实不光南极有企鹅，南美洲南部和澳大利亚南部沿海，也都产企鹅。不过企鹅只产在地球的南半球。

企鹅在陆地上直立行走，腿脚不很灵便，走起路来一摇一摆，慌慌张张，引人发笑，逗人喜爱。

企鹅喜欢集群生活。一到繁殖季节，海边岩礁乱石场上站满了正在孵蛋的企鹅群，黑压压一片，一概面对大海，几乎一动不动，可谓尽心尽职。企鹅腿脚很短，站立时下腹着地，蛋就放在两脚之间，用下腹覆盖，靠腹部体温孵化。一窝只孵一两个蛋。多数种类公母企鹅轮流孵蛋，只有少数大型种类是公企鹅孵蛋，母企鹅负责哺育幼雏。有趣的是母企鹅能在成百上千只几乎挤在一片岩礁上的幼雏中，辨认出自己的子女来，把自己从海里找来的食物，哺喂给幼雏吃。

鹦鹉学舌是怎么回事儿

鸟类是唯一能模仿人的语调说话的动物，而在鸟类中，就数鹦鹉说得最好。

鹦鹉羽毛艳丽，是一种观赏动物。家养的或动物园饲养的鹦鹉，人们耐心教它说人话，比如说“您好！”“吃饭没有？”“几点钟了？”“再见。”“讨厌。”“你坏！”“你滚蛋！”慢慢地，鹦鹉都会说。当然，只会学些音节不多比较简单的话。而且谁教，它学谁的口音；教什么，学什么：鹦鹉学舌，就是这个意思。

鹦鹉成天唠唠叨叨地反复说它那几句话，是出于它十分喜欢跟人来往，也十分喜欢说话。

有时鹦鹉会不分场合不分对象乱说一气，比如来了客人，它不一定说“您好”，倒是会说“你坏”之类的话，弄得大家啼笑皆非。可见鹦鹉说人话，并不一定懂得所说的话的意思。

丹顶鹤为什么爱跳舞

丹顶鹤身上羽毛白色，只有飞羽、颈部羽毛和一双长脚呈黑色，黑白分明。此外，头顶皮肤裸露，呈朱红色，十分显眼。这一切使丹顶鹤长相和体态显得十分秀美。

丹顶鹤很爱跳舞，舞姿优美，人们管这种舞姿叫“鹤舞”。早春时节，一雌一雄常常成对地跳舞。平时，饱食一顿之后，鹤群也会一起翩翩起舞。同时引颈鸣叫，鸣声传得很远。古人所谓“鹤鸣九皋，声闻于天”，说的就是这个意思。据专家观察研究，鹤舞跟婚恋没有关系，似乎只是一种游戏。

丹顶鹤的繁殖地，主要在我国黑龙江省的沼泽地和芦苇滩。雌鹤雄鹤一旦配成对，就终身成对生活。每年三四月份产卵，每窝两枚左右。孵化期32～35天。一般雌雄鹤轮流孵卵，多数白天由雄鹤孵卵，晚上由雌鹤接班。幼雏出壳后，雌雄鹤活动范围大大缩小，不敢远离幼雏，怕遭敌害袭击。幼雏主要由雌鹤喂食，食物主要是小虫小鱼之类。幼雏生长很快，当年秋天就可结群一起迁飞南方越冬。

丹顶鹤是稀有珍禽，现在活在世上的丹顶鹤总共约1 500只。日本北海道、俄罗斯西伯利亚东南部，也有少量丹顶鹤。从我国南飞的丹顶鹤有一部分就在朝鲜半岛越冬。我国黑龙江扎龙地区已建立丹顶鹤自然保护区，保护饲养这种珍禽，免遭绝种。

孔雀鱼是胎生的吗

在玻璃鱼缸里放养的热带鱼中，有一种叫做孔雀鱼，身体长不大，雄鱼身上红橙黄绿青蓝紫七色都有，十分美丽。这种鱼从来不见下卵，从母体生出来就是小孔雀鱼。所以一般认为孔雀鱼是胎生的。

其实这是一个误会。鱼类中只有灰星鲨、砂鲛等是胎生的，绝大多数卵生，少数种类卵胎生。孔雀鱼的繁殖方式就属于卵胎生，即卵没有排出母体外，胚胎发育阶段也没有离开母体，营养来自卵黄，营养不直接由母体供给，卵在母体内孵化，从母体生出来就是幼鱼。

卵生动物的卵，容易被别的动物吞食，也容易发霉变质。有的鱼类，靠产卵数量多来维护种族的生存，比如翻车鱼，一次下卵达3亿颗。有的鱼类，靠选择合适的产卵场所来防止卵的霉变，比如青鱼、草鱼、鲢鱼、鳙鱼四大家鱼，它们选择水流冲击石块、出现像开锅似的“泡漩水”的地方下卵，不使卵沉底发霉，来维护种族的生存。

卵胎生显然比卵生要进步，对保护后代尽可能活下来有利。卵胎生鱼类一般一次产下幼鱼几尾、几十尾到上百尾，数量虽少，但成活率高。

为什么五月的黑鱼最容易上钩

每年鲜花盛开的五月，正是河南一带乌鳢（黑鱼）产卵的季节。鱼卵产在水塘稀疏的水草间，由胶质物包裹成碗口大一团。起先呈淡黄色，逐渐变黑，随即孵出幼鱼。刚孵出一二十天的幼鱼也抱成团，一二厘米长的小黑鱼成团在水塘上层游动。从卵团到幼鱼团这一段日子，公母亲鱼日夜在水下看守保护。

黑鱼在繁殖季节，对后代的保护是绝对认真负责的。这时候在卵团处或者幼鱼团处下钩，特别是用小青蛙作钓饵，准能把一二千克重的公母亲鱼先后钓上来，成功率几乎达到百分之百，除非别人在你之前已经把公母亲鱼钓走了。

怎么识别公母亲鱼还在不在卵团或幼鱼团下面呢？只要卵团看起来新鲜完整，不破碎，很脏，公母亲鱼准还在下面。只要幼小黑鱼还紧紧团成球形一起在水里移动位置，不散团，公母亲鱼准还在下面。

有人曾用牧鹅的长竹竿去捅幼鱼团，结果幼鱼团下的亲鱼，竟咬住竹竿较细的一头使劲拧，还使劲往水下拽。

现在你该明白了，五月的黑鱼最容易上钩，就是因为黑鱼怕青蛙吃掉它的鱼卵和幼小黑鱼，所以用小青蛙做钓饵下钩，很容易把公母亲鱼钓上来。

黑鱼是很凶残的肉食性鱼类，幼鱼一旦稍稍长大，散了群，彼此就谁也不认得谁了，父母有可能吞食自己的子女，兄弟之间也会弱肉强食，彼此残杀。

弹涂鱼为什么能水陆两栖

我国沿海各地的浅水滩涂上，常能见到一种跳鱼，它常竖起背鳍，弹开大嘴，转动着眼睛，在涂面跳跃、爬行。它有一半时间栖息在水里，一半时间生活在海涂，能水陆两栖。它就是身体构造跟一般鱼类不太一样的弹涂鱼。

弹涂鱼具有一套适合水陆两栖的身体构造，它鳃腔很大，鳃盖密封，能贮存大量空气。腔内黏膜密布微血管，能辅助呼吸。它的皮肤上血管很多，血液通过极薄的皮肤，能够直接从空气中进行气体交换。它的尾鳍除了具有鳍的功能外，也是一种附属的呼吸器官；弹涂鱼爬上滩涂，离开了水，常常隔一忽儿就把尾鳍下垂水中，在水中进行气体交换。弹涂鱼有了这一套奇特的、适于水陆两栖的身体构造，所以常离水在滩涂上爬行、跳跃。

弹涂鱼胸鳍基部有发达的肌肉，能前后摆动，像陆生动物的附肢，可以用来爬行和支撑身体。爬行速度极快，人都追不上。爬行时，泥涂上每每留下爬行的痕迹。左右腹鳍已愈合成吸盘。弹涂鱼靠附肢似的胸鳍以及有吸盘的腹鳍，还能爬到沿海的红树上，垂直附贴在红树枝上。

弹涂鱼常用牙齿、嘴巴和胸鳍，在海涂上掘穴而居。沿海渔民常用竹筒或竹篓埋入海涂诱捕。弹涂鱼肉鲜美，可食用。

寄居蟹怎样“谈判”换房

寄居蟹每脱皮一次，身体随着长大。到一定时候，原有的螺壳容不下长大了的身体了，就得寻找比原有的稍大一点儿的螺壳藏身。偌大的大海，不是到处都有空螺壳可供它们挑选的。寄居蟹生性从不侵犯活着的海螺，更不会强迫海螺让出螺壳给自己居住。它们总是交换螺壳。

有一种寄居蟹要求交换螺壳时，常用自己身上的螺壳，连续碰撞对方身上的螺壳。另一种寄居蟹要求交换螺壳时，常主动去摇晃对方的螺壳。还有一种寄居蟹要求交换螺壳时，上述两种方式它都会用，有时采取碰撞方式，有时采取摇晃方式。

那对方怎样表达自己愿不愿意交换螺壳呢？如果同意交换，一般它用自己的螯去轻轻拍拍对方的螯，以此表示同意交换，随后它就马上离开原来寄居的螺壳，把自己的“住房”让出来。如果不同意交换呢，它就把身体蜷缩起来，舞动大螯，摆出一副敌对的架势。

寄居蟹在我国南北海滩上都能见到。由于种类不同，个体大小也不同。大型种类螯肉能吃，味同虾蟹。

章鱼体色是怎么变深变浅的

我国避暑胜地北戴河海边，能见到小型的活章鱼。用海水把它养在洗脸盆里，放在卧室的时候，它的体色很淡，近乎灰白色；可是把盆移放到室外太阳光下，它的体色就会变深，呈深褐色。最有趣的是只要用小棍一碰它的身子，或者触动任何一条腕足，它的身上就会出现黑色纵向的粗线条，两只眼睛的外侧还同时会出现金色的带黑圈的假眼，显得十分可怕。

原来章鱼表皮中有黑、褐、赤棕、橙、黄等色素细胞。在这些色素细胞周围，连有放射状的肌肉纤维。肌肉纤维受神经支配伸缩的时候，色素细胞就放大或收缩，使章鱼全身变色。章鱼变色似乎是为了使自己身子的颜色跟周围环境相似，把自己伪装起来，免遭敌人侵害；有时似乎是使自己变得十分可怕，来恐吓敌人。

盆养的活章鱼，在室内无人的时候，它能爬出盆外一米多远。所以传说章鱼诡计多端，夜里会爬到旁边的玻璃鱼缸里偷吃鱼，吃完还会回到自己待的玻璃鱼缸里。

盆养的活章鱼，休息的时候总缩作一团，有点像静坐的青蛙，只是身后多了一条“尾巴”。据说章鱼警惕性很高，睡觉时候总有一条或两条腕足值班，不断缓缓摆动，一有动静，就会立刻逃走。这个传说看来也是可信的，身子缩作一团时身后的那条“尾巴”，其实就是值班的腕足。

在地球之外宇航员已做过哪些种植试验

在人类已经进入太空的时代，宇航员怎样在太空自己养活自己，这是人们正在考虑解决的难题。现在宇航员每次起飞，都带足了食物和饮料。

但是宇宙飞船船舱容积毕竟有限，带得再多，也有用完的时候。能不能在太空的飞行器里种点儿粮食、蔬菜什么的？这种探索已经开始。

人们在航天飞机上开辟了小片园地，用燕麦、绿豆等做实验，结果这些植物都不适应失重条件下的生活，茎干扭曲，根也冒出了土壤，乱长一气，不过蛋白质含量比在地面条件下生长含量要高，这倒符合在太空条件下用较小的空间，获得较多蛋白质的要求。

人们也在空间站设置小片菜园，用人造土壤种上葱头，用电刺激法减小失重对植物造成的影响，结果葱头上长出了新芽，然后还长出了鲜嫩的绿叶。

这一切虽然才刚刚开始，但是毕竟为将来在别的星球上发展种植业前进了一步。

还有比甜叶菊更甜的植物吗

我们现在吃的糖，是用甜菜、甘蔗榨制的。

30多年前，我国由南美洲引进种植一种甜叶菊，从叶片中提取的甜叶菊精，比蔗糖甜300倍。本来冲一杯牛奶要用两小匙白糖，用甜叶菊精只要像用味精那样一点点就够了。甜叶菊精特别适合糖尿病人食用，因为糖尿病人食用蔗糖会加重病情，食用甜叶菊精一点妨碍也没有。我国北自黑龙江省，南到广东省，都可种植甜叶菊。天津等地已设厂生产甜叶菊精。

目前国外市场上出现了一种甜调料索马丁，它比蔗糖甜3 000倍。索马丁是从生长在西非热带雨林中的一种植物果实中提取的，甜味儿很像蔗糖，吃进嘴里甜味儿能持续很久。

后来，人们在热带森林里又发现了一种草本植物，叫西非竹芋，种子周围果肉比蔗糖甜3万倍。

不久前，人们在加纳热带森林中又发现了一种植物，叫卡坦菲，用它提取卡坦菲精，比蔗糖甜60万倍。这可算是目前已经发现的最甜的东西了。

发菜极像乱头发，到底是种什么东西

商店里装盒卖的发菜，从形状到颜色，确确实实很像头发。其实它跟平时泡汤食用的紫菜一样，是一种低等的藻类植物。只是紫菜成片状，长在海岸边；发菜成丝状，长在山地和沙漠边缘地带。

发菜味美，是山珍海味中的一种山珍。它营养丰富，蛋白质含量比鸡蛋还高。我国南方人和东南亚华侨爱吃发菜，每年都有大量出口。

发菜繁殖靠细胞直接分裂。我国西北地区的内蒙古、新疆、宁夏、甘肃、青海等地盛产发菜，每年夏天，是采收发菜的最好季节。

发菜在不良环境下也能生长。它有固氮能力，能提高半荒漠地区牧场和草场的土壤肥力。发菜紧贴地面生长，对沙漠荒地还能起到固沙的作用。

有一种红藻叫江蓠，生长在海滩，当地人们叫它海发菜。其实这种海发菜不是真正的发菜，它含的成分也跟发菜不一样。

冬虫夏草到底是虫还是草

冬虫夏草是一种模样十分奇特的东西——说是动物，又不全是动物；说是植物，又不全是植物。粗看起来，下部是像蚕一样的一条昆虫，上部即虫体顶上却长了一株小草。其实，它的下部真的是虫体，是一些蛾类昆虫的幼虫；虫体上部长的不是草，而是跟香菇、木耳同类的一种真菌——麦角菌。

在西藏、四川、云南、青海、甘肃等地的高山草原上，每年夏秋季节，有几种飞蛾产卵在草地上，卵孵化成幼虫，钻到地下找食吃，并在地下潜伏越冬。有的幼虫把麦角菌的孢子吃进肚子，于是孢子就在虫肚子里发芽，长出菌丝。麦角菌吸取虫体内的营养，一冬天把幼虫体内的营养“吃”个精光，只剩下幼虫的一个空壳——这就是所谓的冬虫。幼虫空壳里长满菌丝体，形成菌核。到第二年夏天，菌核从虫壳头上长出模样像小草那样的子座——这就是所谓的夏草。

冬虫夏草是一种名贵的补药。

人们从冬虫夏草的形成过程中得到启发，想到用菌类来消灭有害的昆虫，比如利用白僵菌消灭松毛虫，利用青虫菌消灭菜青虫，利用苏云金杆菌消灭玉米螟等。以菌治虫花钱少，功效大，也不会污染环境。只是不宜在养蚕地区使用白僵菌，不然蚕宝宝也会感染白僵菌而大批死亡。

寄生植物菟丝子是怎样吸取寄主营养的

菟丝子又叫无根草，是植物中的“寄生虫”。有时候绿油油的大豆地里，出现一小片一小片发黄枯萎的大豆植株，就是被菟丝子寄生害死的。

每年秋天，菟丝子结出蒴果，每个蒴果里有四粒种子。种子混进大豆地里。到春暖时节，种子就发芽，幼根深入土里，线状的细茎迅速生长。遇到大豆植株，菟丝子的细茎就三缠两绕，紧紧缠住。这时候菟丝子幼根跟土壤脱离，悬在空中不着地。由于菟丝子长期依赖寄主生活，原有制造养料的器官，都已退化。它的线状茎上已看不到叶片。叶片已退化成半透明的鳞片。把菟丝子的细茎从大豆茎上扯下来看看，能看到菟丝子茎上生有许许多多细齿，在大豆茎上能看到被细齿嵌入过的伤痕，像被牙咬过的一样。菟丝子就靠细齿吸取大豆体内的养分和水分。

植物界像菟丝子那样的“寄生虫”，还有桑寄生、槲寄生等等。

捕蝇草真能捕食苍蝇吗

猫捕食老鼠，鸭子捕食青蛙，动物捕食动物，大家知道；牛吃稻草，羊吃青草，动物吃植物，大家也知道；只是捕蝇草捕食苍蝇，植物捕食动物，倒是新鲜——-还真有这样的事儿。

捕蝇草用叶子捕食苍蝇。捕蝇草茎不长，叶子轮生。它的叶子长得很特别，每片叶子长成两部分，靠茎部分是绿叶，绿叶外侧部分从顶端长出肉质叶。这肉质叶边缘长有刚毛，有点像仙人掌的硬刺；中间也长刚毛，像触角，感觉灵敏。整张肉质叶形状有点儿像半张开的手心，捕食苍蝇就靠它。苍蝇一旦落到肉质叶上，触动了中间触角样的刚毛，这张肉质叶就会很快闭合，就像握紧手心一样，把苍蝇牢牢"捏在手心"里。

捕蝇草的肉质叶这时候又变成了消化器官，像胃一样分泌消化液，把苍蝇分解吸收，变成自己生长所需要的养分。

几天后，肉质叶再度张开，等待另一只苍蝇自投罗网。

舞草怎么会随音乐节拍舞动绿叶

在我国云南省西双版纳的热带森林里，生长一种舞草。它是一种豆科植物，茎高1米左右，分枝稀少。叶片翠绿色，每三张叶子自成一组，中间一叶很大，长椭圆形；其他两叶很小，呈线形，长在大叶的基部，左右相对，形状像昆虫的两个触角。绿叶对音乐声波刺激很敏感，能随音乐节拍，舞动绿叶，十分有趣儿。

舞草绿叶舞动的原因，有两种不同的说法。一种说法是因为受太阳光刺激而舞动，但是夜里没有太阳光的时候，舞草成对的小叶还照样舞动，这怎么解释？另一种说法是因为受声波刺激而舞动，但是没有声响的时候，舞草也照样舞动，这又怎么解释？所以舞草舞动的原因，跟声光刺激有关系，但是到底是怎么回事儿，还有待进一步探索。

王莲叶上坐人怎么不会下沉

在北京植物园和广州的华南植物园里，都能见到原产拉丁美洲的王莲。

王莲跟我国的藕莲是同一类植物。藕莲叶片伸出水面，叶面只有脸盆那么大；王莲叶片漂浮在水面，叶片比大圆饭桌还要大得多，最大的叶片直径可达4米，几乎是一个水上小平台了。

王莲叶面大，叶脉粗壮结实，叶内有许多气室，叶的边缘往上卷起10多厘米，像个结实的大圆盘。有人测试过，王莲的大圆叶上一般能载重六七十千克。所以，王莲叶上坐一个小朋友，就算体重50千克，这怎么会下沉呢？

王莲跟藕莲不同，它不长藕。每年8月开花，初开时白色，夜里开花白天闭合，花儿再开时已由洁白变成淡红到深红。开花时候，散发出白兰花般的幽香。花儿凋谢后结莲蓬，每个莲蓬里结二三百粒种子。种子有玉米粒那么大，含淀粉丰富，可以食用。

无籽西瓜为什么比普通西瓜甜

近几年北京上市的无籽西瓜一年比一年多，虽然比普通西瓜贵一点，因为比较甜，人们也乐意买它。

无籽西瓜个儿大，产量高，瓜皮薄，肉色鲜红，沙瓤，糖分高，口味好。无籽西瓜里虽然不是一点儿瓜子也没有，但是瓜子明显少而小。

培育无籽西瓜是很费事的，先要用一种叫做秋水仙素的激素类药液，来处理普通西瓜的种子，干扰细胞内部结构，用这种西瓜种子播种，培育出细胞染色体加倍了的四倍体西瓜种子。第二年播种四倍体西瓜种子，把它作为母本，跟普通西瓜进行杂交，结出三倍体西瓜种子。第三年用三倍体西瓜种子种植，并用普通西瓜植株上的花粉授到三倍体西瓜植株的雌花上。经过这样精心培育，获得不孕特征，于是长出瓜子特少又特小的无籽西瓜来。

你也许听说过杂交玉米、杂交高粱、杂交水稻等名词，作物经过杂交，发挥杂交优势，所以产量高，品质好。无籽西瓜在培育过程中也要经过杂交，杂交优势也很明显，前面说过无籽西瓜又大又甜。另外，无籽西瓜因为所长种子极少，把原来供应种子的那份养料转移到长瓜肉，提高含糖量上去了。所以，无籽西瓜一般要比普通西瓜甜得多。

无花果不开花怎么结果

说无花果没有花却结了果，这是一个误会。无花果实际上是有花的，它也是开了花才结果。

无花果花托长得很特别，朝上包起长成灯泡形不透明的一个囊，花轴被包在囊中央，花轴上的许多雄花和雌花也被包在囊中央。光从外表看，根本看不到这许多雄花和雌花。我们的祖先只从表面看问题，就误以为是没有花的，于是取了个名不副实的名字，叫无花果，后人也将错就错传了下来。

无花果是靠一种小蜂传播花粉的。这种小蜂最爱吃无花果小花分泌的蜜汁，它从灯泡形囊顶端的一个开口处钻进去，在吃蜜汁的同时，也把雄花上的花粉传给了雌花的柱头上。

无花果吃起来味道有点像香蕉，很甜。可吃的部分实际上是花轴膨大形成的假果，真正的果实很小很多，是一粒粒小颗粒，藏在包囊里。

落花生怎么花开在地面之上，果实却结在地下

落花生跟别的植物比起来，有一个突出的特点，就是它在地面之上开花，却在地底下结果。

落花生是一年生豆科植物，每株开花一二百朵，自花授粉。一般清晨开花，受精后当天下午花瓣就凋谢。以后，子房柄逐渐向下弯曲伸长，子房柄前端变得又硬又尖，像根针一样，这就是果针。因为受精后的子房怕光，需要在黑暗和潮湿的环境里发育，所以就逐渐扎进土壤，在土壤中长成荚果。这就是为什么落花生在地上开花，在地下结果的原因。

果针前端的子房，在发育成荚果的过程中，除了黑暗环境、潮湿条件之外，还要求通气条件较好，所以沙质土壤比较更适合落花生生长。沙质土壤通气性好，果针也容易扎进土壤。

有胎生的植物吗

大多数植物都是先开花，后结果，再传播种子来繁殖后代。有趣的是植物也有胎生的。胎生植物果实成熟后，不离开母株，种子并不掉落，在果实内直接发芽，长成幼苗，像哺乳动物的胎儿在母体中发育一样。有一类常绿乔木红树，就属于胎生植物。红树幼体脱离母株落在泥滩上，几小时内就能长成一株独立的植株。

在我国，红树主要分布在广东、福建、台湾的海湾或河口泥滩地。红树胎生，是它长期生活在特殊环境中形成的。红树在海滩边生活，环境恶劣，大风、海浪等时时刻刻在影响它们的生存和繁殖，必须形成特殊的繁殖方

式来适应特殊的生活环境，以确保繁衍后代。

红树常成片形成红树林分布在海湾或河口，对沿岸防风防浪、固滩护堤有帮助。我国已建立以保护红树林为主的自然保护区，保护这种很有经济价值的林木免遭破坏。

昙花为什么只开一忽儿就谢了

每年夏秋之间，晚上八九点钟，是昙花开放的时间。昙花美丽极了，花的外围紫绛色，花瓣洁白如雪，显得十分高雅，盛开时满院飘香。可惜花开花落只有三四个小时，很快就闭合萎凋了。

昙花是仙人掌一类植物，原产墨西哥干热地区，养成了耐干旱的习性。叶子已退化，用扁平的变态茎代替叶子进行光合作用制造养料。变态茎表皮长有一层蜡质，以减少水分蒸发。昙花晚上开放，是避免热带烈日的照射。开花时间短促，也是为了减少水分的蒸发。所以昙花一现就谢，实际上是昙花这种植物长期以来对自己生活环境的一种适应。后来引进到中国种植，但它本性难改，还是开花一现，当晚就谢。

有一种令箭荷花，也是仙人掌一类植物，模样很像昙花，不过它白天开花，花开两三天才凋谢。花色也不一样，开红花，外缘深红，里面浅红，也十分美丽。

千年古莲怎么还能开花

我国的千年古莲开了花，这消息曾轰动了全世界。

事情发生在辽宁省新金县农村，人们在发掘一个干涸了的泥塘泥炭层时，无意中发掘出了一些古代的莲子。经专家测定，这些像小铁蛋似的古莲子，已经埋在地下 1 000 多年。开始，怎么浸泡也不发芽，一年多过去了，一点发芽的迹象也没有。后来用锉刀锉破了古莲铁壳一样的外皮，才一颗颗发了芽。种上以后，居然茁壮成长，还开出了粉红色的荷花。荷花凋谢以后，结了莲蓬，莲蓬里还长了许许多多莲子——千年古莲开花结了果。

古莲子能保持这样长的生命力，跟莲子的特殊构造有关系。莲子外面包有一层厚实的外皮，里面有两片白色肥厚的子叶，绿色的胚体包在子叶里面。脱水的古莲外皮变得十分坚硬，里面的胚体在缺水条件下，呼吸几乎停止，呈休眠状态。两片肥厚的子叶，是胚体休眠时期营养的唯一来源，虽然只有玉米粒大小的两瓣，对休眠状态的胚体来说，已经完全足够了。正因为古莲本身有这样的构造，才保存了这样长的生命。

一株棉花怎么开出几种颜色的花

一般植物同一植株上都开同样颜色的花，比如水仙，一般都开白瓣黄蕊的花；又比如海棠，都开一色红花。可是棉花不一样，同一植株上就能开出乳白色、粉红色、紫红色的花。不过如果认真观察，就可发现，不是棉花能开不同颜色的花，而是棉花的花会变颜色。当天上午刚开出的花是乳白色的，这朵花到下午就慢慢变成粉红色了，在第二天就会由粉红色变成紫红色了，不久花也就谢了。同一株棉花上开花有先有后，所以粗看似乎开出了几种颜色的花。

棉花花朵怎么会这样变色呢？

植物花瓣里一般都含有花青素，花青素在酸性条件下呈红色，在碱性条件下呈蓝色。花青素又是由无色的花青素原变来的，花青素原在酸碱条件下都不变色。棉花刚开花的时候，花瓣里主要含花青素原和一点儿黄的色素，黄白两种色素合起来，使棉花花瓣呈现乳白色。开花半天以后，在光照和气温条件作用下，棉花花瓣里的花青素原逐渐变成花青素；棉株这时候也正处在生长旺盛时期，呼吸作用加强，吸进二氧化碳气较多，使棉株体液呈酸性状态，花瓣里酸性也加重：于是花青素在酸性条件下显现出红色，并且随着花青素的逐渐增加，花色也由粉红色变成紫红色。

像棉花那样花色由乳白变红的，还有木芙蓉等植物。

为什么有的马铃薯外皮发青

有时候买回家的马铃薯中，混有外皮发青的薯块。这是马铃薯在生长过程中，有的薯块露出地面晒了太阳，这晒过太阳的薯块表面就会变成青绿色。

甘薯薯块是块根，马铃薯薯块却是块茎——地下茎。地下茎构造跟地上茎有相似的地方。马铃薯薯块外面有一层表皮，里面有一皮层。像地上茎一样，受太阳照射以后，地下茎皮层里也能产生叶绿素，也可以进行光合作用。有的马铃薯外皮发青，是受太阳照射后，由皮层产生的叶绿素呈现的颜色。

这种外皮发青的马铃薯吃多了还会中毒。因为受阳光照射的薯块皮层里还会产生一种有毒的成分，叫龙葵素，无论人或牲畜吃多了都会中毒。

买回家的马铃薯，不要放在有阳光照射的地方。因为本来外皮并不发青的马铃薯，在阳光照射下，时间一长，外皮也会发青，同时还会长芽——马铃薯薯块长芽也会产生毒素。

真有自己会在地上爬行的果实吗

有一种原产欧洲的一年生草本植物，名叫矢车菊，它的果实真能自己爬行。

矢车菊的果实，顶上生有坚硬的冠毛。果实掉在地面，在天气干燥的时候，比如被太阳一晒，冠毛就会自己慢慢张开，贴近地面的冠毛就把果实的一头撑了起来。到晚上冠毛被露水弄湿，受潮的冠毛就会慢慢缩拢来。就在冠毛慢慢缩拢来躺倒的时候，因为贴近地面的冠毛是撑住地的，所以果实重新躺倒时只能往前移动，这样矢车菊果实就爬行了一点距离。等到白天太阳再一晒，冠毛又会自己慢慢张开，贴近地面的冠毛又把果实的一头慢慢撑了起来，这时候冠毛撑地的位置也已往前移动了一点距离。就这样一干一湿，一撑一躺，矢车菊果实自己慢慢往前移动位置，就像动物慢慢爬行一样。当然，这样爬行是很慢的，但是无论如何，它毕竟从原来的那个地点，爬到了另一个地点。

屋顶上长小树是怎么回事儿

在小城或乡间有点儿年头的老房子屋顶上，或者古塔的塔顶上，有时候能见到上面长了孤零零一棵小树。人当然不会上屋顶或者塔顶上去种树。这多半是鸟类干的稀奇事。

鸟类吃了一些野生植物结的果子，果核消化不了，随鸟粪撒落在瓦楞间。如果瓦楞间正好积有足够的尘土，又正处雨季，这些果核就有可能发芽长根，过上几年，会从小苗长成小树。这种小树多半是生命力强，抗风耐干旱的树种，如构树、泡桐等。

鸟类是许多种植物种子最好的传播者。有的荒山野地，人迹稀少，却长了棵棵柿子树，就有可能是野鸟播种的。柿内黑色片状坚硬的种子，野鸟消化不了，随鸟粪排在荒山野地里，日久长成了棵棵柿树。

有的树夜里会发光，这是怎么回事儿

大千世界，无奇不有。海里有的鱼自己会发光，地上有的树自己也会发光。追根究底，都能找到它们自己发光的原因。

我国有种常绿阔叶夜光树，在晴天没有风的夜晚，树的周围会发出淡绿色的光芒，远看像是山间的一盏盏小灯笼。

原来这种夜光树的树叶里含有丰富的磷质，树叶能放出少量磷化氢气体。这种磷化氢气体跟空气中的氧一结合，就会发出淡绿色的光。就像坟地里由于尸体腐烂，由尸骨分解出来的磷化氢，在空气中自动燃烧发淡绿色的光一样。

过去，人们由于不了解真相，相信鬼神的人就说这是鬼火。现在你该知道了，这些都不是鬼火，只不过是一种可以用科学知识解释明白的自然现象。

为什么榕树又叫不死树

榕树独特的地方，是它独木能成林。榕树枝干垂下一条条气根，有的悬挂半空，吸收空气中的水分；有的下垂到地，钻入土里，跟正常的根一样吸收土壤里的水分和养料，并迅速增粗，长成一棵棵连接母树的小树。这种由气根长成的小树不长枝叶，支撑了母树，也给母树供给养料。无数气根扎地成林，有的地方一棵榕树就占地 10 多亩。我国西双版纳热带植物园里有一株大榕树，树身要 10 多个人手拉手才能围抱起来，遮阴面积 3 亩多，下面可容纳几百人乘凉。树上寄生了多种兰花、苔藓、石斛等几十种植物，形成“空中花园”；树上也栖息多种鸟类，形成“鸟的天堂”。

因为榕树有无数气根扎地给母树供给养料和水分，榕树生长繁茂，寿命长，所以我国民间也管榕树叫不死树。

珙桐为什么也叫鸽子树

鸽子树原是我国独有的观赏树。若干年前被引种到美国，美国人叫它中国鸽子树。传说一个美国植物学家代表团访华，带来了一部植物资料影片，放给中国同行看的时候，人们都没有见过中国鸽子树。当了解到美国当年是从四川峨眉山引种过去的，才在峨眉山地区野地里找到了这种濒临绝种的孑遗植物。

鸽子树的学名叫珙桐，高二三十米，树叶长得像桑叶，每年四五月份开白花，花形很像白鸽，所以别名鸽子树。开花时节，好像上千只白鸽停留树上，山风吹来，跃跃欲飞，十分好看。木材洁白，不翘不裂，是雕刻工艺美术品的上等材料。

现已调查了解，野生珙桐分布在四川、湖北、云南、贵州等的少数地区，那些地区也已大量人工种植，使这种珍贵树林作为资源开发利用起来，并防止它从地球上绝灭。

小球藻为什么被看做是未来的太空粮食

小球藻是一种低等水生植物，无根无叶，无花无果。它小得我们眼睛都看不见，只有借助显微镜才见它的真面目。我国20世纪60年代经济困难时期，有的地方曾用它作为补充食物。第二次世界大战期间，德国粮食缺乏，也曾生产小球藻作为补充食物。小球藻生长快，一昼夜可产生两三代，数量增加几十倍到上百倍。小球藻营养丰富，蛋白质含量比大豆高

20%，脂肪含量比大米高25倍，维生素含量大大超过水果、蔬菜。

小球藻重新受到一些国家科学家的重视，是因为它作为未来太空粮食生产的候选对象，是比较理想的一种植物。除了因为小球藻生长快，营养丰富之外，还因为它光合作用效率高，在空间站上它可以大量吸收人们排出的二氧化碳气，放出人们需要的足够的氧气，净化了空间站里的空气；而空间站里人们的排泄物，正好可以作为小球藻所需要的养料：这样人和小球藻各得其所，形成了一个良性循环的生态环境。

地震前植物也有异常反应吗

地震发生之前，有的动物表现反常，比如泥鳅浮头、牛羊乱窜。人们发现有的植物，在地震发生之前，也会出现异常现象。

宁夏西吉发生地震之前，那里的蒲公英在初冬开了花。辽宁海城发生地震之前，那里的杏树有许多提前开了花。河北唐山发生地震之前，那里的果树结了果后再度开了花。四川平武发生地震之前，那里的箭竹突然大面积开花死去。

在国外也有这一类记载。比如在地震发生前夕，含羞草叶子闭合出现反常，白天叶子该张开的时候反而闭合起来，到晚上该闭合的时候反而半开。

到底是什么因素使某些植物在地震之前出现异常现象，还没有弄得很清楚。不过地震之前地电流的变化，刺激了植物的根系，也许是促使植物表现反常的一个原因。

航空航天篇

我国已能给国外发射通信卫星，为什么大型民航客机还靠进口

在每次我国用国产的“长征号”捆绑式运载火箭，给海外一些公司发射通信卫星取得成功的时候，人们自然会联想到，我国已经掌握了那么先进的高精尖科学技术，为什么造不出能够投入主干航线使用的大型民航客机，却一直靠进口客机来发展民航事业呢?

第一，造火箭，造飞机，不完全是一回事。坐飞机在地球稠密大气层中飞行，这叫航空；造飞机，要用到航空科学技术。把运载火箭、航天飞机等发射到太空，使航天飞机、人造卫星、空间站等能够达到每秒7.9千米的速度绕地球飞行而不掉下来，这叫航天；造运载火箭、航天飞机等等，要用到航天科学技术。航空发动机靠大气层空气中的氧来助燃，产生飞行的推力，飞行中也受空气很大的阻力；火箭发动机在稠密大气层以外工作时要自带液氧来助燃，在稠密大气层以外飞行几乎没有空气阻力：这两者的区别就很大。客机每天要起飞，每天起落好几次；发射人造卫星的运载火箭，基本上是一次性的，把人造卫星送到环绕地球的轨道以后，运载火箭就陨落烧毁不能再用了：这又是很大的不同。

第二,生产民航客机要求绝对安全可靠。不像汽车,行驶中万一出现故障,可以停下来修理一下再往前开。飞机在高空万一出现故障,就会掉下来,造成机毁人亡。所以许多国家即使自己也能设计制造民航客机,但可靠性差,如果投入国际航线,人家都不敢坐你的飞机,于是不得不也进口世界认可的民航客机。

我国20世纪70年代末也试制过"运-10"大型民航客机,但始终没有投入航线使用。现在已经决定跟国外大公司合作生产安全可靠的民航客机,不久的将来,大型民航客机完全靠进口的局面定会得到改变。

飞机南来北往是不是有自己的空中走廊

眼下我国民用航空公司已有20多家,在北京到上海,北京到广州等主要航线上,一天之中南来北往的班机就有许多架。比如从北京到上海,光是中国国际航空公司的航班,星期一有5个航班,星期二有7个航班……在同一天内,从上海到北京,也有差不多一样多的班机在天空反方向飞行。

民航飞机在天空飞行,像铁路、公路一样,也是有一定的路线的,也要按预先规定好的航线飞行。主要由飞机上的雷达来导航。飞机上的雷达天线朝向地面,飞机驾驶舱平面显示器上就显示出了一幅雷达地图,领航员随时观看雷达地图,就能随时知道飞机的位置,保证飞机按航线飞行。为了避免在同一航线上南来北往的民航客机相撞,全国统一规定大型民航客机自北往南航行,飞机一定得在海拔10 000米高的空中航线飞行,自南往北航行,一定得在9 000米高的空中航线飞行,高低相差1 000米,这就避免了飞机在同一航线上发生相撞事故。

在高空往南飞行的大型民航客机上,如果你是坐在靠右边机窗的座位,只要留心观察,准能不只一次地看到,在你所乘飞机的右下方,有自南往北反方向飞行的民航客机正飞行在航线上,远远看去,飞机还不到半米长，活像一架模型飞机，尾部还拖着一条细长的白烟，十分有趣儿。

飞机高空飞行尾部怎么会出现带状白烟

我们在电影或者电视上看飞机飞行表演时，总会看到飞机尾部拖有一条长长的绸带那样的白烟，久久留在空中，并不马上消失，十分壮观。

这白烟一般不是从飞机内部喷洒出来的，是飞机在高空大气中飞行的时候形成的一种特殊的云。这多半发生在低温的高空。飞机燃料燃烧的时候，会产生氢气。空气中原来包含大量的氧气，飞机产生的氢气跟大气中的氧气结合，就形成水气。如果这时候高空气温很低，空气湿度又大，水气就会凝结成许许多多小水珠。远远看去，就像白色的烟雾。这种情况一般发生在8 000~10 000万米的高空，那里气温一般在-56~-40℃。白烟在飞机后边50~100米处形成，能存在30~40分钟。

有时飞机机翼的尖端，也会出现淡淡的白烟，这种白烟形成的原因跟上面说的不一样。这种情况往往发生在中、低空飞行，空气湿度又很大的时候。中、低空虽然气温不低，但是由于机翼造型上凸下平，飞行中机翼下方的气压大，机翼上方的气压小，机翼后边空气由下向上流动，产生涡流。这涡流中心气压低，温度也随着降低，于是空气中水汽达到饱和，形成白烟。因这种白烟周围气温不低，所以消失得比较快。

为什么大型客机的头等舱一般都设在前面

大型民航客机比较大的如波音747，约有400个座位。分两层，上层100个座位，下层300个座位。下层又分成3个区间，每个区间前面各有大屏幕一幅可供放映投影电影。每个区间10排座位，每排有10个座位——

两边靠机窗各有 3 个座位,两个通道的中间有 4 个座位。一般的民航客机如波音 737、波音 757 等,有 150 ~ 200 多个座位,每排 6 个座位,有一个通道把 6 个座位一分为二。

大型民航客机的头等舱一般都设在驾驶舱之后、整个客舱的最前面,用丝绒门帘跟普通客舱隔开。头等舱的座位要比普通客舱的座位宽一些,长途旅行坐着更舒适些。头等舱设在客舱的最前端,主要是因为那里离飞机的发动机最远。三叉戟客机的三台航空发动机全都安装在尾部,波音 737 客机的两台航空发动机都安装在两个机翼上,都远离头等舱。航空发动机在整个飞行过程中工作的时候,不可避免地会产生震动,离发动机越近,震感越明显,叫人感觉不舒服。飞机越小,航空发动机产生的震动越容易感觉到。比如有种安-24 支线民航客机,有 40 多个座位,飞行途中航空发动机产生的震动,引起客舱内空气振动,以至坐在同一排两个人面对面说话声音都会变调,听人说话很费劲。飞机越大,航空发动机产生的震动感觉上越不明显,所以较大型民航客机一般也不再特设头等舱了。

我国早期载人飞机制造家和飞行家是谁

在美国莱特兄弟试飞世界上第一架载人飞机成功之后第六年,也就是 1909 年 9 月 21 日,一个中国人,在美国独立制造成功一架载人飞机,并首次飞行获得成功。这架飞机飞行高度达 210 米,飞行速度达每小时 105 千米,沿着海湾环绕飞行,一次飞行 32 千米。这跟当时欧美人造的飞机相比,也是比较先进的。为此他获得了当时国际航空学会颁发的甲等飞行证书。他就是我国早期载人飞机制造家和飞行家冯如。

冯如 1883 年 12 月 15 日出生,广东恩平人。从小勤奋好学,上学时经常名列前茅,深得教师喜爱。10 多岁由一位表亲带往海外谋生,远涉重洋,来到美国西海岸的旧金山。在侨胞们的热情照顾下,他一面做工,一面学习外语和机械制造技术。

1906 年，受莱特兄弟发明飞机的启迪，冯如预见到飞机的军用价值，萌发了自己制造飞机的念头。在侨胞们的赞助下，他组织了“广东制造机械公司”。1907 年，他租厂开始制造飞机，第一次试飞没有成功。1909 年 2 月，制造出经过改进的新飞机，同年 9 月 21 日试飞成功。孙中山先生曾参观过冯如制造的飞机，并感慨地说：“爱国救国的大有人在！”为中国有这样的人才而高兴。

冯如当时誉满海外，美国人曾想重金聘他教授飞行技术。可是他一心想把自己的技术贡献给祖国。他说：“我们不能忘记祖国。我衷心希望把自己菲薄的才能贡献给祖国。”1911 年 1 月，冯如同他的弟子朱竹泉、朱兆槐、司徒璧如等，带了两架自己造的飞机，回到了祖国家乡。后来他在一次飞行表演中丧生，牺牲的时候，只有 29 岁。

乘飞机、轮船、火车到底哪个安全

在人们心目中，似乎乘火车乘轮船都比乘飞机安全，因为火车出事，不死就有希望救活；轮船出事，也有望被救；而飞机空中出事，就机毁人亡。事实上，据国外统计，还是乘飞机最安全。

飞机问世，虽只有 100 余年，但是发展快，进步十分明显，从材料科学、电子技术、燃料科学、工艺水平等方面已能保证飞机不会凭空出事掉下来。

各种飞机设计制造出来以后，经过长期试验和各种考验，只有经过试飞实践和严格审核，证明安全可靠万无一失，才能投入航线飞行。

飞机上还有许多保证飞行安全，防止意外事故发生的防范措施，比如大型民航客机上都备有多台航空发动机，万一有一台航空发动机出了故障，可使备用发动机继续工作，然后飞到最靠近出故障地点的机场临时降落。如果在大海大洋上空飞行，万一飞机不得不下降海面，也可利用每个座位底下的水上救生设备，使每个乘客都可以漂浮水面不下沉，等待救援的直升机和附近海洋轮船把大家救起。

飞机发生事故，一般在起飞和降落的时候，航行途中出事的极少极少。据统计，1980 年每亿千米的飞行事故，死亡人数只有 0.08 人，这就是说，平均飞行 800 亿千米才死亡 1 个人，而乘轮船乘火车，同样行驶 800 亿千米的故事死亡人数肯定比这要多得多。

现代飞艇是什么样的

自从飞机、直升机等发明，并逐渐扩大应用，飞艇被冷落了。历史上飞艇的长度曾达上百米，直径达几十米，体积跟高大建筑物不相上下，但因飞行缓慢，风大时不易操纵，再加上气囊内灌的氢气容易爆炸，从 20 世纪 30 年代以来，飞艇被人遗忘了。

在成熟的现代航空技术支持下，在国际航空货运量急剧增长的客观需求鼓励下，一种新型飞艇——组合式飞艇将会在未来的航空货运中发挥重要作用。

正在研制中的组合式飞艇采用直升机的旋翼加上气囊，按使用情况不同，可以设计成 2 个气囊配一个旋翼，也可以是一个气囊配 2 个或 4 个旋翼。

现代组合式飞艇跟传统的飞艇相比有许多优点：第一，速度快。传统飞艇速度只有每小时 70 ~ 80 千米，现代飞艇采用高强度复合材料作气囊的壳体，再加上使用现代航空发动机，飞行速度可达每小时 200~300 千米。第二，安全。传统飞艇采用氢气，现代飞艇采用氦气或氢氦混合气，不会发生爆炸。第三，现代飞艇发动机功率大，而且旋翼能旋转 90°，所以起飞时旋翼像直升机那样帮助垂直起飞。由于发动机功率大，抗风能力也有所增强。第四，现代飞艇采用先进的电子计算机配合电子操纵系统，以及 X 形或人字形尾翼，稳定性能好。

所以，现代组合式飞艇是一种技术先进的新型飞艇。

是谁发明了世界上第一架喷气式飞机

1910 年 10 月的巴黎航空展览会上，展出了世界上第一架喷气式飞机，引起了参观者的浓厚兴趣。发明研制这架飞机的工程师，是一位罗马尼亚人，名叫亨利·科安达。

亨利·科安达 1887 年出生于布加勒斯特，长大后进布加勒斯特工程炮兵学校学习，后来又到法国高级航空学校学习。他很早就爱好航空技术，早在 1905 年，在布加勒斯特上学时，曾经设计制造过一个火箭推进器模型。他一直想用喷气的反作用力作为飞机前进的动力。

这第一架喷气式飞机的喷气推进装置，并不是 20 世纪 30 年代和 40 年代由德国和英国研制的那种涡轮喷气推进装置。它是一种函道风扇喷气装置，在函道内，风扇向后驱动空气产生推力，风扇用一台功率为 36 千瓦的活塞驱动，比涡轮喷气装置功率要小得多。

亨利·科安达的喷气式飞机在巴黎展出之后，曾进行了世界上第一次用喷气动力推进的短暂的离地飞行，由他本人亲自驾驶。试飞地点在巴黎城外一片空场上，飞机急速上升，但很快掉向地面，先是左翼触地，接着烈火熊熊。亨利·科安达被抛出机外，只是受了点伤。他的这架飞机具有历史意义，毕竟是世界上第一架喷气飞机，而且还作了试飞，只是寿命短促，摔坏后再也没有修复升空。

飞机为什么怕跟飞鸟相撞

前苏联科普作家别莱利曼写过一篇《西瓜炸弹》，是说向正在疾驰的汽车前面抛一个西瓜，这个西瓜就有可能变成一个炸弹，足以毁车伤人。飞机怕跟飞鸟相撞，也是因为对于正在高速飞行的飞机来说，一只小鸟正面撞到飞机上，也像炸弹一样具有破坏性。

美国有一架飞机从阿拉斯加州的朱诺飞往亚库塔特，这架民航客机刚刚起飞，突然在跑道上出现一只白头海鹫。这海鹫双爪抓着一尾大鱼。海鹫虽然没有跟飞机相撞，但它抓的大鱼掉落时不幸击中了飞机。事后检查机身，专家们在机身上发现了一个相当大的凹坑。

据测算，杯子大的鸟跟时速320千米的飞机相撞时产生的力大约有3万牛顿；时速增加到960千米，互撞力近30万牛顿。

所以，世界各国都规定，在机场周围方圆15千米范围内禁止设有企业、别墅、菜园、垃圾场等。这样可以降低鸟类出现在飞机跑道上的可能性。一般机场还设立专门的机构严密监视鸟类的动向。在日本，由于在波音飞机上印有猛禽眼睛的图形，成功地把空难次数下降了20%。在德国，为了吓唬鸟儿，避免跟飞机相撞，人们采用了一种叫“赫拉”的装置，飞机在跑道上起降的时候，这种装置上的灯泡会自动通电，使灯泡忽明忽暗，驱赶飞鸟。

空难后为什么要搜寻黑匣子

黑匣子的正式名称是飞行信息自动记录器，它能把空难发生前飞机发动机运行情况、机舱内外的情况、是否偏离原定航线等情况自动记录下来，并完整地保全下来，为事故调查者对飞机失事原因作出准确判断。把记录飞机失事情况的仪器叫做黑匣子，这是因为黑色通常代表灾难和不祥，黑匣子的黑字正是表示灾难和不祥。

人们设计研制黑匣子的主要目的，是为了准确找出飞机发生事故的各种因素，以改进飞机设计和制造工艺，防止灾难的发生。

为了能使黑匣子在最恶劣的失事情况下完整地保存下来，现在的黑匣子能耐受1 100℃的高温30分钟，在深达3米的水面下30天内不渗水，匣体承受2吨的静压力不变形，还不受无线电波干扰和磁力线效应等的影响。有的黑匣子还装有微型发射机，可连续30天发射一种特定频率的间歇信号，使随飞机残骸散落在丛林、大海、深谷的黑匣子能被迅速搜寻到。

最早利用黑匣子的是军用飞机，后来用在民航客机上。现在，一些国家已把黑匣子也安装在高速火车和高速公路上行驶的汽车上。

最早用于战争的飞机是什么样的

1911年，意大利和土耳其爆发战争，在利比亚北部沙漠地带打了起来。当时飞机才诞生8年，还从未用于战争。意大利当时只有20架飞机，为支援作战抽调了9架组成航空远征队。意军用的飞机是“布莱里奥”式单座单翼机，只用于空中侦察。这是战争史上首次动用飞机用于侦察。后来意军又驾驶“鸽”式单座单翼机，飞到土军上空投下了4颗各重2千克的手掷炸弹。这是战争史上首次飞机轰炸。土军当时没有飞机，所以那次战争没有发生空战，他们只是从地面用来复枪射击飞机，击中机翼使之坠毁。这是战争史上首次地面火力击落飞机。这场战争以意大利从土耳其手中抢占利比亚而结束，飞机首次成了抢占殖民地的帮凶。

第一次世界大战中，交战双方已拥有近千架飞机，开始双方主要用于侦察照相，空中相遇，有时也用手枪对射。1914年8月25日，英国皇家飞行队3架飞机在法国南方上空飞行，突然发现一架“鸽”式德国单座单翼侦察机正在邻近的法军防线上空侦察飞行。当时英国飞机上没有武器，于是3架英国飞机在天空包围了德国飞机。德国飞机发现陷入包围，匆忙中突然加大油门企图俯冲逃走，慌乱中翻了个筋斗坠落烧毁。这是战争史上首次双方没有使用火力的空战。1914年10月5日，一架法国双座“瓦赞”式飞机，在法国西方战线上空，同一架德国双座“阿维亚蒂克”式侦察机相遇，经过互相对射，法国飞机上的机枪击中德国飞机，侦察机被击坠毁。这是战争史上首次互相开火的真正空战。

飞机怎样在空中加油

在现代战争中，空中加油机是必须配备的机种，它可以在空中给战斗机、轰炸机等进行空中加油，以增加航程，减少起落次数，为战争取得胜利赢得时间。

英国曾用VC-10大型运输机改装成空中加油机，共13架，1995年交付使用。改装后加大了机翼油箱，可载油67 846升；在原乘客舱部位加装了5个相互分离的机身油箱，可载油13 247升；在垂尾安定面内有一个4 315升的整体油箱和一个1 135升的小油箱。比原来的VC-10运输机增加燃油39 742～52 990升。

空中加油有软管式和硬管式两种方式。用软管式加油，空中加油机的机身后边拖一条20米长的软输油管，管端是张开的稳定伞形漏斗。受油机的顶端有一个受油插头。两架飞机以一定的方式飞行，使受油插头插入伞形漏斗里，完成对接，自动夹紧密封，然后开始加油。加油完毕，自动亮起信号灯，受油机减速退出加油，两架飞机散开。硬管式加油时伸出的是金属套管。

在加油过程中，两架飞机必须保持相同的飞行速度、高度和一定的相对位置。在输油过程中，空中加油机重量在减轻，受油机重量在增加，双方飞行员要操纵好飞机，才能保持好相对的位置。

空中加油也可一机带多机，4架受油机可同时进行空中加油，操作难度当然比一对一空中加油要难得多。

隐形飞机为什么能隐形

英国科学幻想小说作家威尔斯写过一本《隐身人》,是说一个人用了一种褪色药,就能隐身,别人看不见他。这是一个科学幻想故事,现实生活中没有隐身人。隐形飞机倒是有,不过只是对雷达来说能隐形,在人们肉眼视力所达的范围内也不能隐形。

在1991年的海湾战争中,美国研制的隐形飞机F-117A战斗轰炸机和B-2轰炸机,曾出动1 200多架次,竟没有一架隐形飞机被地面炽烈的防空炮火拦击受损,引起了世界的注意。

研制隐形飞机主要得考虑防止被雷达、红外探测器发现。隐形飞机所以能够隐形,主要是采用了一系列隐形高新技术,如机体骨架和蒙皮使用隐形材料、表面隐形涂料、外形隐形结构、降红外辐射技术、降噪声技术、电子干扰技术等。能吸收雷达波的材料有多种,如碳纤维增强树脂复合材料、碳化硅丝增强铝复合材料等。表面涂料镍钴铁氧体,金属和金属氧化物超细粉末组成的隐形涂料,能使辐射上来的雷达波的磁损耗加大,起到吸收、透波作用。隐形飞机外形结构也很特殊,机身剖面呈棱形、锥形,没有尾翼,改用倾斜的V形双立尾,这都能破坏雷达波产生回波。B-2隐形轰炸机翼展52.43米,机身长21米,这样大的飞机雷达散射截面只有0.05平方米,隐形效果极好。为了对红外探测器隐形,隐形飞机发动机的进气口、排气口设置在飞机顶部,并在排气口安装排气机和吸热装置,减少发动机喷口的热源,不使地面的红外探测器探测到飞机的红外辐射。至于噪声,隐形飞机安有吸声装置,也采用噪声极小的飞机发动机。

隐形飞机逃不过空中预警飞机机载雷达的搜索,所以隐形飞机并不是不可战胜的空中一霸。

U-2 飞机事件是怎么回事儿

U-2 飞机是美国的一种间谍飞机，在间谍卫星试制并发射成功之前，美国一直用它在空中收集当时社会主义国家的军事情报。1960 年 5 月 1 日，一架U-2 飞机从亚洲的军事基地白沙瓦机场起飞，作例行的侦察飞行。这种飞机是当时世界上最先进的侦察机，上面有 8 台全自动照相机，白天黑夜都能拍照。从 25 000 米高空拍摄照片，能清晰地分辨出步行的人还是骑自行车的人；从 15 000 米高空拍摄照片，能看出街上报纸的大标题；在 10 000 米高空拍摄照片，地面的一个香烟头也清晰可辨。U-2 飞机飞得很高，地面炮火根本打不着它；当时苏制"米格-21"战斗机飞不到 30 000 米高度，而 U-2 飞机经常在 30 000 米以上的高度飞行。

那天驾驶 U-2 飞机的飞行员叫鲍尔，一进入阿富汗，他知道离前苏联已不远了，随即打开检测、记录电磁辐射源的电子设备，以记录前苏联通讯、雷达、导弹的情报。飞入前苏联境内后，经塔什干、阿拉尔斯克，进入前苏联腹地。这时候，美国中央情报局设在阿富汗的监听站，听到了前苏联一些雷达站发现一架未经识别的飞机的信号。还没有来得及通知鲍尔，一枚导弹击中了U-2 飞机，后舱爆炸，飞行员急忙使弹射座椅从飞机上弹出，在半空用降落伞着陆，飞行员成了前苏联的俘虏。这件事在当时国际上引起了很大的反响。

从此，U-2 飞机停飞，间谍卫星替代了间谍飞机。

我国古代的二级火箭是什么样的

火箭的历史已有约 900 多年，这跟我国古代火药的发明有密切关系。

早期的火箭比较简单，在箭杆上缚上一个火药筒，火药筒底部留一小孔，点燃引信，火药燃烧从小孔喷出高速气体，推动箭枝向前射去。这样的火箭经过改进，也用于当时的战争。比如1083年宋朝抗击西夏入侵的兰州战役，就曾使用过火箭。到元朝蒙古人西征，火箭技术才传入欧洲。美国华盛顿航空航天博物馆里，至今陈列有一尊中国古代武士手持古代火箭发射筒的塑像。世界公认火箭是我国古代的一大发明。

到明朝时候，火箭作为一种当时的武器，已发展制造出一次能发射几十支火箭的装置，射程可达300步远，既可在战车、舰船上发射，也可由士兵拿在手上发射。

当时有一种“火龙出水”火箭，主体是5尺长的大竹筒，前后雕刻成龙头龙尾，作为龙肚子的竹筒里装有火箭，龙头龙尾下面分别装有2个火箭筒，这4个火箭筒的引信捻在一起，并跟龙肚子里的火箭引信相连。点燃龙体外边4支火箭，它就像一条火龙在水面上飞行。这4支火箭熄火以后，引信又接着自动点燃龙肚子里的火箭，这些小火箭由龙口飞出，继续飞向攻击的目标，使敌军船只着火燃烧。这种“火龙出水”是最原始的二级火箭，一次能飞行1 000多米远。

第一枚现代实用火箭是哪个国家发明的

世界公认火箭是中国人发明的。早在公元683年的唐朝初期，孙思邈在古代劳动人民长期实践的基础上，总结了配制火药的方法。后来在公元969年，宋朝的冯义升和岳义方等人，试制了火药火箭，并逐步作为武器用于战争。

后来俄国的齐奥尔科夫斯基和美国的哥达德等，也研究和试验过他们自己的火箭。

第一枚现代实用火箭，是20世纪40年代德国科学家冯·布劳恩等研制的 A-4 火箭。A-4 火箭自备氧化剂和燃料，飞行高度不受大气限制，飞行速度也接近每秒 7.9 千米，如果这时候开始多级火箭的研制，也许人类能提前进入太空时代。希特勒德国当时急于生产新武器，就把 A-4 火箭用于战争。当时英国空军的战斗机速度还不到音速，而 A-4 火箭可以 6 倍于音速。于是德国著名的火箭研究所培内明德研究所，利用 A-4 火箭技术，研制著名的 V-2 导弹。这是一种携带炮弹头的火箭，也叫 V-2 弹道火箭，于 1944 年 1 月试制成功。德军在 1944 年 9 月到 1945 年 5 月期间，向英法两国发射了几千枚这种导弹。

美国为什么没有首先把人造卫星发射上天

第二次世界大战结束之后，论当时的国力和科学技术的总体水平，美国都在前苏联之上；可是作为当时衡量一个国家科技水平的一项科技工程——人造卫星上天，美国却落在前苏联之后：这是怎么回事呢？

原来在战后的 1946 年，美国的海军和空军曾正式提出在 1951 年发射人造地球卫星的计划。可是美国国防部认为，无论在科学上还是军事上，都没有发射人造地球卫星的必要。这项计划的没有批准实施，彻底改变了整个航天史，使美国在 20 世纪 50 年代航天技术方面落后于前苏联。

事隔差不多 10 年，也就是在 1955 年 7 月 29 日，美国政府才正式批准了人造地球卫星计划，宣布在 1957 年 7 月到 1958 年 12 月的国际地理年中，发射一颗篮球大小的人造地球卫星，估计耗资 1 000 万美元。于是美国科学家迅速研制出了一系列的火箭，如“红宝石”火箭、“三角”火箭、“擎天神”火箭和“土星 1 号”火箭、“先锋”火箭、“丘比特-C”火箭等等，几乎一个比一个威力大。

正在美国按计划执行国际地理年发射人造地球卫星时，一直悄悄行事的前苏联人，在 1957 年 10 月 4 日抢先向太空发射了第一颗人造地球卫星

"旅行者1号",并于1957年11月3日又发射了第二颗人造地球卫星"旅行者2号"。此后美国急急忙忙于1957年12月4日用海军的"先锋"火箭发射人造地球卫星,但是没有成功,火箭升空2秒钟后就坠落了。1958年1月31日又用陆军导弹顾问冯·布劳恩设计的"丘比特-C"火箭发射人造地球卫星,终于把一颗仅重8.3千克的"探险者1号"卫星送上了天。

发射到卫星轨道的第一只实验动物是什么

前苏联曾在他们发射的第二颗人造地球卫星"旅行者2号"舱室里,带进太空一只活狗,名叫莱伊卡。莱伊卡是世界上第一只被发射到人造地球卫星轨道的太空实验动物。莱伊卡重5千克,它老老实实地待在不太大的卫星舱内,科学家为它设计了一个原始的生命保障系统,使舱内的生活环境跟地面一样,并带有足够的食物和饮用水。莱伊卡身上缚了各种监测血压、呼吸及心率等生理指标的探头,通过电信号传到地面,供地面的科学家研究将来人进入太空后可能出现的各种情况。因为那时候还没有掌握使人造地球卫星安全返回地面的整套科学技术,所以一开始就没有考虑莱伊卡返回地面的事儿,到第6天莱伊卡就死在太空了。

往人造地球卫星轨道发射太空实验动物,是为把航天员送上太空做准备的。人造地球卫星、宇宙飞船上的生活条件跟地面条件是很不相同的,科学家必须摸清生命在太空条件下会发生什么情况,是否安全,并针对这些情况和不安全因素,加以研究解决,才敢下决心把人送上太空。前苏联在把航天员加加林送上太空之前,曾经用各种载有实验动物的火箭进行过31次动物飞行试验,用人造地球卫星进行过7次带有实验动物和生物培养试验的太空飞行。后来还解决了人造地球卫星的返回地面技术。

比如在离加加林上天不到8个月,即1960年8月19日,前苏联发射"东方号"飞船成功,飞船上载有2只狗、50只老鼠,并第一次成功地返回地面。但生物医学专家们发现，在飞船进入第4圈飞行时，有一只狗严重呕吐。为此，生物医学家们非常不安，只好决定“东方号”飞船在第一次载人飞行时，只绕地球飞行一圈，然后立即返回。所以加加林就只在地球轨道上飞行了一圈。

发射人造卫星、宇宙探测器等为什么必须选择发射时机

发射人造卫星、宇宙探测器等，在选择发射时机上当然不是随心所欲的，这得考虑到选择最佳运行轨道，选择保证发射成功的气象条件，有时候还得考虑取得预想的政治效果。

比如，发射火星探测器，因为地球和火星在太空各有自己的运行轨道，两者靠得最近的周期是780天，会合时候它们在太阳同一侧，靠得最近，只有这时候发射火星探测器，才能跟火星相遇。错过这个时机，就要等待两年多，到下一个会合期再发射。又比如，发射各种宇宙飞船跟空间站对接，或者发射多颗同步卫星组成通信卫星网或导航卫星网等，都必须按预先计算好的运行轨道的要求，在严格规定的时间范围及时发射，才能达到预定的目的。再比如，地球资源卫星、照相侦察卫星，都要求目标区域有较好的地面光照条件，这些都得靠选择事先计算好的运行轨道，选择最佳发射时机，才能满足上述条件，完成特定任务。

气象条件直接关系到发射成败。如遇大风、阴雨、冰冻和雷电天气，运载火箭一般都不应起飞。大风对竖直发射的运载火箭会造成侧向负荷和瞄准误差。阴雨、冰冻天气会因设备受潮、绝缘电阻降低，引起漏电、短路而造成大事故。火箭发射时炽热的喷焰会构成闪电通道，易遭雷击；1987年3月26日美国“宇宙神”火箭就曾因遭雷击使发射失败。

出于政治考虑选择发射时机，在过去美苏争霸的年代，从竞争争先出

发或者为了达到震撼威慑的目的，选择发射时机，这样的事例也不少。比如早年发射试验性洲际导弹火箭，事先通告某些海域暂停通航，就有明显的政治目的。

我国是在什么情况下决定搞人造卫星的

1957年秋，前苏联发射世界上第一颗人造地球卫星成功，紧接着在1958年初春，美国也发射了自己的第一颗人造地球卫星；这引起了全世界人民的关注。正是在这个时候，我国著名地球物理学家赵九章，向政府提出了研制中国人造地球卫星的建议。当时的毛泽东主席对这个建议很重视，并在中共八届二中全会上说："我们也要搞人造卫星，要抛就抛2万公斤的，也许要从较轻的抛起，但像美国那样只有鸡蛋大的，我们不抛。"

为了使中国人造卫星早日上天，中国科学院组织我国著名科学家制定了一个分三步走的发展规划：第一步，实现卫星上天；第二步，研制回收型卫星；第三步，发射同步通信卫星。由张爱萍将军主持中国卫星工程。

到1965年10月，发射中国卫星的蓝图出台了，即用"长征1号"运载火箭，发射一颗重173千克、直径1米的卫星，发射时间定在1970年。

1970年4月24日，按规划规定的时间，在甘肃酒泉发射场，我国发射成功了第一颗自己研制的人造地球卫星——"东方红1号"。地面测控站报告飞行正常，发射13分钟后卫星跟火箭分离，第15分钟国家广播事业局接收到从"东方红1号"卫星发来的《东方红》乐曲的电信号，新华社同时向全世界公布了中国发射第一颗人造地球卫星成功的消息。

我国的"实践1号"卫星上天后为什么一度失去了跟地面的联系

离发射我国第一颗人造地球卫星"东方红1号"不到一年时间，在1971年3月3日，我国又成功地发射了一颗科学实验卫星"实践1号"。它的外形跟"东方红1号"卫星差不多，是一个72面的球形多面体，其中28面都贴有太阳能电池片，在阳光照射下给星体内的镉镍电池充电，给卫星上各种仪器供电。发射这颗卫星的目的，是试验温度控制系统、遥感设备以及探测高空磁场、X射线、外热流等太空环境情况，增加对外层空间的了解，为今后发展航天事业做必要的准备。

"实践1号"卫星顺利进入轨道以后，奇怪的事发生了，分布全国各地的地面站接连几天没有接收到来自卫星发回的电信号。这件事惊动了当时的周恩来总理，周总理每天打电话询问卫星情况。直到第8天，全国各地的地面站全都接收到了来自"实践1号"卫星的电信号。事后分析，很可能是第三级火箭一直没有跟卫星分离，直到第8天才跟卫星脱离，因此卫星工作程序推迟了7天。

"实践1号"卫星在太空运行了8年，比设计寿命延长了7天，为我国后来研制返回式卫星积累了大量科学资料。

第一个进入太空的华人是谁

1985年4月29日，第一位美籍华人有效载荷专家、航天员王赣骏，搭乘美国"挑战者号"航天飞机进入太空，作太空科学实验。他是第一个遨游太空的华人后裔。

王赣骏，江苏盐城人，1942 年 6 月 16 日出生于江西南昌，童年在上海度过，8 岁随父母迁居台湾，21 岁到美国攻读物理，获博士学位。30 岁进入美国太空总署喷气推进实验室工作。他 34 岁提出“失重下液滴状态研究”太空实验课题。很快这一课题被入选航天飞机实验项目。从 1984 年 6 月起，他开始接受航天训练，准备由他自己在航天飞机上负责这一课题的实验工作。在太空微重力条件下做流体力学实验，这对今后在太空制造新型材料有重大意义，所以引起各国有关科学家的高度重视。

王赣骏在“挑战者号”航天飞机上共工作 7 天。事先他就把每天经过中国上空的时刻抄在小本上，他很想在天外看看这块曾经抚育他成长的土地。第一天航天飞机一进入广西上空，他就暂时放下工作，仔细鸟瞰祖国大地，经过祖国领空只短短 7 分钟，他就走遍大江南北。他还对童年生活过的上海拍了许多照片。

1986 年王赣骏博士回国访问，他把一面曾经带入太空的中华人民共和国国旗赠给了我国领导人，表达了一个海外华人科学家对祖国的一片赤子之心。

杨利伟在太空为什么没有见到万里长城

《北京晚报》曾刊出一篇短文，说有记者问杨利伟，在飞船上有没有看到万里长城，杨利伟说我没有看到。

杨利伟乘坐的“神舟”五号飞船压根儿就没有在大白天飞越万里长城的上空，他怎么可能看到万里长城，又怎么可能“证实航天员在太空看不到长城”？

2003 年 10 月 15 日，“神舟”五号飞船在甘肃的酒泉，于上午 9 时发射升空。明长城西起甘肃嘉峪关，经宁夏、陕西、山西、内蒙古、北京、河北，东到辽宁鸭绿江边。甘肃酒泉在嘉峪关正南方向，两者几乎在同一经线上。飞船进入近乎南北方向的轨道后，由于地球自西向东自转，一天一夜共24小时要自转一周，所以“神舟”五号飞船在大白天绕第二圈的时候，也就是发射后一个半小时以后，已远离酒泉上空，飞越酒泉嘉峪关以西的祖国上空，然后一圈一圈地绕行，途经新疆、中亚、西亚、欧洲、非洲等上空。飞船定位后的轨道在太空的位置相对来说是固定不变的，由于地球不停地自西向东自转，人们感觉上是飞船轨道每圈都在由东向西移动。“神舟”五号飞船每绕地球一圈需时90分钟，实际飞船只飞行了14圈，用时21小时，所以杨利伟在下半夜才从东边飞临祖国的上空，16日黎明前的5点多钟就准备返回地球，天刚亮的6点多钟已经降落在内蒙古中部平缓的草原上。

因此，杨利伟根本没有时间和条件看到万里长城。

我见过一位华裔航天员王赣骏博士写的文章，篇名《乘“挑战者号”飞向太空迷宫》，王赣骏文章中表示，在离地面二三百千米太空的宇宙飞船或航天飞机上，航天员能辨认出河流、山峦、城市……应该也能辨认出中国的万里长城。王赣骏在文章里也说本想在太空中拍摄长城，只是正好因为当时长城上空云雾多，挡住了视线，没有拍成。

航天员在太空能不能看到长城这个问题，其实不必拿月球说事。因为月球距离地球38万千米，实在太遥远了，在月球上当然看不到万里长城，连地球浅蓝色的大气圈也看不见，可是环绕地球飞行的宇宙飞船或航天飞机离地面只有二三百千米，事实上从国外传来航天员在太空看到了中国的万里长城，都是在航天员登月成功之前。

据媒体报道，2002年7月12日，曾经乘坐载人飞船作太空漫步的美国航天员尤金·赛尔纳，兴致勃勃地登上了中国的万里长城。他在长城上通过陪同人员对周围的中国游人说，他曾经在载人飞船上，透过舷窗，在太空用肉眼见到了中国的万里长城。长城不算太宽，但是因为这座宏伟的古建筑很长很长，几乎横跨大半个中国，所以航天员在太空还是能辨认出长城线条型的轮廓和走向的。尤金·赛尔纳当时虽然汗水已经湿透衬衣，还是坚持要爬上最高处的一座敌台，要做一名中国式的好汉。

2004年5月13日，《北京晚报》有篇报道，说欧洲航天局称从卫星上看到了长城。并说万金·赛尔纳指出，"这是卫星在距离地球160~320千米的环绕地球轨道上拍摄的，而且中国的长城可以不借助任何望远镜，直接用肉眼看到"。

我们地球人已给"外星人"发送过什么礼物

1972年和1973年，美国先后两次发射"先驱者号"宇宙探测器，向"外星人"——假如真的存在"外星人"的话——捎去了两块镀金卡片。卡片上画有一男一女人体图像以及地球、太阳系在银河系中的位置，期望有那么一天，"外星人"在宇宙空间能收到地球人向他们递交的名片。

1977年8月20日，美国发射了"旅行者1号"行星探测器，给"外星人"捎去了一张10亿年以后也能放出声音的镀金唱片。这唱片不仅可以播放120分钟"地球之声"，而且还存贮有精心选择的图片。"地球之声"内容丰富多彩，在太阳系行星急速旋转声中开始，然后按年代顺序发出地壳的隆起声、火山爆发声、海洋大雨声、生命萌发声，冰川期寒风声中冒出了人类的呼唤声以及火的燃烧声、工具碰击声、机器运转声、巨型火箭发射时的轰鸣声，最后还有各种优美动听的乐曲声，包括我国的名曲"流水"等。图片包括表示地球在银河系中的位置、DNA图式、人类的染色体、人体、地球、太阳、地球的化学物质、大气、海洋、河流、沙漠、树林、昆虫、鸟兽、海洋生物、雪花、人类饮食和玩耍的图像，还有中国的万里长城、埃及的金字塔、印度的达·穆哈尔陵墓和美国的金门大桥等著名工程图像以及一幅夕阳图和贝多芬B降调弦乐四重奏乐谱等。

"旅行者1号"已飞离地球19年，飞行距离几十亿千米。如果离太阳系最近的恒星系中真有"外星人"，他们收到这些精致的礼物，至少也得在

4万年之后。

返回式卫星是怎样返回地面的

1975年11月26日，我国发射了第一颗返回式试验卫星，卫星按计划在太空环绕地球轨道上运转3天后，顺利地在我国返回地面，成为继前前苏联和美国之后，在世界上第三个掌握回收卫星技术的国家。我国已成功地发射20余颗返回式卫星，为国土环境、地质矿产调查等提供了精细准确内容丰富的资料，为国民经济和军事服务。也考验了卫星的结构系统、温控系统、光学遥感系统、跟踪测量系统和遥控系统的功能，突破了卫星返回、防热材料、轨道控制等关键技术。

要使返回式卫星在预定的时间和地点返回地面，要求运载火箭必须有很高的制导精度，能准确地把卫星送到预定的轨道，最后一圈正好经过预定回收地区上空。要求卫星能及时准确地转变返回姿态。要求执行返回使命的各种仪器设备准确无误地工作。

返回式卫星返回地面过程中，以每秒近8千米的速度进入稠密大气层，强大的气动阻力和反推火箭点火熄火，使卫星受到剧烈冲击、振动和过载，卫星结构和仪器设备必须经受得住。卫星以20多倍于音速的速度在大气中穿行，卫星表面摩擦产生几千摄氏度的高温，它的外壳必须在高温下不被烧毁。卫星接近地面时，仍有每秒几百米的速度，降落伞和信号装置等安全回收设备，必须保证不使卫星撞得粉身碎骨，也不使卫星落下后踪迹全无。

卫星返回程序是：①精确测算出卫星的飞行轨道，确定开始回收程序的时间；②地面遥控中心发出返回指令，卫星调整飞行姿态；③抛掉多余舱位；④反推火箭点火，卫星进入返回轨道；⑤在一定高度张开降落伞，使卫星进一步减速；⑥卫星落地，或掉海，或从飞机上用钩子钩住降落伞的绳子，回收卫星。

救援卫星怎样救人

飞机和海轮遇难，虽然概率不高，但是总还难免。如果幸存者处在渺无人烟的地方，要及时发现和寻找他们就非常困难。20世纪70年代，前苏联和美国等国家，就已着手拟订卫星跟踪救援计划，决定建立国际卫星救援系统。1982年6月30日，前苏联发射了该系统的第一枚救援卫星"宇宙-1383"。同年9月，这颗救援卫星就营救了3位加拿大失事飞机的机组人员。从1983年3月到1984年6月，这期间先后又发射升空3颗救援卫星。这4颗救援卫星已营救失事飞机和船只上百架（艘），救出遇难幸存者上千人。

救援卫星接收到地面呼救信号后，会立刻自动计算出发出呼救信号的位置数据，然后把数据信号发给地面接收站，地面接收站把信号数据计算转换后，迅速通知救援指挥中心，赶往出事地点紧急救援。

救援卫星选用离地1 000千米高的极轨道，在地球自西向东自转中它能飞经地球的任何地区。4颗救援卫星等距离放置，就可接收到地球上任何地区发出的求救信号。飞机、轮船上安装一台发射频率较高的无线电信标机，在失事时自动发出呼救信号，就可得到国际卫星救援系统的救援。

发射通信卫星难在哪里

通信卫星也叫同步静止卫星，它的运转周期必须等于地球的自转周期，即地球自转一周是23小时56分4.091秒，通信卫星环绕地球运转一周也得是23小时56分4.091秒，多了少了都不行。只有这样同步，它才始终相对静止停留在地球赤道某一点的上空。

所以通信卫星要求离地高度达到35 860千米，比这高了低了都不行；要求运转轨道是个圆，椭圆就不行；要求运转轨道正好在地球赤道上空，偏一点也不行。

通信卫星通常用三级运载火箭发射，先用一级二级火箭把卫星和第三级火箭送到离地面200～3 000千米的近圆轨道上飞行，这个环绕地球飞行的轨道叫做暂停轨道。然后在暂停轨道的某一点上，即到达地球赤道上空的时候，运转火箭的第三级首次点火加速，使卫星和第三级运载火箭脱离暂停轨道，转移到椭圆形的转移轨道，并靠惯性滑行，一直滑行到转移轨道的远地点，即离地面约35 860千米处。这时运载火箭的第三级再次点火加速，使通信卫星达到赤道同步圆轨道的环绕速度。最后使通信卫星跟第三级运载火箭分离，卫星进入同步轨道。这才算发射通信卫星成功。

我国已运用长征系列多级运载火箭成功地发射过多颗通信卫星，其中包括1995年12月28日给美国一家公司发射的艾科斯达通信卫星。

卫星通信地面站为什么要配备碟形天线

卫星通信是由地球赤道上空35 860千米的通信卫星跟相距上万千米甲乙两地的地面站构成的。甲站通过通信卫星把信号转发给乙站，乙站也可通过通信卫星把信号转发给甲站。通信卫星远在35 860千米的太空，来回的微波信号路途中损耗很大，据测算，微波信号强度只剩下原有强度的200亿分之一。

只有增加发送功率和增大天线尺寸，才能接收来自通信卫星微弱的微波信号。但是通信卫星上的天线，不可能做得太大；给通信卫星提供电源的太阳能电池，供电也很有限。出路只好指望卫星通信地面站，把地面站的天线尽量做大，这样既能增强向卫星发射信号的强度，也能增强从卫星接收信号的能力。所以，卫星通信地面站的碟形天线，大多是直径30米的庞大天线。

碟形天线具有聚光镜那样的作用。天线中用来聚焦微波信号的，是一种用金属或玻璃钢导电网做成的抛物面反射器，这就是人们通常看到的碟形天线。反射器的表面积越大，集束性能就越好。一个直径30米的碟形反射器，集束起来的微波信号强度相当于没有集束时的20万倍。这就部分地补偿了微波信号在传播过程中的损耗，使通信卫星跟卫星通信地面站之间的通信得以正常进行。

间谍卫星比间谍飞机优越在什么地方

间谍卫星在离地几百千米的高空飞行，视野广阔，一幅照片可以覆盖几百到几千平方千米；一幅间谍飞机照的照片只能覆盖10多平方千米。间谍卫星安全可靠，又不需动用海外基地，保密性也强。

1959年2月，美国发射了第一颗侦察卫星"发现者"，卫星上装有照相机和回收装置，每天深入前苏联境内侦察拍照，照片显影后由光电转换装置把照片转变成电信号发回美国中央情报局。

差不多同一时期，美国还发射了"萨莫斯"间谍卫星，它上面装备有电视摄像机和照相机，能够不停地拍摄所经地面的场景、军事设施、军队调动情况，然后把记录磁带和胶片放在一个回收容器里，定点投下。当时美国几乎每个月都要发射两颗"萨莫斯"间谍卫星，它们的轨道十字交叉通过前苏联上空，把整个前苏联都覆盖住，然后飞临太平洋预定空域的时候，投下回收容器，由附近海域的美国军舰负责回收。当时前苏联的克格勃也掌握这个情况，于是派出伪装成拖网渔船的间谍船只，常常抢先捡走美国间谍卫星投下的回收容器。

后来，美国发现把回收容器投入大海可能丢失，于是改用飞机来回收。1960年8月10日，美国空军飞行员驾驶飞机用绳索成功地套住了回收容器。从此，美国都用飞机回收装有绝密磁带和胶片的回收容器。

高级侦察卫星怎样窃取情报

美国曾发射过一种代号467、名叫“大鸟”的高级侦察卫星。因它两对太阳能电池帆板很像鸟的一对翅膀，由此得名。它长15.24米，直径3.05米，重13.3吨。它的分辨率达0.3米，可以辨认出地面上烟头大小的物体。用来辨认坦克上的型号标志，军事基地的设施，对它来说算是大材小用了。人们推测它有一台4个小谱段的多光谱照相机，能区分伪装和目标的细微变化。有一个直径6米的天线，电视系统摄下的敌军设施、活动的信号用这大天线发送到地面站。它的红外探测仪可以辨认出导弹发射井的位置。跟“大鸟”配合的有7个地面站和6艘跟踪测量船。它每隔3.5天抛出一个金属回收盒。

“大鸟”侦察卫星的运行轨道近地点离地面184千米，远地点离地面300千米。它自带小型火箭发动机，为防止过早进入稠密大气层被烧毁，卫星每隔8天点火一次，稍稍加速，以维持预定的运行轨道。当时美国平均每年发射两颗这种类型的侦察卫星，起先寿命只有52天，后来延长到半年。

太空间谍卫星到底有几种类型

间谍卫星也叫侦察卫星，主要有照相侦察卫星、电子侦察卫星和预警卫星三大类。

美国研制的比较先进的照相侦察卫星“KH-11”，跟已往别的照相侦察卫星不同之处，是能够直接提供图像。它飞越敌国上空的时候，高分辨率镜头摄下的目标，经过编码，发送到同步通信卫星，同步通信卫星再转发给华盛顿国家判读中心，专业情报人员即可编制成情报。美国人戏称“KH-11”为“猫眼”，意思是它能从敌方紧闭的房门“猫眼”里看到里面的一切。

电子侦察卫星上的仪器，能录取所经各地各种频率的电磁信号，能准确探测雷达的频率和所在方位，截获军事通信情报。20世纪70年代前苏联发射“宇宙”电子侦察卫星监视印巴战争，后监视中东战争，为埃及作电子侦察，了解雷达性能、频率以及具体分布，以制定战略轰炸战术。80年代英阿马岛战争时，美国发射电子侦察卫星，监视阿军动向、截获阿军情报、跟踪阿军舰队，所有情报经美国通信卫星转发到英国特遣舰队，为英国攻占马岛效力。

预警卫星主要用来防止突然袭击，上面配备许多传感器，能随时发现世界上任何地方的核爆炸以及洲际导弹的偷袭。平时只用作监视和跟踪目标。美国曾把一颗“罗莱特”型卫星发射到35 860千米高的地球同步轨道上，位于前苏联洲际导弹发射井群的上空。只要对方一发射导弹，导弹尾部的高温气体立即就会被预警卫星上的传感器觉察到，并立即向国内发出警报。

“爱国者”导弹为什么能拦截“飞毛腿”导弹

在1991年的海湾战争中，美国研制的“爱国者”导弹，曾击毁对方发射的47枚“飞毛腿”导弹。

“爱国者”导弹主要由最前端的制导舱、战斗部、火箭发动机组成，长5.3米，直径0.41米，重1吨，可发射到24千米高空。拦截入侵导弹的“爱国者”导弹发射阵地上有指挥控制车、相控阵雷达车、天线车、电源车、导弹发射车等。相控阵雷达的天线由8组大小不一、功能不同、形状各异的天线组成，在一块长方形的透镜上组合成天线阵。主天线圆形，直径2.44米，能以100毫秒的间隔，产生32种射向不同的雷达波束，可同时跟踪空中入侵的100个目标，制导8枚导弹截击飞得最近的8个目标。另外7组天线，1组用来接收导弹向地面指挥控制中心发回的信息，另1组天线用来识别敌我导弹，其余5组是电子反干扰天线。导弹分别装在8辆导弹发射车上，每辆导弹发射车装4枚立即可发射的导弹和4枚备用导弹。

进入作战状态的时候，指挥控制中心启动相控阵雷达，发现入侵的导弹后，立即通过敌我识别器验明敌我。确定是入侵导弹后，指挥控制中心按动电钮，指挥导弹发射车发射导弹，可以只发射1枚，也可以连续发射。导弹先按预定顺序飞行，随后就接受相控阵雷达主天线发射的波束跟踪。指挥控制车上的电子计算机对入侵导弹和自己一方的导弹的飞行路线不断比较，得出最佳截击路线，并通过跟踪“爱国者”导弹的雷达波束发送导引指令，使“爱国者”导弹制导舱内的小型相控阵天线，也不断截获从入侵导弹反射的雷达回波信号，经一台小型发信机向地面指挥控制中心提供自己和入侵导弹的位置坐标。指挥控制中心的电子计算机对几方面传送过来的信息作综合分析处理，作出相应的修正指令，导引“爱国者”导弹准确地奔向入侵导弹“飞毛腿”，跟“飞毛腿”同归于尽。

“星球大战”是怎么回事儿

1984年，美国国防部拟订了一个“战略防御创新”计划，即所谓“星球大战”计划。它设想敌国发动大规模导弹袭击时，有效地拦截来袭的核弹头，确保本国安全。设想采取多层次、多种手段的拦截战术。

1. 主动段拦截。指从敌国导弹起飞到末级火箭熄火这一段。导弹飞行200秒钟，爬升高度200千米。这一阶段火箭发动机喷射的火焰，发出强烈的红外线，容易被预警系统发现和跟踪。设想用氟化氢激光武器拦截，功率达25兆瓦，用10米直径反射镜，激光束射程可达3 000千米，照射7秒钟，即可烧毁一枚导弹。

2. 投放多弹头段拦截。指敌国导弹投放分导式子弹头和诱饵装置这一段。需时8分钟。设想把准分子激光武器设在地面，在同步轨道上设置一面反射镜，再在低轨道上设置若干面作战反射镜。强大的激光束从地面射向中继反射镜，立即反射到作战反射镜上，经聚焦后投射到来袭的弹头上，把弹头摧毁。

3. 中段拦截。指子弹头离开导弹母舱进入外层空间高速飞行，到再入大气层这一段。大约飞行15分钟。这时子弹头和各种诱饵像马蜂出窝，真假难分，数量很大，拦截比较困难。设想用中性粒子束武器拦截，不仅能量大，速度快，瞄准精度高，并且可以灵活改变方向，多次重复射击。中性粒子束武器由高能粒子发生器和加速器组成，把加速到接近光速的粒子，聚焦成密集的高能射束，用磁镜控制它射向目标，在百万分之一秒内，把千里之外的子弹头烧穿一个致命的小洞。

4. 末段拦截。指子弹头再入大气层到击中目标这一段。时间只有3分钟，高度100千米上下。这时候子弹头被由空气摩擦而产生的等离子体包裹，微波雷达无法跟踪，拦截更加困难。设想应用各种自动寻找目标的反击弹头，多方面搜索和追踪目标，各个摧毁。

美国在首次登月前事先作了些什么准备

“双子星座”宇宙飞船进入环绕地球的轨道以后，美国航天员怀特也曾走出座舱进入太空，作太空漫步20分钟。这是为日后航天员首次登上月球作准备的一个项目，因为一旦登月舱降落月球之后，航天员也要离开座舱，进入没有空气的月面作业。

去月球需要改变环绕地球的轨道，挣脱地球对宇宙飞船的引力。“双子星座”试验了宇宙飞船在太空变轨，两艘飞船会合、接近，验证了宇宙飞船的机动能力。1965年3月23日，美国航天员约翰·扬和格里索姆乘“双子星座3号”宇宙飞船升空。这艘飞船外形像一座钟，高约3.3米，底直径2.3米。它在太空飞行3圈之后，开始了变轨试验，就是控制飞船变换运动的轨道。飞船靠小火箭产生推力来改变运动方向，操纵比较复杂，弄得不好，飞船不是迅速返回地球，去不了月球，就是远远飞离月球，成为太阳系的一颗人造行星。约翰·扬点燃了小火箭，飞船开始变轨，并按预定轨道飞行，变轨试验取得成功。

1965年12月，美国宇航局又安排了“双子星座7号”和“双子星座6号”宇宙飞船在太空会合的试验。这两艘飞船于12月4日和12月15日相继升空，“双子星座6号”飞船环绕地球2圈之后，迅速赶上“双子星座7号”飞船，并启动逆向小火箭慢慢靠近“双子星座7号”飞船，最后两艘飞船只相距30米距离，透过舷窗都能看见对方的面孔。

登月前还有一项试验是两个飞行器在太空相会后再相遇对接，因为登月时飞船的登月舱从母船上分离，降落到月球表面，而母船还继续环绕月球飞行，登月航天员完成任务后，登月舱将载着他们飞向母船，对接成一体后才能飞返地球。

为什么要发射无人驾驶月球车

前苏联在1966年2月发射“月球9号”探测器软着陆获得成功之后，后来又把一辆无人驾驶的月球车安全送上月球，主要目标是进一步探测月球的自然环境、地质构造、辐射情况等等，除了拍摄月球照片资料，还收集月球尘土、岩石等实物，然后返回地球。

前苏联曾发射“月球 15 号”探测器，在 1969 年 7 月 21 日到达月球，它的主要任务是取回岩石，但是没有成功。1970 年 9 月，又发射了“月球 16 号”探测器，实现了月面岩石无人采集。它使用一个钻头，采集了仅 100 克月球岩石，然后飞离月球，降落在本国境内。1970 年 11 月，前苏联又发射了“月球 17 号”探测器，把一辆无人驾驶的“月球车 1 号”安全送上月球。这辆月球车有 8 个轮子，轮子结构有点像街上卖的健身用“月球车”。无人驾驶月球车车身长约 2 米多，宽 1.6 米，重 756 千克，靠太阳能电池供电。这月球车上有一台电视摄像机，向地球放送电视画面；地面控制人员凭借电视画面，指挥月球车的行动。

这月球车在月球上足足工作了 11 个月，调查了 8 万平方米的地区，拍了 2 万多张照片，还调查了 25 个地区的月面土壤化学成分。经过取样分析，确切知道月球表面是一些松软的矿土和岩石，而不像以前猜测的那样，月球表面净是火山尘埃。

太空漫步有什么危险

航天员在太空离开宇宙飞船，独自进入宇宙空间腾空飘游，就叫太空漫步。这种太空试验，是为日后航天员登月，以及离开座舱进入太空维修宇宙飞船、人造卫星、空间站做准备的。

1965 年 3 月 18 日，前苏联航天员别利亚耶夫和列昂诺夫，乘“上升 2 号”宇宙飞船升空，这次飞行有一项任务就是做太空漫步试验——航天史上人类第一次离开宇宙飞船跨入漫漫太空。列昂诺夫仔细检查了自己的航天服。航天服出毛病，太空漫步就遭失败，航天员也会因此丧生。跟加加林同一批受训准备率先进入太空的 6 名航天员中，有一人就是在从高空跳伞时，因航天服出现故障，造成急剧减压而丧生的。列昂诺夫穿的是一件橘黄色的特制衣服，共有 10 多层厚，具有良好的隔热防辐射功能，无论外面温度高达300℃，还是低到-100℃，航天服里面都舒适温暖。帽子上还有通讯设备，可以跟座舱里的别利亚耶夫通话。列昂诺夫接着走到座舱后的气闸舱，紧紧关闭的舱门打开了，他跨入了漫漫太空。长长的脐带样的软管跟航天服相连，源源不断地给他输送呼吸用的氧气。"脐带"如果因故断裂，也会使航天员丧生太空。列昂诺夫在太空飘游了10分钟，就回到"上升2号"飞船。

在列昂诺夫实现太空漫步3个月之后，美国航天员怀特和他的一个同伴，乘"双子星座"宇宙飞船进入环绕地球的轨道，他也从座舱走了出来，作太空漫步。怀特穿的航天服里面装有空气和三分之一个大气压的纯氧，航天员呼出的二氧化碳和水蒸气通过一个装置吸收，里面温度不会因体温产生热而累积升高。航天服还有坚固的外壳，最外层和最里层都由玻璃纤维编织成。外层可以挡住小流星的冲击，不致伤人。航天帽上有双层滤色镜，在太空飘游时滤色镜可以挡住大部分太阳光和有害射线。后来美国航天员塞尔南、柯林斯、戈登、奥尔德林都曾作过太空漫步。

人体卫星飘飞跟太空漫步有什么不同

太空漫步是指航天员离开已经进入轨道的宇宙飞船，在飞船外从事舱外修理、拍摄等作业。太空漫步不远离宇宙飞船，并有安全带跟宇宙飞船相连。

人体卫星飘飞其实也是一种太空漫步，但是它跟先前所谓的太空漫步不同。人体卫星自带动力装置，没有安全带跟航天器相连，飘飞时间长，离航天器也远。

1984年2月3日到11日，美国"挑战者号"航天飞机环绕地球飞行时，航天员麦坎德利斯和斯图尔特，曾先后离开座舱，并解开跟航天飞机相连的安全带，自由进入太空。他们在离航天飞机大约100米的太空，距离地面 265 千米高的轨道上，以每小时 28 000 千米的速度，跟航天飞机编队飞行 1 个多小时，成为航天史上第一次出现的人体卫星。

上述两位航天员进入太空时身上都带有动力装置——载人机动飞行装置，也叫太空摩托艇，外形像一把有扶手和踏板的座椅，高 1.25 米，宽 0.83 米，总重 150 千克，靠喷气作动力飞行。太空摩托艇上装有两套压缩气箱，箱内可贮存液态氮气 12 千克。每套压缩气箱有 12 个喷嘴，每个喷嘴能产生 0.7 千克推力。航天员控制太空摩托艇上不同位置的喷嘴阀门，就能使自己向各个自选的方向运动，可以随时回到航天飞机上。

乘坐太空摩托艇，航天员可以在太空完成回收失灵卫星、修理飞行中的卫星、检修或建造组装空间站等等。

航天员出入座舱时飞船内空气不会泄漏掉吗

无论“上升 2 号”还是“双子星座”宇宙飞船，在太空飞行，周围都是高真空，密封的座舱里却是跟地面一样的大气环境。前苏联航天员列昂诺夫和美国航天员怀特作太空漫步，在出入座舱的时候，是怎样确保座舱中的空气不往外泄漏的呢？

显然，航天员是不能直接从密封的座舱门出入的，增设过渡舱是防止空气大量外泄的一个办法。

过渡舱跟密封的座舱相连，有的过渡舱还可以伸缩。航天员出舱之前，先使过渡舱完全增压，然后把座舱上通向过渡舱的门打开，航天员从座舱进入过渡舱后，立即把通向座舱的门关紧。接着过渡舱放气减压，航天员作好出舱准备，如吸氧排氮等等，随后打开通向太空的大门，航天员出舱，再关紧大门，或将过渡舱收缩起来，在进舱时候再用。这是出舱的全过程。

进舱过程正好跟出舱过程相反。如果过渡舱是一次性使用的，用完就可以把它抛掉，以减轻宇宙飞船的负荷。“上升2号”列昂诺夫作太空漫步出入座舱，就是按上述程序出入密封的宇宙飞船的，最后还把过渡舱丢弃在茫茫太空之中，成了一件太空垃圾。

是谁第一个在月球上留下了人类的足迹

1969年7月16日，美国3 000多吨重的庞然大物“土星5号”运载火箭，载着“阿波罗11号”登月飞船，竖立升空。乘坐这艘飞船的有美国航天员阿姆斯特朗、奥尔德林和柯林斯。两分钟后，飞船已到达环绕地球的轨道。飞船在离地面300千米高的轨道上飞行了3个小时，然后改变轨道进入环绕月球的轨道。5小时后，燃料耗尽的末级火箭脱离飞船，登月舱的保护蒙皮也一起被抛入太空。接着指令舱转体180°跟登月舱对接。发射时为了防止“土星5号”运载火箭发生故障出事，载有3位航天员的指令舱放在最前端，这个位置相对来说最安全，一枚小型紧急脱险火箭万一出了事时可以把指令舱带出险境。

发射后的第三天，航天员阿姆斯特朗和奥尔德林从指令舱转入登月舱，并和指令舱分离，慢慢下降，飞向月球。柯林斯留在指令舱内，仍作环绕月球的飞行，等待两位同伴回来，一起返回地球。

终于，在7月18日美国东部时间下午4时17分40秒，登月舱顺利软着陆在月球上，位置在月球上取名静海的西北部。阿姆斯特朗穿着舱外航天服，第一个走出了登月舱，在月球上留下了人类第一个足迹。他沿着登月舱走了一圈，仔细检查了登月舱，结果完好无损——如果着陆时登月舱遭到致命的损伤，那他俩就永远回不了地球了。随后奥尔德林也跟着走出登月舱，打开摄影机，摄下了他们所在的月球世界真实的情景——一个荒凉冷寂的灰色世界。

在月球上看地球是什么样的

从登月航天员的介绍和他们拍摄的纪录影片看，人在月球上看地球，是很有趣儿的。

第一，不像环绕地球飞行的宇宙飞船上的航天员看到的那样，地球是一个在漆黑的天幕上挂着的浅蓝色明亮的星球。环绕地球的宇宙飞船离地球只有二三百千米，而月球与地球相距 38 万千米，所以站在月球上看地球，看不到地球浅蓝色的大气圈，看到的地球是一个在漆黑天幕上的大亮球，比在地球上看到的月球亮得多，也大得多。

第二，因为月球自转和绕地球公转的周期恰巧一致，所以站在月球上看地球，地球始终停留在天空中的同一位置上，是一个永远不落的天体。当然，航天员只有站在朝向地球一面的月面上，才能看到地球。像乘坐“阿波罗 11 号”登月舱踏上月球的阿姆斯特朗和奥尔德林，因为那次登月落点在月面上中间偏东，所以他们在月球上看到的地球位置在西上方。乘坐“阿波罗 15 号”登月舱踏上月球的航天员，登月落点在月面偏北方向，他们在月球上看到的地球位置在偏南上方。

第三，由于地球总是固定在一个方位上，而且地球的自转速度比较快，24 小时就转一圈，而月球自转一圈需 27 日 7 时 43 分 11 秒，所以航天员要是在月球上停留时间稍微长一点儿，就能观察到地球的自转。

第四，由于地球自身不发光，只能反射太阳光，所以看不到黑夜部分的地球，只能看到白昼部分的地球。

"阿波罗13号"登月飞船太空遇险，航天员是怎样返回地面的

在"阿波罗11号"和"阿波罗12号"登月飞船完成登月飞行之后，美国在1970年4月11日又发射了"阿波罗13号"登月飞船。乘坐这艘飞船的航天员是洛威尔、海斯、斯威加特。发射46小时之后，燃料箱出了问题，报警灯本该显示红灯，可是它本身也出了问题，没有及时报警。直到第55小时54分时，一阵爆炸声才引起航天员的注意。斯威加特的惊呼传回地球，休斯敦控制中心才得知遇险消息。服务舱发生爆炸，飞船失控，翻滚起来。这爆炸是液氧逸出引起的。在太空，只要一点微小的推力，都会对飞船造成影响。当时飞船已处在月球引力范围内，不使飞船稳定下来，就有被月球吸引过去永远回不了地球的危险。

休斯敦控制中心下命令取消了登月计划。斯威加特等凭已往训练有素的经验，设法驾驶飞船摆脱了月球的引力，回到了环绕地球飞行的轨道。服务舱爆炸，里面的氧、水、食物等储备全炸飞了，指令舱里燃料、氧、水的储备也只够使用几个小时，要度过两天的旅程返回地球显然成了问题。地面控制中心建议斯威加特等转移到登月舱内，那里也有一套完备的生命保障设施，还有一定数量的燃料。三位航天员按照地面控制中心的建议，爬到了登月舱，关闭了指令舱内的动力系统，留待后用。登月舱体积极小，动力不大，三人挤在一起度过了一个寒冷的夜晚，并严格控制食物和饮用水的使用。几乎就在他们奄奄一息的时候，飞船接近地球引力范围。稍后，他们三个又筋疲力尽挣扎着爬回指令舱，并使登月舱分离。最后，三位航天员活着落到了太平洋，并由直升机救起。

最后查明，是两个纽扣大小的恒温器使用的电压不对头，引起了爆炸。

为什么不跨越硬着陆一步实现软着陆

月球探测计划要跨的第一步，是要使不载人的探测器直接命中月球，这就是过去报纸上说到过的硬着陆。要直接命中月球，也不是容易事儿。前苏联发射的"月球 1 号"探测器，原想让它命中月球，结果没有成功，倒是远远飞离了月球和地球，意外地成了环绕太阳旋转的一颗人造行星。1959 年 9 月 14 日前苏联发射的"月球 2 号"探测器以及后来 1964 年 7 月 28 日美国发射的"徘徊者 7 号"探测器，都击中月球，实现了硬着陆。这些月球探测器在击中月球粉身碎骨之前，都向地面发回了许多可贵的资料，为后来实现可控降落月面——软着陆做了准备。

1966 年 2 月，前苏联发射了"月球 9 号"探测器，它长途旅行了 79 个小时之后，到达月球。这回不是去击中月球，而是在离月面 75 千米上空启动逆向火箭，并使探测器的着陆部分分离出来。接着一个巨大的气球自动充气，把着陆体裹在里面，起了极好的保护作用。着陆后，仪器舱里的仪器完好无损，在月球上正常工作，源源不断向地球监测中心发回月球照片。这叫做软着陆。"月球 9 号"探测器还第一次发回月球上辐射的记录，科学家经分析作出结论，认为这些辐射线对短时间在月球上停留的航天员不至造成危害。

至于为什么不跨越硬着陆，一步实现软着陆，是因为航天技术的某些环节，看似简单，实际很难，路得一步一步走。没有击中月球硬着陆的技术，就不会实现软着陆。美国为了击中月球，先后发射了"徘徊者 1 号"到"徘徊者 6 号"6 个月球探测器，都没有成功，不是没有命中月球，就是没有发回任何资料。直到发射"徘徊者 7 号"，才命中月球，实现硬着陆。弄清了月球的构造、环境和气候情况，才好考虑软着陆；掌握了软着陆技术，才好考虑人类最终踏上月球。

探测月球的最终目的是什么

前苏联和美国都曾实施过一系列探测月球的计划。人们认真探测月球，是有明确目的的。

第一，有计划地利用月球矿物资源。人们设想有朝一日能够在月球建立基地，利用月球资源，就地生产供应太空活动所需的物资。比如，利用月面的氧化铁矿制造液氧，是比较容易实现的方案。这样，人们就不需再从地面为运行在太空的宇宙飞船、空间站等运送液氧了。人们从登月飞船带回的月球岩石和表土样品中，分析出月球上有大量氧、硅、铁、钛、铝、镁等化学成分，利用太阳能也可把这些成分从月球矿物中提炼出来，以生产钢铁、玻璃等建筑材料。

第二，月球也是科学研究和实验的理想场所。比如，月球上原封不动地保留着原始状态，对月球的研究有助于了解地球的历史。又比如，在月球上建立天文台，因为月球表面是真空世界，没有空气，也没有尘埃污染，更没有人造的发光物和无线电波干扰。因此，那里是建立天文台的理想场所。再比如，月球周围高真空，没有磁场，是理想的天然物理化学实验室，带电粒子的加速、超高速碰撞实验、核聚变研究等，在月球上实验，效果好，费用低。

建立月球基地，把月球变成生产据点、科研都市、永久性太空港，是人们梦寐以求的理想。

怎样使航天飞机出入稠密大气层时不被烧毁

航天飞机高速升空要穿越稠密大气层，从太空返回地面也要穿越稠密大气层，高速飞行中的航天飞机在穿越稠密大气层时，跟空气摩擦会产生很高的温度，像头部和机翼前缘这些凸出的地方，温度高达1 590℃，足以使一般金属材料失去应有的强度，甚至烧毁。

材料科技专家给航天飞机找到了一种叫做碳-碳复合材料，它能耐受1 650℃的高温，用它覆盖在航天飞机头部和机翼前缘这些地方。

机身平坦滑溜部分表面跟空气摩擦产生的温度没有机体凸出部位那么高。材料科技专家给这些部位另外找到了一种高温陶瓷材料，覆盖在机体底面等部位，那里跟空气摩擦产生的温度在649～1 260℃这个范围。

怎样把耐高温材料覆盖在航天飞机机身表面呢？专家们想出了一个办法，先用硅土胶黏剂把非晶硅增强纤维黏合成长15厘米、宽15厘米、厚2～10厘米的拱形瓦，经高温烧结，再在瓦片表面涂上耐高温陶瓷涂层，成为一块块耐热、耐磨的防热瓦。把一块块防热瓦贴在航天飞机外表面，就拼接成一整件"防火衣"，假如个别防热瓦损坏，还可以把坏的取下，换上新的。

防热瓦既耐高温，也隔热，使航天飞机出入稠密大气层时外表面热得发红发白，但是机舱内气温18～20℃，是人们日常生活的最适气温。

航天飞机目前还没用在民航客运上，那它干什么了

1981年4月12日，美国"哥伦比亚号"航天飞机第一次飞向太空，环绕地球飞行成功。15年来，又有别的航天飞机飞向太空，全都没有投入民航客运。航天飞机上下来回几十次，还有施放人造地球卫星，如美国"挑战者号"航天飞机曾给加拿大施放过一颗通信卫星，给印度尼西亚施放过一颗人造卫星，还有捕捉修复人造卫星，如"挑战者号"航天飞机曾捕获并修复了"太阳峰年"观测太阳卫星，全是为了完成各种科学实验项目。

远离地面的太空，具有一些十分优越的科学实验条件，如高真空、超洁净、超冷、失重等独特条件，尤其是失重环境，在地面无法用人工方法模拟出来。所以太空实验，多半利用航天飞机飞行中获得的失重环境，从事金属冶炼、工业焊接、材料加工、高纯度大型晶体生长、某些化学物质的分离提取、制造激光用无污染玻璃、质轻耐热新型合金的合成、贵重特效药物的生产等科学实验。

比如铝和钨比重相差很大，在地面上把它们合在一起冶炼，像油和水合不到一起一样，它们无论如何合不到一起去。但是在航天飞机失重环境条件下，这两种性质完全不同的金属能合在一起，冶炼出既轻又硬的钨铝耐热耐磨合金。

又比如在航天飞机上，用一种连续流电泳装置，以生物体液为原料，生产一种新药激素。生物体液在电泳装置里，在失重条件下，不同成分被精确地分离和提纯，纯度要比地面提纯高四五倍，分离提纯速度要快五六百倍。

运用航天飞机发射人造卫星有什么好处

自从1957年10月4日前苏联发射第一颗人造地球卫星“旅行者1号”获得成功以来，全世界已有上千颗卫星被陆续送上太空。它们担负着通信、气象、侦察、科学探测、导航等多方面的任务。在航天飞机面世之前，人造卫星都是运用庞大的多级运载火箭发射上天的。

研制庞大的多级运载火箭，需要巨大的财力支持。美国用来发射人造卫星的“宇宙神-半人马座”运载火箭，每支造价是6 300万美元；“大力神-4”运载火箭，造价是9 300万美元。前苏联的“质子号”运载火箭，造价也合3 000 万美元。这些多级运载火箭把人造卫星送上环绕地球的轨道以后，自身无一例外都爆裂成无数碎片，坠入稠密大气层烧毁。每发射一次人造卫星，就需装配一支多级运载火箭，花费一大笔资金。

航天飞机用自身配备的火箭发动机以及两枚可回收利用的火箭助推器，进入太空预定轨道以后，自身就成了环绕地球运转的人造卫星。它跟一般人造卫星不同之处，是在完成飞行任务之后，可以重返地面，而且可以重复使用。

航天飞机运转轨道离地面的高度一般在185~1 100千米范围，用它来施放资源探测卫星、大地测量卫星、环境监测卫星、高能辐射观测卫星、生物试验卫星、大型天文观测卫星等等，最能胜任，因为这些卫星要求的环绕地球运转轨道，高度只需几百千米到千余千米。

因为航天飞机自身以每秒7.68千米的速度环绕地球飞行，由它施放卫星，受惯性作用，不需另加外力，被施放的卫星就具有跟航天飞机同样的速度，能够在同一轨道上环绕地球运转。而且，航天飞机一次上天，可以施放多颗人造卫星。

航天飞机怎样捕获和修复观测太阳卫星

美国曾在1980年2月发射过一颗取名“太阳峰年”的人造地球卫星，用来监测1980年太阳活动峰年中太阳表面耀斑的活动情况。当年11月，这颗卫星上的姿态控制装置和3台电子观测仪器突然失灵。此后3年间，这颗卫星又从540千米高的环绕地球轨道上逐渐下降到480千米高的轨道上，并且还将继续下降，变成一颗陨星坠入稠密大气层烧毁。

1984年4月，美国派出“挑战者号”航天飞机，首次在太空环绕地球的轨道上，捕获并修复了这颗观测太阳卫星。航天飞机先进入离地463千米的环绕地球轨道，然后开动轨道机动辅助发动机，以每分钟1.6千米的速度逐步接近这颗卫星。花了约4个小时，经过几次修正轨道，航天飞机飞到了距离这颗卫星约60米处。接着航天员穿上舱外航天服，背上一个装备小型喷气推进器的背包式生命保障装置，作太空行走，慢慢走向5.4米高的六角柱形太阳观测卫星。因这颗卫星每6分钟转一周，它自转速度太快，无法使失重状态下的航天员用伞状捕捉杆插入卫星体上的火箭发动机喷口。地面控制中心帮了航天员的忙，向这颗卫星上的电脑发出了减慢自转速度，保持卫星稳定的指令。这样才使航天员把这颗卫星牢牢拴在机械手上，拉回来放在航天飞机敞开的货舱内特设的修理台上。

太阳观测卫星足有两层楼房那么高，航天员站在15米长的机械手顶端一个特制的平台上进行操作，用新的零部件换下了卫星上损坏了的姿态控制装置以及一台日冕观测仪的电源装置，还修理好了X射线成像分光计和X射线多色仪。全部过程总共花了3个多小时。随后由航天飞机把修复好的太阳观测卫星送回原来的环绕地球轨道。

哈勃空间望远镜是怎样进行空间维修的

哈勃空间望远镜是有史以来最大和最精密的空间天文望远镜，质量11.6吨，长13米，设计寿命15年。它拍摄的星系照片，按设计清晰度是地面天文望远镜的10倍，可把所摄天体亮度放大10万倍，并能拍摄星际喷发和测量深空天体化学成分，观测距离可达140亿光年，比地面天文望远镜远了7倍。1990年4月25日，哈勃空间望远镜像一颗人造卫星，由美国“发现号”航天飞机送入离地将近600千米的近地轨道。入轨后发现，这架空间望远镜2.4米主镜精密度有点儿误差，使望远镜对远距离天体目标成像模糊，成了“近视眼”。上面的太阳能帆板因热胀冷缩引起颤抖，使望远镜患了“震颤症”。还有，保持望远镜精确度定位的6台陀螺仪中有一半出了故障，主计算机6个记忆单元中有一个失效。于是决定在太空进行空间维修，以达到设计功能，完成预定的科研项目。

1993年12月2日，美国“奋进号”航天飞机，带着进行空间维修哈勃空间望远镜的航天员和维修配件等发射升空，进入预定轨道，6小时后，指令长和副驾驶员操纵航天飞机上的11台轨道机动发动机，完成2次机动飞行，追赶哈勃空间望远镜。到第二天，航天飞机准确地靠近哈勃望远镜。第三天，航天飞机伸出机械手，抓住了哈勃望远镜，并把它固定在航天飞机敞开的货舱内。第四天，更换3个失效的陀螺仪中的2个。第五天，更换太阳能电池帆板。第六天，安装新的广角行星相机。第七天，更换新的主镜头和一个计算机协同处理器。第八天，更换电子控制装置。第九天，把哈勃望远镜重新送入空间轨道。第十天，机组人员休息一天。第十一天，准备返航。第十二天，航天飞机返回肯尼迪航天中心。空间维修活动大多是航天员穿着特制的航天服在舱外完成的。

在太空，航天员最担心发生什么危险

太空是一个真空环境。宇宙飞船上的密封舱有适合航天员生活和工作的环境，舱外活动用的航天服，也具有维持正常生活的大气压和氧气。一旦密封舱或航天服遭流星、太空垃圾袭击或其他机械损伤，哪怕是一个很小的小洞或裂缝，空气就会很快跑光，使航天员窒息死去。1971年，3位前苏联航天员在完成太空飞行任务返回地面过程中，因密封舱门提前自动打开，不到一分钟，就因空气泄漏，全部窒息死亡。

人在地面生活，受到地球磁场和大气层的保护，每30年只受到大约0.05戈瑞的宇宙线辐射。在太空，一次太阳耀斑爆发可产生10戈瑞的宇宙线辐射，人在这种条件下，会感到剧烈疼痛，呕吐腹泻，只能活五六天。低于这个辐射剂量，也会使人因各类血液病而丧生。

宇宙飞船座舱中的空气，是经再生循环使用的，一旦空气再生系统发生故障，空气中的氧会逐渐减少，二氧化碳逐渐增多。二氧化碳增加到3%时，听觉受到影响，甚至会头痛、目眩、恶心；增加到6%时，大脑思维混乱，丧失采取自救措施的能力，甚至昏迷。

宇宙飞船在背阳时，温度极低，一旦温度调控设备发生故障，会因体温极度下降而被冻死。

此外，宇宙飞船起火、爆炸，长途飞行中断水、断粮，急性病伤等等，都是航天员在太空飞行中最担心发生的危险。

随着航天科学技术的进步和发展，航天员人生保障系统也越来越完善，上述风险都基本上能够防止。

人在太空能长期生活吗

载人航天，是航天技术发展方向之一。但是太空环境跟地面差异很大，人体对太空环境适应到什么程度，太空生活能维持多长时间，都是必须通过实际测试弄清楚的。

1991年6月5日，美国“哥伦比亚号”航天飞机带着人体科学测试课题发射升空，载有7名航天员，其中3名女性，这是为了了解太空飞行对男性和女性生理影响的差异。

这次飞行，取得了部分成果。

1. 肺功能实验。肺功能对重力十分敏感，在地面，重力把血液拉向肺部较低的部位，呼吸时重力帮助肺部的空气分配。原以为即使在失重条件下，空气在肺内能均匀分布，但太空实验表明，人在太空肺内空气分配并不均匀，而且人体肺部的适应变化也不很迅速。

2. 心脏功能实验。人体心脏在失重条件下适应作用也不像原来预想的那样立即开始，心脏在太空飞行相当长一个时期，才能接近地面状态。

3. 心血管控制实验。用可充气颈套对颈动脉加压，观察失重条件下对人体调节血压机能的影响。实验结果是在太空飞行的第一天，人体仍保持地面状态，到第二天，才开始出现适应失重状态的调整。

这次飞行,还进行了人体血压调节与骨骼脱钙的研究以及内分泌与其他医学的研究。

有关人在太空能否长期生活的测试研究,肯定不是一次测试所能解答的。

飞船漏气减压时穿上航天服能维持生命多久

太空没有空气,温度在-270℃上下,还有多种有害射线以及宇宙尘埃。这些都对航天员有一定潜在危险。航天服就是针对这些潜在危险给航天员特意研制的。

航天服用14层不同的铝箔和化学合成纤维织物层层压制而成,隔热、隔冷、防射线侵害,防宇宙尘撞击。航天服里面,航天员贴身穿一套宽松、透气的纯棉内衣。内衣上盘绕91米长的微型冷却管。冷却水在细管中循环,吸收走航天员身上不断散发的热量。内衣下部装有一个尿液贮存器。航天服上衣连着一顶硬质铝合金头盔,前部有一镀金护目镜,头盔里还装有话筒和耳机。上衣前胸部位横挂一个显示屏,航天服内各种设施的运行状况,如气压、温度、氧气输送、二氧化碳量、冷却水循环、电池消耗状况等,都能显示出来。航天服肩背部有一背囊,里面装有液氧瓶以及能吸收走二氧化碳等有害气体的活性炭等化学物质。航天服内的压力、温度、湿度、氧气含量等,都由背囊里的电脑控制调节。航天服内的全部仪器设备,都由一组银锌电池供给电源。

航天员作太空行走,或者万一航天飞船漏气减压,穿上航天服,就能在十分严酷的太空环境中安全地待上7个小时——航天服液氧瓶贮存的氧只够航天员吸用7个小时,等待地面控制中心救援。

在太空，航天员能吃什么

前苏联加加林在1961年4月21日实现人类有史以来第一次闯入太空的时候，就已初步解决了航天员在太空飞行期间吃的问题。本来，加加林那次太空飞行总共历时不到半天，不耽误回地面吃饭；可是作为一项试验，他还是吃了一餐，吃了像牙膏那样包装的半流质混合食物。

为什么航天员主要食用铝管包装的肉糜、果酱等膏糊状食物，而不像在地面那样有菜有汤呢？

那是因为在太空飞行失重条件下，什么东西都失去了重量，如果不固定位置的话，都可以飘浮在空间。食物失去重量，吃饭都有困难，一不留神，食物碎屑都能把你呛了。所以早期进入太空的航天员，通过头盔上的进食孔，用手挤压牙膏管那样的管壁，把管内食物直接挤进嘴里。这么个吃法，食物的色、香都见不着闻不到，长期食用会影响航天员的胃口。吃不好，就有可能影响健康和工作。

所以后来设法改善航天员在太空的饮食，把食物做成小块，尽量保存原食物的色香味。块儿的大小，尽量让航天员吃起来方便，正好一口一块。考虑到防止食物碎屑在舱内飘浮，小块食物外边还包了一层可食用的保护膜。

自从航天飞机进入实用阶段，航天饮食发展也很快，各种食物已有上百种，饮料二三十种，既有软包装食品，也有脱水复水食品，三餐饭菜不一样，还可以各选所爱，挑自己喜欢的饭菜吃。

航天员在太空睡觉跟地面有什么不同

太空睡眠是航天活动中的一个组成部分，在航天员进入太空之前，也要在地面的模拟舱内作适应性训练。

跟地面不同，在太空失重的环境中，航天员身体会飘浮起来，所以不可能躺在床上睡觉，而要钻进特意为他们设计制造的睡袋内，并把睡袋固定在宇宙飞船或空间站的舱壁上。更加特别的是由于太空中不分上下左右和前后，航天员睡姿就跟地面大不相同，可以站着睡，也可以躺着睡，甚至还可以倒立着睡。有的航天员用一根绳子把睡袋的一头吊挂在舱壁上，让睡袋飘在半空。多数航天员愿意让睡袋紧贴舱壁睡觉，这在感觉上更像睡在床上一样。

后来睡袋也作了一些改进，即在睡袋外层增设一些管道，管道充气以后，睡袋便会向人体施加一些压力，这种压力可使航天员感觉上像在地面床上睡觉一样，感到舒适，并且消除身体似乎不停地下落这样的可怕感觉。

地面上一天一夜是24小时，可是环绕地球的宇宙飞船上，由于太空飞行速度很快，24小时内会出现好几个白天和黑夜。所以在太空白天黑夜的节律跟地面是十分不同的，为了不打乱航天员原来的生活节律，通常按地面的作息时间，安排航天员的睡觉时间。

在太空，航天员有没有条件洗澡

前苏联“礼炮号”空间站，1982年曾创造了航天员连续生活工作211天的续航纪录，1984年又创造了航天员续航237天的纪录，1988年前苏联另一艘空间站“和平号”创造了航天员续航366天的世界纪录。

较长时期在太空的空间站生活和工作，航天员一年到头不洗澡怎么行？所以在“礼炮号”空间站上，规定航天员每10天洗一次澡。

太空空间站里的洗澡间是一个折叠式的装置，固定在舱顶上，不用的时候，可以折叠起来，不占地方；洗澡的时候把它放下来，一直放到底，形成一个密封的小室。小室顶上有水箱、喷头、电加热器等设备，底下有一双固定在地板上的拖鞋，穿上这双拖鞋，航天员洗澡的时候就不会飘起来。小室底下安有吸水泵，把洗澡时候用过的水吸入舱底污水储存箱，不使失重条件下的小水滴到处飘飞。最特别的是航天员洗澡时候得戴上像防毒面具那样的呼吸面罩，不然喷头喷出的小水滴就有可能使航天员呛死。

美国科学家已给未来永久性空间站设计研制了太空浴室，这种浴室底面积1平方米，高1.85米，是密封的，在里面洗澡的时候，上面水泵向航天员身上喷水，一次限用4升水，用过的污水由底板上的许多小孔吸走，经过污水处理过程后可以再用——回收93%的水循环再用，这就大大减少了往空间站补水的运输量。

太空飞船上有没有卫生间

在大型民航客机上，一般至少在尾部有一个很小的卫生间，里面每次只能供一个人使用，只有一个不锈钢马桶，旁边还有一个不锈钢的洗手池。马桶和洗手池流下去的污水，储存在污水储存箱中，不像火车厕所那样直接排在路上，因为大型民航客机座舱内是密封的，不跟机外相通。

在早年发射的载人宇宙飞船上，一般没有专设厕所和马桶，航天员一般使用一种直径约20厘米的卫生口袋，袋口衬贴上一圈胶布，大小便时把这种口袋粘在臀部，以收集大小便。

美国空间站太空实验室里有专为航天员解决大小便的设施，在废物管理舱内设有一个小厕所。空间站上的有效空间，肯定比大型民航客机上的更加紧凑和珍贵。但是厕所是人们生活中不可缺少的。这个太空实验室的厕所内，有一个漏斗状的集尿器，集尿器内通气流，把尿液吸进内部的收集袋。收集袋可以随时更换，保持厕所卫生清洁。厕所舱壁上镶有一个马桶，用来收集粪便。马桶内衬有一个渗透力极强的滤水袋，用一次，换一个。滤水袋通有气流，使粪便沉淀成块，免得在失重环境里到处飘浮。

“金星 11 号”探测器降落金星发现了什么

金星又名启明星和长庚太白星，跟火星一样，也是地球的近邻。金星离太阳 1.082 亿千米，直径 12 100 千米，质量是地球的 81.5%，自转周期 243 日，绕太阳一圈历时 224.7 日，跟水星一样，也没有卫星。

在金星表面软着陆的探测器数量最多。金星大气跟地球大不一样，含氧和氮很少，二氧化碳占 97%以上，水蒸气只有 0.1%左右。金星表面四五十千米高空有一层二三十千米厚的浓云，这浓云是由有剧烈腐蚀作用的浓硫酸组成，以微小雾滴形态飘浮在金星大气中。金星表面的大气压比地球的大 90 倍，地球人根本承受不了那么大的大气压力。金星表面温度高达 480℃左右。由于金星有浓厚的大气包裹，使流星很少有可能直接冲击金星表面，所以金星上很少见环形山，倒是有耸立的山峰和曲折的山谷，既有平原，也有洼地。金星上有条自南向北的大裂谷，长达 1 200 千米，金星上最高峰达 11 000 米，比地球上的珠穆朗玛峰还高 2 116 米。金星上几乎没有磁场。

金星上常有惊心动魄的放电现象，电闪雷鸣，令人生畏。1978 年 12 月 25 日，前苏联发射的“金星 11 号”探测器，在降落金星表面的过程中，1 秒钟内就记录到 25 次闪电。同年，“金星 12 号”探测器在从金星上空 8 千米处下降到 5 千米处的距离内，接连不断记录到 1 000 次闪电。它还记录到一次长达 15 分钟的特大闪电，时间之长，闪电之猛烈，在地球上是闻所未闻，见所未见的。

金星还有一个突出的特点，是自转速度极慢，自转一周历时 243 日；而且是逆向旋转，太阳在它那里是西升东落的。太阳一旦在金星上升起，59 天都在地平线上，昼夜各约 59 天——金星上一昼夜相当于地球上的 118 天。

“水手 10 号”探测水星发现了什么

水星是太阳系中最靠近太阳的一颗行星，离太阳 0.579 亿千米，直径 4 878 千米，质量只有地球的 5.58%，自转周期 58.6 日，绕太阳一圈历时 88 日，没有卫星。

1973 年 11 月 3 日，美国发射“水手 10 号”探测器，主要任务是探测金星和水星。探测器在 1974 年 2 月 5 日飞临金星作了探测后，借助金星的引力改变轨道方向，折向水星，在 3 月 29 日到达水星附近，成为唯一的一个来到水星附近的探测器。它向地面发回 2 500 多张珍贵的照片。

人们发现，水星表面跟月球表面非常相像，也布满密密麻麻的环形山，只是直径在 20 ~ 50 千米的大环形山不多，而月球环形山直径超过 100 千米的却不少。水星上大气稀薄到了极点，没有水分。因为离太阳近，使它成为太阳系中环境最严酷的地方，正午温度可达 400℃以上，背着太阳的地方温度降至 −170℃。原以为水星上不存在磁场，事实恰恰相反，不仅有磁场，而且是一个全球性的磁场，磁场强度也很高，是地球的 1%。水星直径不大，密度却不小，是水的 5.4 倍，在 9 大行星中仅次于地球。它的内核主要由铁、镍等元素组成，直径可达 3 600 千米，几乎是水星直径的 3/4，而地球地核直径只有地球直径的一半多一点儿。

“水手 10 号”探测器曾经 3 度飞过水星，都是从同一地区上空飞过，探测过的水星表面只占全部面积的 37%。对水星还有待进一步探测。

火星探测器拍摄的照片说明了什么

火星是地球的近邻，容貌跟地球相像，南北两极也有白色极冠，冬天变大，夏天变小。火星上有许多线条和斑纹，颜色深浅随季节变化。火星上空也飘浮云雾。这是过去对火星的了解。既然火星跟地球有相像的地方，于是火星上有没有生命物质存在，存在不存在火星人，一直是个谜。

1964 年美国发射“水手 4 号”探测器成功，从拍摄到的火星照片看，火星上没有运河。证实火星极冠确实随季节变化，上空有云雾。

1976 年 7 月 20 日，美国“海盗 1 号”探测器在火星表面着陆，它带去了一台生物实验仪器。该仪器能把一种放射性物质注入火星土壤里，如果存在微生物，火星微生物就会分解放射性物质后释放出放射性气体。这台生物实验仪器果真检测到了放射性气体。并且在分析众多的火星地表照片时，发现在一块橙红色的岩石上，出现了从黄色渐变到绿色的斑点，而且这些斑点形状也变大了。有些科学家认为这些斑点可能是苔藓——一种比较原始的植物。这就是说，火星上可能存在生命物质。

木星探测器有什么新发现

木星是太阳系最大的行星，体积是地球的 1316 倍，质量是地球的 317.9 倍，是其他行星质量总和的 2.5 倍。木星离太阳 7.783 亿千米，它绕太阳公转一周要 11.86 年，自转速度很快，9 小时 50.5 分就转一圈。木星有 16 颗卫星，还有由黑色块状物组成的环。木星的整个结构，中心是个固体核，不太大，主要由铁和硅等重元素组成。核的外面是木星幔，这一厚层主要由液态氢组成。再往外是木星大气，仍以氢为主，氦只占氢的 10%上下，其他如氨和甲烷等含量就更少。

1977 年 8 月和 9 月，美国发射了“旅行者 1 号”和“旅行者 2 号”两个天文探测器，它们分别于 1979 年 3 月和 7 月从木星附近飞过，共向地球发回 33 000 多张木星及其卫星的照片和大量数据资料。

天文学家一直对木星上卵形的大红斑迷惑不解，从探测器发回的资料了解到，原来大红斑是木星云层中的一个特大漩涡，往下俯视，漩涡的旋转方向是反时针方向的。大红斑内部存在环流结构，内含带磷物质，所以看上去是红色的。怎么形成那么大漩涡，为什么历时几百年不消失，现在也还不得而知。

1979 年 3 月，当“旅行者 1 号”探测器转到木星的侧面时，在木星背向太阳的那一面，发现一条 30 000 千米长的极光。在地球之外的天体上发现极光，木星是第一个。还测得木星有很大很强的磁场和辐射带。

可惜探测器从近处飞越木星时，都没能看到它的表面，浓厚的云层阻挡了照相机和其他仪器的视线。一般认为，木星不像其他行星那样有一个固体的外壳，而是一个液态的行星。

1995 年 12 月中旬，6 年前由“亚特兰大号”航天飞机发射的“伽利略号”探测器，在经历 37 亿千米的漫长航程之后，在木星的两个卫星旁疾驰而过，然后转入木星轨道，对木星及其卫星进行有史以来最全面的考察。我们期待着有关木星最新的消息。

空天飞机跟航天飞机有什么不同

现有的航天飞机结构复杂，主体三大件轨道飞行器、外挂燃料箱、固体火箭助推器中，耗资很大的外挂燃料箱不能回收重复使用。航天飞机还不能在一般机场升降。针对航天飞机的这些不足，航空航天技术专家们提出了空天飞机的设计方案。比如英国人提出的“霍托尔”空天飞机方案，它起飞时采用助推车助推起飞，速度达到每小时 540 千米时，飞机离车以 24°的仰角爬升，优点在于使飞机无须耗费大量燃料来获得起飞速度，还可简化只供着陆才用的起落架结构。

“霍托尔”空天飞机机身长 63 米，直径 5.7 米，双三角翼，翼展 20 米，尾翼是 90°夹角的双尾翼。发动机用的是能使用空气助燃的火箭发动机。它除了使用液氢、液氧作燃料之外，也装有空气供氧系统。在 26 千米高度、5 倍音速以下飞行时，发动机使用空气中的氧助燃。空气从机尾进气道进入发动机时，经过由液氢冷却的冷凝器，空气里的氧就跟氮分离。这氧进入燃烧室，跟氢燃烧产生推力，跟航天飞机不同，空天飞机由于在一定高度范围内可利用空气中氧，携带液氧可大大减少。升空 9 分钟后，飞机高度超过 26 千米，速度超过 5 倍音速时，才使用随机携带的液氧。

这种空天飞机离地 90 千米时，速度已达每秒 7.9 千米，这时发动机停车，飞机依靠惯性一直上升到 300 千米高空，然后只靠 22 支小型反作用控制火箭发动机来控制姿势。返回时，它以约 80°的大角度进入大气层。离地 25 千米时作高超音速滑翔。可在一般机场降落，着陆速度每小时 320 千米，滑跑距离 1 600 米。

这种空天飞机可容纳 50 人，从美国华盛顿飞到日本东京，只需 60 分钟，一架飞机可反复使用 120 次到 200 次。也可用来发射和回收人造地球卫星，或来往于空间站和地球基地之间。

设想中的太空电站是什么样的

设想中的太空电站，实际上就是一颗太阳能发电卫星。即在离地面 35 860 千米高的地球同步轨道上，建立一个庞大的太阳能发电卫星，利用太阳能电池板，把太阳光能转变为电能，再把电能转变为微波能，借助相控发射天线把微波能定向发回地面接收站，地面接收站再把接收到的微波能转变为电能，供用户使用。

科学家提出过一个发电能力分别是 5 000 兆瓦和 10 000 兆瓦的太空电站的设计。由于太阳能发电卫星的结构尺寸和重量都十分巨大，必须先把各种结构材料、设备、物资和人员送到太空基地，然后在太空基地进行建造和组装，所以设想在离地面 500 千米的太空建立一个低轨道太空基地，作为物资和人员的中继站，然后再在35 860千米的地球同步轨道上建立一个同步轨道太空基地，在那里完成太阳能发电卫星的建造和总组装。

如果按建造5 000兆瓦的太阳能发电卫星计算，约需500人在太空工作半年，其中130人在低轨道太空基地工作，其他人在同步轨道太空基地工作。太空电站建成后，还需要一支三四百人的太空电站维护队伍。设想每3个月轮换一批，轮流值班。

随着空间站从幻想到实际建立，随着航天飞机、空天飞机的投入实际应用，人类建立太空电站，利用太阳能发电卫星向地球输送电能的设想，在不远的将来定能实现。

为什么设想要建造人造小月亮

设想要建造的人造小月亮，是用运载火箭发射的一组由反射镜组成的人造地球卫星。发射高度是35 860千米，这个高度可使小月亮像通信卫星一样，跟地球同步，使它始终停留在地球某一需要光亮地区的上空。从地面看去，小月亮就像固定在空中的一轮明月。人造小月亮给地球局部地区带来的光亮，要比真月亮还亮，而且没有圆缺变化。

人造小月亮，早春可使农作物提前播种，增加发芽率；夏季对农作物可延长日照时间，促进生长，提高产量。主要是可给城市等场所提供照明。如果为5个大城市提供照明，四五年内节省的电费，就可补偿建造人造小月亮所需的费用。

美国有过一个方案，由12个直径300米的反射镜组成小月亮，总重45吨，把它反射的阳光集中在直径360千米的地区，在没有云雾的日子，它给地面的亮度是满月时的10倍。

前苏联也有过一个方案，准备研制重量只有200千克的小型人造小月亮，它的反射镜面积是100平方米。然后逐步增加小月亮数量，最终组成面积达几十公顷的人造大月亮。

未来的永久性空间站是什么样的

自20世纪70年代以来,前苏联和美国已先后发射过10多个小型空间站,一般只能容纳3位航天员生活和工作。由于它们的轨道高度都不高,一般只有300千米上下,所以使用寿命都不长,几年后运行轨道逐步下降,最后进入稠密大气层被烧毁。

设计中的未来的空间站,不是以往密封舱式构造,而是桁架挂舱式结构,用轻质钛铝合金梁和柱拼接成扁担那样单横梁桁架,长122米,高宽各15米。横梁的中心部位挂置4个圆筒形舱室,供6～8位航天员生活、从事科学实验、作材料加工等。有2个不密封的贮物舱。舱室长13.5米,直径4.2米。各舱室之间有通道连接。横梁的两端各安装4块巨大的太阳能电池翼板,总面积1 000平方米,可提供37.5千瓦电力。据说,建造这种永久性空间站的全部桁架和设备,只需航天飞机运送8次就够了。送入轨道的桁架,在失重条件下都几乎没有重量,航天员在太空可就地拼接装配。

航天员生活和工作的舱室内,跟地面条件相同,室温保持在23℃上下,由空调系统自动调节。在空间站内,航天员不必穿密封的航天服,穿普通便服就可以。饮食方面,有70多种菜肴和饮料可供选择。通过通信设备可随时跟家人通话。

永久性空间站除了可作太空天文观测、制造掺入杂质非常均匀的半导体材料、从中草药中提取地面上难以获得的有效成分等等之外,还可以作为航天设备仓库,贮存各种航天器需用的燃料和常用零部件,修理发生故障的航天飞机、宇宙飞船,装配太空发电站等。未来永久性空间站在离地500千米环绕地球飞行,所以使用寿命比现有空间站长得多。

XIAPIAN

下篇

眼见未必为实

YANJIAN WEIBI WEISHI

似是而非错误百出的故事

眼见未必为实

这是一个真实的故事。

30年前，时兴干部下放劳动，笔者曾在河南农村放鸭养鹅2年多。有一年，鸭棚里接连几个晚上有鸭子被咬死，也闹不清是什么动物咬的，多数人都归罪于黄鼠狼。刚巧有一次在塘边稻田放鸭，看见一只黄鼠狼在大白天沿田埂向鸭群跑去。我们几个赶快拔脚追捕，眼见它钻进了塘边的一个小洞里。这时候大家气往一处撒，定要把这只黄鼠狼活捉到手。于是一人看守，二人回去拿来铁锹、水桶、麻袋等工具。先用水攻，挖到一定程度，就往洞里灌水。奇怪的是往洞里灌了七八十桶水，还是一点动静也没有，也不知这么多水都流到哪儿去了。后用火攻烟熏，也没有把这只黄鼠狼熏出来。最后只好用铁锹挖老窝，进一步挖掘才发现，这窝结构复杂，有三四层，通道很多，有通塘边水下的，有通储藏麦粒和瓜子等的仓库的，有通垫有干草、羽毛的卧室的，也有通地面草丛的，里面可说是四通八达，光进出口就有好几个。先从塘边侧面往深处挖，挖到底也不见黄鼠狼。后再从侧面往上方挖，这一挖黄鼠狼稳不住了，只见它在地面的一个洞口露了露头，又钻了下去，于是我们用水桶堵住了这个洞口。接着它在一个我们事先没有发现的草丛里的洞口又露了露头，还是不敢跑出来，于是我们在那个洞口张好了麻袋。挖到它快要无处藏身的时候，它突然一下子钻出那个洞口，蹿进了事先张好的麻袋里。先后花了一个多小时，这才活捉了它。我的同伴在收麻袋口时，还被它隔着麻袋咬了一口。

自此我就以为黄鼠狼的窝十分复杂巧妙，因为亲自动手掏过它的老窝，眼见为实么。2 年多后结束了“五七干校”的劳动锻炼生活，重新从事科普编辑工作。一个偶然机会我查阅了有关黄鼠狼的资料，包括一些工具书。所查资料都说它夜出觅食，白天躲在破墙、废屋、柴堆、枯树洞以及破砖碎瓦或乱石堆中用树枝枯叶所筑成的简陋的窝里休息，才想到当初亲手掏过的不一定就是黄鼠狼筑的窝，倒可能原本是田鼠筑的复杂的窝。黄鼠狼抄了田鼠的家，把田鼠吃掉以后，强占了田鼠的窝。

黄鼠狼非常胆小，稍微听到一点儿动静，就会立刻停步不前，用后脚站立起来，蜷缩起两只前脚，左顾右盼观察动静，窥探周围的情况，以便遇到危险的时候，好立即逃跑。

黄鼠狼的真名叫黄鼬，是一种常见的小兽，几乎全国各地都有它们的踪迹。它身体呈圆桶形，细长，腿很短，全身毛棕黄色或草黄色，肚子下面的毛色稍浅，身后拖着一条蓬松的长尾巴。它是灭鼠能手，一只黄鼠狼每年能消灭老鼠好几百只。找不到鼠类吃的时候，也吃鸟蛋、青蛙、鱼甚至吃家鸡——由此得了一个偷鸡贼的坏名声。其实它对人益大于害。

黄鼠狼的肛门旁边有一对臭腺，能放出臭气，这是它防身和进攻时候的一个绝招。人们追捕它的时候，追急了，它会放出一个特别恶心的臭屁。趁人掩鼻的当口儿，它就会乘机逃跑或钻进小洞内藏身，转眼间逃得无影无踪。

人们对万里长城的四个误解

雄伟壮观的长城，横亘我国北部河山，是人类建筑史上罕见的古代军事防御工程。宇航员在太空中观察我们居住生息的这个星球的时候，用肉眼只能辨认出地球上两项特大工程，一项就是我国的万里长城，另一项是荷兰的围海大堤。

人们大多以为筑长城是秦始皇开的头，这是一个误解。民间流传很广的孟姜女哭长城的悲剧故事，加深了这个误解。

其实早在秦统一全国之前的战国时代，就已经开始修筑长城。当时，我国北方激烈痛苦的民族纷争连年不断，同时也出现了诸侯争霸、穷兵黩武的纷乱局面，于是各诸侯国纷纷修筑长城，外御强敌，内保统治。到今天，还保存着燕、赵、魏、齐各诸侯国长城的不少遗迹。

秦始皇统一了中国以后，派大将蒙恬“将30万众北逐戎狄”，并且在燕、赵、魏防御匈奴的旧长城的基础上加以连接和扩建，用了10年时间，才建成了蜿蜒漫长的万里长城。秦长城西起甘肃临洮，沿黄河到内蒙古临河，北达阴山，南到山西雁门关等地，接燕北长城，经张家口东达燕山，一直绵延到辽东。

从汉朝一直到明朝，所建长城无论从长度、工程质量和工程规模上，都远远超过秦长城。起先墙身都用土或土中夹杂小石子夯筑，有的也用土坯砌筑。到明代，城墙基本上都用砖砌筑，内部夯土。

在中国历史上曾有20多个王朝和诸侯国修筑过长城。如果把历代修筑的长城加起来，总长度有数万千米。现在，新疆、甘肃、宁夏、陕西、山西、内蒙古、北京、河北、天津、辽宁、吉林、黑龙江、河南、山东、湖北、湖南，都有古长城的遗迹。今天我们在北京以北八达岭等地看到的长城，都是明代重新修筑的。

第二个误解是有人把长城看成国境线。

有一则牙膏广告，广告中父亲问孩子："小强，你知道古人为什么修筑长城？"孩子以得意的口吻回答："知道，为了保卫国家。"这种回答容易引起人们对长城的误解。其实长城不是我国的国境线，长城内外都是我国国土。古代修筑长城的目的，仅仅是为了防止游牧民族对农耕地区的掠夺而已。当然，长城也是古时民族纷争、诸侯争霸的遗迹。说筑长城是为了国防，这是一个误解，国外甚至有人故意制造这种错误认识。

把长城上的敌台当做烽火台，这是第三个误解。

长城两侧每隔一段距离修筑的烽火台，是古代通信用的，一旦有敌来犯，烽火台就一个接一个点起大火（晚上）或烟火（白天），通报战事吃紧。

在八达岭长城、慕田峪长城、金山岭长城上看到的，每隔一定距离依山势设置的方形城堡，真正名称叫敌台。敌台建筑分两种：一种封顶，可住人，是古时屯兵用的；另一种无顶，可作哨兵的瞭望台。

真正的烽火台也名烽燧、烽堠，建筑在长城内侧或外侧。陕西韩城境内残存的魏长城，烽火台建在城墙南面，距离城墙250米左右，全部用黄土筑成。坐汽车到北京以北河北境内的金山岭长城参观旅游，快到长城脚下的时候，从左侧车窗往外看，在离公路不太远处，可以看到一座夯土筑成的真正的古烽火台，距离长城有几百米，因长期风雨剥蚀，原来上下截面呈方形的烽火台，现在已成截去锥顶的一个锥体，目测有10多米高。

金山岭长城全长10.5千米，沿线设有大小关隘5处，更有千姿百态的敌台67座，烽火台2座。特别是金山岭长城上的文字砖、障墙、挡马墙、麒麟影壁，堪称"长城四绝"。

长期以来，人们一直误以为明长城东起山海关，其实这是不符合历史实际的，这是人们对长城的第四个误解。

据国家文物局和国家测绘局在2009年4月18日召开的新闻发布会宣布，经过两年科学调查和测量首次获得的明长城数据是：明长城东起辽宁虎山，西至甘肃嘉峪关，从东向西行经辽宁、河北、天津、北京、山西、内蒙古、陕西、宁夏、甘肃、青海 10 个省(自治区、直辖市)的 156 个县城,总长度为 8 851.8 千米。

北京段明长城共有敌台 1 510 座,烽火台 165 座,城堡 141 座,关口 31 座,炮台 11 座,挡马墙 1 100 米,登城步道 18 个,暗门两个。

四鳃鲈并不真有四鳃

我的故乡上海市松江区盛产一种四鳃鲈。小时候,每年一次母亲带我去王家祠堂祭祖的盛宴上,曾吃到过这种四鳃鲈。印象中鱼体不大,鱼颊上两边各有一块玉米粒大小的厚颊肉。

几十年过去了,后来在北京农展馆的水产馆里,再一次看到陈列的四鳃鲈时,感到十分亲切,并勾起了我对儿时苦难生活的回忆。

四鳃鲈以上海市松江区产的最著名,所以四鳃鲈又名松江鲈鱼。

松江鲈鱼在我国四大名鱼中居首位,其他 3 种名鱼即黄河鲤鱼、松花江鲑鱼、黑龙江兴凯湖鲌鱼。松江鲈鱼之所以成为名鱼,除了因为它肉嫩不腥,是野生鱼类中较鲜美的一种之外,还因为古代文人为它作了许多宣传。据古书记载,江南地方官曾献松江鲈鱼给隋炀帝品尝,他非常欣赏,吃完大加赞扬,说松江鲈鱼是“金齑玉鲙,东南之佳味”。另据古书记载,三国时候的曹操设宴招待百官,也用过松江鲈鱼,称“脍必松江鲈鱼者方美”。

人们一直误以为四鳃鲈真有四鳃,古书中说“天下之鲈皆二鳃,惟松江鲈四鳃”。其实四鳃鲈跟其他鱼一样,也只有两鳃,只是由于在它两鳃的前面多了一对呈鳃状的凹陷,很像鳃孔,特别是在春天繁殖季节,这凹陷处呈橙红色,跟真鳃孔一个模样,粗看误以为真有 4 个鳃孔呢。

松江鲈鱼还有一个特点,就是生在浅海,长在江河,属浅海洄游鱼类。它既能在近海的海水中生活,也能在通海的江河淡水中生活。松江鲈鱼白天潜伏水底,夜间活动觅食,肉食性,以小虾为主,也吃小鱼。每年春天,松江鲈鱼在沿海浅水带产卵，卵有黏性，成块黏附在石砾上。产卵后母鱼即死亡。初夏幼鱼溯河来淡水生长，到冬天又洄游入海。在我国沿海和通海的江河中，都有松江鲈鱼的踪迹。

松江鲈鱼身体呈圆筒形，头部略宽扁，后部略细而侧扁。体长只有10厘米上下，20尾左右才够1千克。鱼体背部呈黄褐色，没有鳞，皮上有许多小突起。

从前，松江地区河流里每年可产松江鲈鱼约5 000千克，可是现在已日渐稀少。究其原因，一是松江地区工业的发展以及农药化肥的大量使用，造成了对河流的污染；二是江上修筑了挡潮闸，使得“老大离家少小回”的鲈鱼苗，很难游归生长地了。

为了满足上海旅游业对松江鲈鱼的需求，也为了满足外宾和侨胞慕名想品尝驰名中外的名鱼的愿望，上海水产研究所和上海水产学院研究解决了人工饲养松江鲈鱼的一些关键问题，并已在松江区设点人工饲养松江鲈鱼。进一步扩大饲养名贵的四鳃鲈，充分满足市场的需要，必然是不远将来的事。

足球·嘉宾·天气

在电视台“绿茵传真”节目中，我不止一次地注意到，有人总说：“今天当地气候不好，刚下过一场雨，场地湿滑，影响了场上足球运动员的技术发挥……”我听了觉得很别扭。这里显然应该说是“今天天气不好……”那几位嘉宾主持把天气跟气候混淆了。回想我自己在少年时代，对两者的认识也是似是而非的。

气候和天气是两个有联系而又有区别的概念。一个地区的气候，是指这一地区多年常见的和特有的天气情况。比如我国江浙一带春天正是梅雨季节，这种“清明时节雨纷纷”的气候，就是江浙地区多年常见的和特有的天气情况。

气候的形成，主要是太阳辐射、大气环流、地形地貌、人类活动等共同作用的结果。这些，跟造成天气变化的因素是一致的。

各地冷暖不同，一个地区季节的交替，主要是由于太阳辐射在地表面上分布不均匀，以及地球随地轴倾斜绕太阳公转时，太阳辐射分布发生变化的结果。阳光直射热量大，斜射热量小。有常夏的赤道，有恒冬的极地，也有冬寒夏热的温带地区。

大气环流是影响一个地区气候的最直接的原因。比如，我国东部地区，冬季受高空冷高压影响，夏季受低压控制，所以季风明显。冬季寒冷干燥的西北风吹向海洋，气候寒冷少雨；夏季盛行从海洋上吹来的东南风，雨水丰沛。

地球表面的海陆分布和各种地形、土壤、植被，它们吸收太阳辐射的能力大不一样，这也会造成不同地区气候的显著差异。比如，我国西南地区地形错综复杂，气候差异也就特别明显，有“十里不同天”的说法。高大山脉往往成为气候的分界线，像秦岭南北的汉中和西安，两地相距不远，但是汉中属亚热带气候，西安属暖温带气候，年降雨量也相差二三百毫米。

人类活动对气候的影响越来越引起人们的重视。一方面现代工业的发展，煤、石油、天然气燃烧后释放出了大量的二氧化碳；另一方面森林被滥伐，森林覆盖面积越来越少，吸收二氧化碳的能力逐渐减弱。上述两个原因导致大气中二氧化碳的含量增多。因为二氧化碳能使太阳光和热辐射顺利通过大气层到达地表，同时却阻止了地面热量向外散发，从而产生“温室效应”，促使地球气候变暖。

天气是指当地某时刻的雾、露、霜、雪、雹、雨、风、云、冷、暖、干、湿等大气状况。天气的变化，总是跟云紧密联系。当地云量增加，云层降低，表示天气即将转坏；相反，云量减少，云层升高，是天气好转的预兆。

所以，某一城市当天出现影响足球运动员在比赛中技术发挥的雨、雪等情况，说是天气不好比较确切。

航天飞机其实不能算是飞机

飞机的主要特点，是在航空发动机的驱动下，依靠固定在机身上的机翼产生升力，在地球稠密大气层中飞行。飞机用的航空发动机，无论是活塞式、喷气式或涡轮螺旋桨式等，都靠空气中的氧来助燃，以产生推（拉）力使飞机前进。机翼和空气相对运动时产生飞机飞行所必需的升力。所以飞机飞行离不开大气层，并且只能在大气层中飞行。

现在一般所说的航天飞机，包括带有三角翼的载人轨道飞行器、外挂燃料箱、固体火箭助推器3个主要部分。助推器由两台平行安装的固体火箭发动机组成，用来帮助轨道器起飞；固体火箭发动机固体燃料中包含有固态氧化剂，所以不需要空气中的氧助燃。外挂燃料箱里装有液体推进剂，供轨道器的3台主发动机（液体火箭发动机）使用；液体推进剂里包括液态氧化剂，所以也不需要空气中的氧来助燃。航天飞机所用的是航天火箭发动机，都自身携带氧化剂，不需要空气中的氧助燃。这是航天发动机与航空发动机不同的地方。

航天飞机像多级火箭和远程导弹一样垂直发射，发射后助推器和外挂燃料箱在初始阶段即完成任务后自动脱落，只有载人轨道飞行器真正进入太空。现在一般所说的航天飞机完成任务后返回地面，实际上返回地面的也只是一个载人轨道飞行器。轨道飞行器靠助推器和主发动机产生的推力进入预定轨道之后，就像人造卫星、载人飞船一样，只能借助初始速度和地球引力，在太空固定的轨道上作无动力飞行，而不能像在大气层中飞行的飞机那样随意做机动飞行。航天飞机返回地面时靠惯性滑翔，三角翼只起滑翔降落的作用。

所以严格地说，航天飞机其实不能算是飞机，只是一种返回式载人轨道飞行器。

航天飞机高速升空时要穿越稠密大气层，从太空返回地面也要穿越稠密大气层。高速飞行中的航天飞机在穿越稠密大气层时，跟空气摩擦会产生很高的温度，像头部和机翼前缘这些凸出的地方，温度高达 1 590℃，足以使一般金属材料失去应有的强度，甚至烧毁。材料技术专家给航天飞机找到了一种叫做碳-碳的复合材料，它能耐受 1 650℃的高温，用它覆盖在航天飞机头部和机翼前缘这些地方。机身平坦滑溜部位的表面跟空气摩擦时达到的温度没有机身凸出部位那么高，材料技术专家给这些部位另外找到了一种高温陶瓷材料，覆盖在机身底面等部位，那里跟空气摩擦时达到的温度在 649 ~ 1 260℃这个范围。防热瓦既耐高温，也隔热，使航天飞机出入稠密大气层时外表面热得发红发白，但是机舱内气温保持 18~20℃，是人们日常生活中最适宜的温度。

针对航天飞机的缺点，比如耗资很大的固体火箭助推器及外挂燃料箱不能回收重复使用，不能在一般机场升降等，航空航天技术专家们已经提出了空天飞机即航空航天飞机的设计方案。比如英国人提出的“霍托尔”空天飞机方案，它起飞时采用助推车助推起飞，速度达到 540 千米/时的时候，飞机与助推车分离后以 24°的仰角爬升，因而无须耗费大量燃料来获得起飞速度，还可简化只供着陆时才使用的起落架的结构。发动机是能用空气助燃的火箭发动机。它除了使用液氢、液氧作燃料之外，也装有空气供氧系统。由于在一定高度范围内可利用空气中的氧，其自身携带的液氧可大大减少。这种空天飞机离地面 90 千米时，速度已达 7.9 千米/秒，这时发动机停车，飞机依靠惯性一直上升到 300 千米高空，然后只靠 22 个小型反作用控制火箭发动机来控制姿势。返回时，当离地面约 25 千米时做高超声速滑翔，可在一般机场降落。它的机舱可容纳 50 人。一架空天飞机可反复使用 120 ~ 200 次。跟航天飞机一样，空天飞机也可用来发射和回收人造地球卫星，或来往于空间站和地球基地之间。

很显然，把空天飞机称为飞机，比较名副其实。

谁主沉浮

杭州西湖南边的半山腰里有个风景点，叫虎跑。那儿长年涌泉不断，是天下名泉之一，名叫虎跑泉。慕名到那儿旅游的人，除了喝上一杯用虎跑泉水泡的龙井茶之外，也爱盛一杯泉水，拿出一分的硬币，把硬币轻轻地、小心地平放在泉水表面。啊，金属的硬币，居然能够漂浮在水面，而没有沉到杯底去。

这是怎么回事儿？

有人说因为水有浮力。

也有人说因为手指上沾有油，油比水轻，漂在水面，托住硬币不往下沉。

……

其实不用虎跑泉水，就用家里的自来水或河水，也一样可以使小金属东西漂浮在水面不下沉。

不信你可以试试。盛上半盆水，再拿一张小纸片平放在水面上，然后赶紧拿一根缝衣针放在小纸片上。一会儿工夫，小纸片吸水后沉到了盆底，但是缝衣针却横躺在水面上，没有沉下去。

原来液体表面的分子，由于受到内部分子的吸力，都有向内部运动的趋势。液体表面的分子之间，也都互相牵引着，分子拉着分子。液体的这种造成表面收缩状态的力，叫做表面张力。缝衣针、硬币能够漂浮水面不下沉，主要就是因为水的表面张力起了作用，水表面像结了一层薄膜似的，托住缝衣针、硬币，使本该下沉的小金属不沉往水底。

表面张力的大小，不同液体不一样，同种液体在不同温度条件下也不一样。比如自来水，0℃时的表面张力比 100℃时大 1/5。如果水里含有矿物质，表面张力就比纯水来得大。

一般泉水都含有比较多的矿物质，所以泉水比纯水的表面张力大，更容易使硬币、缝衣针之类漂浮在水面不下沉。

其实不光虎跑泉，别的地方的任何泉水，只要含有比较多的矿物质，都能使硬币漂浮水面不下沉。

那么，硬币是不是也受到了泉水对它的浮力作用呢？是的，但不是主要的。硬币没有下沉水底，的确也受到了泉水从下向上的力的作用，这就是浮力的作用，其大小等于它所排开水的重量。由于悬浮的硬币排开水的体积很小，所以受到的浮力也很小。

需要说明的是，物体浸在液体或气体中都会受到浮力的作用。船能浮在水中，气球能升空……都是靠浮力。浮力的大小，等于物体所排开液体或气体受到的重力，即通常所说的重量。所以我们会看到船越大，承载能力也越大，其原因就在于它所排开水的体积大，因而受到的浮力大。

库尔斯克号核潜艇沉没给人的误解

2000年8月13日，俄罗斯"库尔斯克号"核潜艇在军事演习中意外沉没，牵动了全世界人的心。失事后的前几天，人们企盼能救出活着的官兵。后来发现潜艇内已经灌满了海水，才确定潜艇内118名官兵已全部遇难。想象遇难时被海水憋死的惨状，叫人不寒而栗。于是不少人以为潜艇是一类极不安全的舰艇，简直不该在海军中服役。这显然是一个似是而非的误解。现代潜艇作为一类特殊的舰艇，在设计、制造和使用的过程中，充分考虑到了安全保障问题。

首先，跟一般水面舰艇不同，潜艇的艇体结构很特殊，像日常所用的暖瓶分内胆和外壳两层一样，艇体一般也分内外两层壳。艇体的内壳是圆筒形的，这比别的形状要耐压得多。内壳通常用高强度合金钢制造，足可使潜艇下潜至500米甚至更深处。一般水深每增加10米，海水对艇体的压力就要增加100千帕斯卡。一艘长50米、直径4米的现代常规潜艇下潜至

300 米深处，艇体每平方厘米大约得承受 294 牛顿的海水压力，而整个壳体得承受约 20 亿牛顿的海水压力。除了选用高强度材料造艇之外，壳体内壁还密集构筑了许多圆环形加强筋，对壳体起到支撑作用。

其次，潜艇内外壳体之间隔成了许多密封柜，有的贮存淡水，有的贮存燃料油，有的用来贮存海水或排放海水，以控制潜艇的沉浮。在圆筒形内层艇体内，还间隔成许多密封性能极好的舱室，如指挥舱、动力舱、武器舱，以及官兵的卧室、餐厅、贮藏室等，即使有几处舱室因故进水，也不致危及全艇。

此外，潜艇上还有自动上浮系统，一旦失事，系统内的固体燃料快速燃烧，产生高压燃气，自动应急，排放主水柜内的海水，使潜艇快速浮上海面。

就潜艇上的官兵来说，一旦失事，也有几种救援措施。潜艇万一在深海沉没，艇上官兵从水下脱险一般采取两种措施，一是自救脱险；二是在救生船的帮助下脱险。但这两种救生措施都得在有人在海面定点救护的条件下才有效。所以，潜艇一旦沉没，首先要放出失事浮标。这种装备备有无线电发射机，可以发出求救信号并指出潜艇失事的位置。浮标里面还设有电话，等营救人员赶到现场，即可通过浮标内的电话跟失事潜艇内的官兵取得联系。

失事潜艇官兵自救，一般从潜艇上的鱼雷发射管、指挥舱或者专为脱险设计的围栏出水。

救生船帮助失事潜艇官兵脱险，是在失事潜艇放出的救生浮标的指引下，找到失事潜艇沉没的确切位置，然后放下救生专用小潜艇或救生钟来营救的。救生专用小潜艇或救生钟在救生浮标绳索的指引下，慢慢接近沉没潜艇的围栏口，最后落在围栏口上的专用甲板上，跟失事潜艇对接后，双方打开盖子，失事潜艇上的官兵就从这接口处登上救生专用小潜艇或救生钟，然后关上盖子，返回海面。应该说，现代常规潜艇和核潜艇在正常情况下即使因故沉没，艇上官兵的安全还是有保障的。

鸳鸯和天鹅

在首都北京的西南角，有一个景点名为大观园，电视连续剧《红楼梦》当初就是在这里拍摄的。大观园的水池里养着许多鸳鸯。雌鸳鸯的模样像家鸭，不过体质量比家鸭小得多，一般只有0.5千克。雄鸳鸯长得非常美丽，全身羽毛五颜六色，红红的嘴巴，头后生着一丛赤金带绿的冠羽，翅膀上有一对扇形饰羽。

过去一直流传着鸳鸯很重情义的传说，说一对鸳鸯一旦结成伴侣，就形影不离，永不分开。即使一方死去，另一方也会终生"不嫁不娶"，甚至忧郁死去。所以我国民间习惯把绣有成双成对鸳鸯的枕头，作为礼物送给新婚的年轻人，来祝愿结婚双方互敬互爱，白首偕老。

古人称鸳鸯是恋爱之鸟，写成诗赋抒情。

李商隐：《鸳鸯》

雌去雄飞万里天，
云罗满眼泪潸然。
不须常结风波愿，
锁向金笼始两全。

萧纲：《鸳鸯赋》

朝飞绿岸，夕归丹屿；顾落日而俱吟，追清风而双举。时排荇蒂，乍拂菱华；始临涯而作影，遂蹙水而生花。亦有佳丽自如神，宜羞宜笑复宜嚬；既是金闺新入宠，复是兰房得意人。见兹禽之栖宿，想君意之相亲。

后来我国科学家在东北长白山自然保护区认真观察发现，鸳鸯的实际情况跟传说相去甚远。原来鸳鸯平时不一定有固定的配偶关系，只是在繁殖期，才表现出那种形影不离、柔情绵绵的模样。产完卵到了孵化时期，雄鸳鸯就撒手不管不顾，离开雌鸳鸯自顾自云游四方，忘记旧情，另找新的配偶去了。抚育雏鸟的任务完全落到了雌鸳鸯身上。

鸳鸯主要分布在我国黑龙江省和吉林省，栖息在山地附近的溪流、河湖、草塘等地，吃小鱼、小虾、稻谷和草籽，善飞能走，也爱游泳。到了秋天，就集群飞到我国福建等东南各省越冬。吉林长白山北麓的头道白河是著名的鸳鸯繁殖地，人称鸳鸯河。福建屏南县双溪乡的白岩溪，是著名的鸳鸯越冬地，人称鸳鸯溪。鸳鸯是受国家保护的鸟类，已被列为国家二级保护动物。

据鸟类学家观察，在种类众多的鸟类中，天鹅才真正保持着一种稀有的"终身伴侣制"，不仅在繁殖期互相帮助，平时也成双成对，如果一方死亡，另一方确能终身单独生活，不再"婚娶"。

天鹅是一种大型游禽，它举止潇洒，气度不凡，仪表落落大方，姿态十分优雅。它羽毛洁白如雪，形体匀称秀美。在空中翱翔的时候，犹如白云素绢；漂游水面的时候，宛如银雕玉琢。因此，在人们的心目中，天鹅就成了美好、纯真、高洁、善良的象征。此外，国内外许多艺术家创作了许多赞美和讴歌天鹅的艺术作品，如俄罗斯作曲家柴可夫斯基的芭蕾舞剧《天鹅湖》，早已风靡全世界；法国作曲家圣·桑的《天鹅之死》，也是一首世人熟知的世界名曲。

在我国，古书《禽经》、《史记》、《庄子》等都提到鹄，鹄是天鹅的古名。1983年，我国曾发行一套天鹅特种邮票，向公众介绍了我国能见到的3种天鹅，即天鹅，又名大天鹅；小天鹅，又名白天鹅；疣鼻天鹅，又名赤嘴天鹅。它们的共同特点是身上的羽毛洁白如雪。

大天鹅主要在我国新疆和东北三省产卵繁殖，在华中和东南沿海地域越冬。大天鹅不仅是国家二级保护动物，也是《中日候鸟协定》中规定的保护动物。

狮子座流星雨来自狮子座吗

1998年11月18日夜里1点多钟，由女儿驾车，我们全家曾去京郊昌平农村观看狮子座流星雨。那儿夜里没有城市灯光的干扰，星空比较清澈。那晚虽然叫人失望（事后得知流星雨已提前在白天发生），不过在2点到3点之间还是看到了二三十颗流星。

流星雨常以发生在星空星座的位置命名，例如狮子座流星雨、英仙座流星雨、猎户座流星雨、宝瓶座流星雨等。星座只是起了定位的作用，与流星雨的发生没有关系。

在那些日子，闲谈的中心都是流星雨。谈话中我感觉到，不少人以为狮子座流星雨就发源于狮子座，这其实是个误解。

我们平时看到的流星，不过是一些在星际空间飞行的细小颗粒，机会凑巧，在接近地球的时候，受地球的引力作用，以极高的速度，比如几十千米每秒，飞入地球大气层。在落到离地面 130 ~ 60 千米上空处，空气密度明显增大，流星因跟空气分子撞击、摩擦，产生几千摄氏度的高热而烧了起来，并发出强烈的亮光。流星一边落，一边烧，多数在没有落到地面之前就已烧毁了，晴夜里远远望去，就会看到流星划破夜空，并消失在黑暗的天幕上。

比较大的星际物质，在飞入地球大气层的过程中，因为体积大，旅途中往往烧不完。在它掉到大约 20 千米上空的时候，可以使周围的空气也热得发红，因而一路上光耀夺目，照亮了天空，使地面显出万物的影子，并能听到打雷般的轰鸣，后面还拖着一条火红的光尾，这就是火流星（见下图）。

夜空中的火流星

流星雨落下时发光的原因，跟单个流星落下时划破夜空的原因是相同的。叫人感到奇怪的也许是为什么有时候流星会像下大雨那样出现。

说起来这跟彗星还有一定的关系。狮子座流星雨就发源于一颗名叫坦普尔—塔特尔的彗星。原来彗星的彗核跟别的天体相撞或别的原因，有可能发生瓦解崩裂，一大部分碎粒在太阳系中形成了流星群，这种流星群慢慢分布在该彗星的原来轨道上，成为很扁的椭圆形的流星群环。另一部分碎粒可能被抛出太阳系之外。流星群像彗星一样，沿着十分扁长的椭圆轨道（即流星群环，见下页图）在太阳系内绕太阳做周期性的运动，每次跟地球相遇，就会有大批碎粒落向地球大气层，人们就有可能看到流星雨。

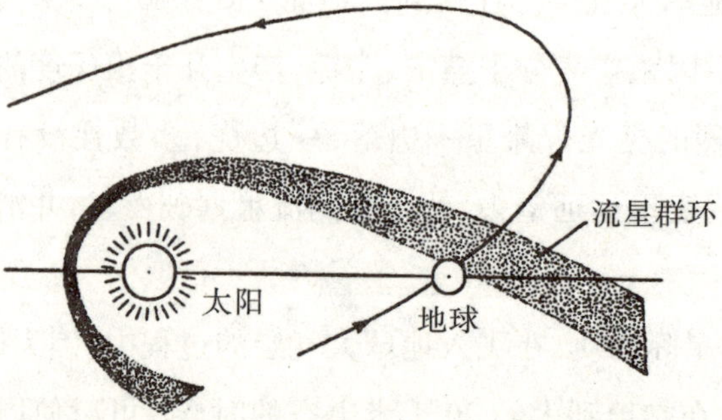

地球跟流星群环相遇时出现流星雨

每年地球在它自己运行轨道的同一点上跟扁长的椭圆形流星群环相交，按理说每年应在同一个时期里出现流星雨。可是因为流星群在流星群环上的疏密程度差异很大，如果相交在流星群环上碎粒十分稀疏的环带上，基本上碰不到流星群，就看不到流星雨；如果相交在流星群环碎粒比较密集的环带上，就能碰到流星群，于是出现流星雨。坦普尔—塔特尔彗星抛出的碎粒形成的流星群，沿彗星椭圆轨道运行中大约每33年环绕太阳一周，在它运行到近日点附近跟地球相遇，就会形成流星雨。流星雨常以发生在星空星座的位置命名，坦普尔—塔特尔彗星散发的密集的碎粒形成的流星雨，常发生在星空狮子座的大背景下，所以就叫狮子座流星雨，其实狮子座本身跟狮子座流星雨的发生毫无关系，它只是起到了定位的作用。

除了狮子座流星雨，比较著名的还有英仙座流星雨（2002年8月13日发生）、猎户座流星雨、双子座流星雨、天琴座流星雨、宝瓶座流星雨等。我国史书上曾记录了公元前687年3月16日发生的一次天琴座流星雨。

蝠鲼不是胎生的

在热带和亚热带海洋中，生活着一种奇形怪状的鱼类，它有一个生僻的名字叫蝠鲼。蝠鲼身体扁平，胸鳍和身体构成菱形体盘，宽六七米，体质量两三吨，活像一架新式的三角翼飞机。蝠鲼背面黑褐色，腹面灰白色，黑白分明。尾巴细长，像根鞭子，游泳的时候起平衡身体的作用。胸鳍前端向头部前方两侧分化出两个像兔耳似的头鳍，平时向前翻卷，游泳的时候卷成筒形。捕食时把头鳍伸展到口下，像漏斗那样把食物送入嘴里。嘴很宽大，但只吞食浮游生物和小鱼。从整个外形来看，它压根儿就不像普通的鱼，倒像大海里的丑八怪。

被惹怒的蝠鲼，扇动一对大翅膀似的胸鳍，就能把潜水员拍成骨折，甚至把人砸死。有时它用头鳍把自己挂在小渔船的锚链上，拖着小渔船飞快地在海上打转转。渔民们起初认为自己是碰上什么鬼了，后来才弄清楚是蝠鲼开的大玩笑，就骂它是海上魔鬼。蝠鲼靠扇动翅膀似的胸鳍游泳，就像秃鹫在天空展翅翱翔一样自如。平时它潜伏海底，也经常上升到海面，有时会突然纵身跃出水面，一下子向前飞出好几米远，然后又"啪"的一声钻入水中，溅起很高的水花；落水时若遇上小型渔船，准能把渔船撞翻。

其实样子吓人的蝠鲼从不无故伤害人，潜水员如果主动接近它，它也很喜欢亲近人，让潜水员骑在它的背上，驮着人在水下遨游。

一位潜水员记下了他如下的一次亲身经历：

> "蝠鲼从清澈、湛蓝的海水中向我游来，样子就像一只史前的巨鸟。我激动地拿起水下摄影机，把这个令人难以置信的场面拍了下来。这时候，我的夫人扎丽游了过来，她敏捷地一手抓住了蝠鲼的上颌，一手抓住左翼的前端，骑了上去，开始在这无垠的水下空间漫游。它从大约10米深处潜到50米深处，在水底下绕了几圈又升到水面。然后，它在不到20米的深处翻了一个筋斗，进行了一次俯冲，接着又开始横滚，就像飞机在接受检阅时做的表演一样。"

蝠鲼爱结群生活，雌鱼和雄鱼常在一起活动，如果雌鱼被捕，雄鱼会紧跟渔船船尾,几天也不肯离去。

我国沿海也可见到蝠鲼,春夏北上,秋季南下,做季节性洄游。因为从来不见蝠鲼下卵,从雌鱼腹中生出来就是小蝠鲼,所以沿海渔民一直误以为蝠鲼是胎生的鱼类。其实鱼类中只有灰星鲨、砂鲛等是胎生的,其余绝大多数为卵生,少数种类卵胎生。蝠鲼的繁殖方式就属于卵胎生,即卵没有排出母体外,胚胎发育阶段也没有离开母体,营养来自卵黄,而不直接由母体供给,卵在母体内孵化,从母体生出来就是小蝠鲼。

卵生鱼类的卵,容易被别的水生动物吞食,也容易发霉变质。卵胎生显然对保护后代尽可能存活下来有利。卵胎生鱼类一般一次产下幼鱼几尾、几十尾到上百尾。蝠鲼一次产下幼鱼仅1~8尾,数量虽少,但是成活率很高。

浮力永动机

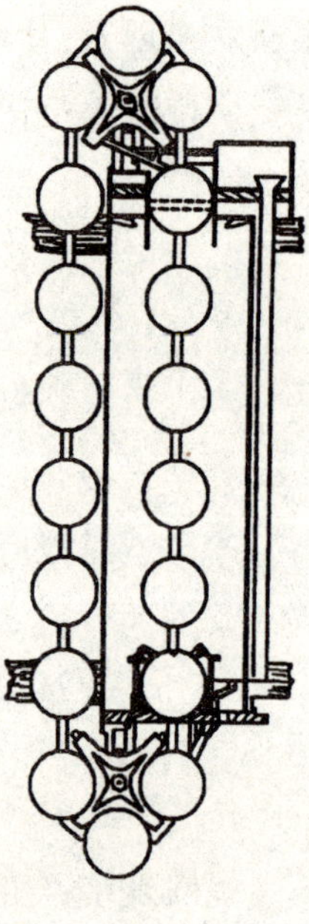

无论过去或现在,无论我国或国外,都有许多人苦心孤诣地想发明永动机——它不需要供给任何人力、物力,自己就能够永远运动,并且能够做工干活。假如真能造成永动机,把它装在火车上,代替蒸汽机、内燃机或电动机,那么不必烧煤、烧油和通电,火车就会走个不停。用它带动水泵或磨面机,那么水泵或磨面机也会转个不停。这有多美!

曾经有人想利用浮力设计一种不需要外力的机械,这就是浮力永动机。这种设计如右图:一连串的空心球,绕在上下两个四齿轮子上,能像链条那样逆时针方向转动。右边的一些球放在一个盛满水的容器里。原设计者的想法:右边假如没有那个盛满水的容器，左右两边的空心球数目相同，是会平衡而静止不动的。但是现在右边这些空心球浸在水里，受到了水的浮力，就会被水推着向上移动，于是就会带动整串空心球绕上下两个四齿轮子按逆时针方向转动。而且上面有一个球露出水面，下面就会有一个球穿过容器底，补充进来。这样转动的时候，就可以带动别的机械工作了。这样的想法和设计倒是挺吸引人的，好像也有一点儿道理。可是事实上，这样的永动机是不可能永动的。

是不是因为要下面的空心球能够通过容器底而又不能让水漏出来，制造起来有困难呢？倒也不是，这个技术上的困难可以利用不漏水的密封材料解决。

那不能永动的关键在哪儿呢？关键就在水的向下的压力抵消了空心球受到的水的浮力。

让我们具体来分析一下：当下面一个空心球刚穿过容器底的时候，它就跟容器底一样，要承受上面的水的压力。而且因为是在水的最下部，所以它受到的压力很大。这个向下的压力，就会抵消上面几个在水中的空心球受到的水的浮力，所以这个永动机实际上根本永动不起来。再往细里说，最底下的这个空心球还没有穿进容器底之前，那上面在水中的几个空心球的确会被水的浮力推着向上运动的。可是一到这个最底下的空心球要穿过容器底的时候，因为受到压力的作用，运动就会慢下来，并且终于会停止不动。假如先用外力去推动那些空心球，使它们很快运动，在这种情况下，那在下面的第一个空心球穿过容器底的时候，可能还不会马上停下来，甚至接连几个空心球都可以穿过容器底不停地运动；但到后来，由于水的阻力作用，会使这种运动逐渐慢下来，终于在下面某一个空心球穿过容器底的时候停下来。

用能量不灭的观点看，我们先用外力去推动这样的永动机，外加了一些能量。后来因水的阻力作用，把这些能量完全消耗掉，于是那些空心球就会在一个平衡位置上静止不动，永动机也就永动不起来了。

不同时期，有人设计过各种永动机，举例如下：

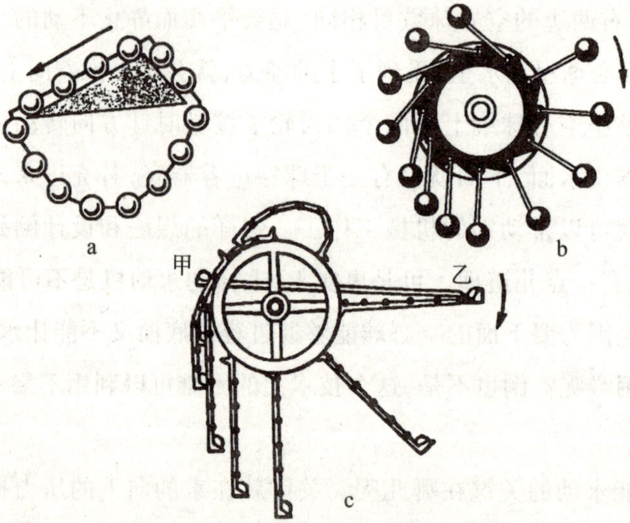

各种永动机注定全都永动不起来

图a是用14个能滚动的很重的铁球，用链子连起来放在一个三棱体上。左重右轻,设想会永远滚动下去。

图b设想按杠杆原理,右边的这些球一定会压着这轮子向箭头所指方向永远旋转。

图c也按杠杆原理，右边球少距离远，左边球多距离近。短杆是只能向右弯曲的长臂,每个长臂末端可以容纳一个能自由滚动的球。当一个长臂到达甲处,末端所容纳的球恰好掉下来,再沿一个固定的斜面滚到乙处。

这些设计还算巧妙,但是全都永动不起来,请你想想,为什么设计者全都事与愿违。

海豚为什么喜欢尾随海船同行

海豚喜欢跟随海船同行，人们大多把这归因于海豚是一种好奇的动物,归因于它对海员的依恋之情,归因于食物的吸引。

比如，有一次一艘渔轮在拖网作业中网住了一头海豚，船上海员把它放到甲板上。它两只睁得大大的眼睛，带着恐惧的神情，发出像小猪叫的声音。海豚感到疼痛时，往往发出这种叫声。原来是被网眼擦伤了。海员们从头部到尾巴轻轻抚摸它，小猪叫似的声音没有了，叫声变成了像吹口哨似的声音。这是海豚感到愉快时发出的声音。后来海员们把这头海豚放归大海，可是它还是跟随海船同行，不愿远离。有时海员们拣几条鳕鱼扔给它吃，作为酬谢，它会做水上表演给海员们看，时而靠尾巴支撑着身子直立在水面上，用整个身子打水前进，速度极快；时而突然在船舷近旁蹦起来，像陀螺似地打转转，同时发出口哨声、尖叫声、哼哼声、呷呷声以及频率很高的咂嘴声。这头海豚尾随渔船一直到港口，才停止了跟随。它在那儿徘徊很久，还不时从水中跃起，表现出对海员的依恋之情。

但对海豚的进一步研究发现，海豚喜欢尾随海船同行，并不是出于顽皮，至少不是出于对海员的依恋，而主要是利用海船航行时船后产生的伴流，带着自己前进，使自己游起来省力、舒适。

科研人员给海豚装上了监测心率的仪器，另外还测量它们血流中乳酸含量的变化和呼吸次数等。在小船上观察受训海豚的脉搏、呼吸、体温、血压等变化情况时发现，海豚高超的游泳技巧和高速度，不仅仅在于它们具有流线型的体形以及可以减少水阻力的皮肤上密密麻麻细小乳头状突起的构造，而且还在于它们善于利用环境条件的变化。为了加快游泳速度，节省体力，它们常借助船尾伴流。船速为 3 米/秒的时候，游在船旁的海豚好像有点儿吃力，但它们仍然游在船侧。而当船速达到 4 米/秒时，聪明的海豚就不会在原来的位置拼体力了，而是游到船尾，那里的水压差使得它们游起来更加省力。它们在船尾水面以下约 0.5 米处游泳前进，尾巴几乎可以不动。

对飞鱼的误解

记得在电视屏幕上,曾看到过这样一个场景:在浩瀚无垠的海面上,突然跃出了成群的飞鱼,它们犹如群鸟一般掠过海空,高一阵,低一阵,翱翔竞飞,此起彼伏,景象十分壮观。

飞鱼身体长而稍扁,近乎圆筒形,青黑色,长约二三十厘米。胸鳍很发达,有点像鸟的翅膀,腹鳍也较大。人们以为,飞鱼是靠振动长而宽大的胸鳍来飞行的。这肯定是个误解。准确地说,飞鱼不是飞行,只是一种滑翔。飞鱼是用它的尾巴猛烈拨水来起飞的。在出水之前,飞鱼先在水面下迅猛游泳,当它快接近海面时,就将胸鳍和腹鳍紧贴在身体的两侧,然后强有力的尾鳍左右急剧摆动,使其产生一股强大的冲力,促使鱼体突然破水而出,起飞速度竟超过18米/秒。一出水面,飞鱼立即张开胸鳍,迎着海面上吹来的风,以15米/秒的速度作滑翔飞行。风力适当的时候,飞鱼能在离水面四五米的空中滑翔二三百米,是世界上飞得最远的鱼。有人曾在热带大西洋测得飞鱼最好的滑翔纪录,一次持续滑翔时间长达90秒,滑翔高度10.97米,滑翔距离1 109.5米。飞鱼跃出水面滑翔,多数是为了逃避海里敌害的进攻,或是受惊而跃起。

飞鱼返回水中时,如果需要重新起飞,它就趁全身还未入水时,再用尾部猛烈地拍打海浪,以增加滑翔力量,求得重新跃出水面,继续短暂的滑翔飞行。

飞鱼具有趋光性,夜晚在海船甲板上挂一盏灯,成群的飞鱼就会寻光跃起,自投罗网落到海船甲板上。

将错就错寄居蟹

不知道你到北戴河海滨浴场下过海没有，那里只要走几步，脚下就能踩到寄居蟹，扎个猛子就能捉到它。那里的寄居蟹个头不大，小巧玲珑，逗人喜爱。

寄居蟹种类很多，在我国南北海滩上都能见到。寄居蟹跟螃蟹不一样，它的头胸甲不能把柔软的腹部包住。它寄居在带螺壳的海生动物的空壳里，把腹部藏在里面，只把头胸部露在螺壳外。两只螯足一大一小，通常右螯比左螯大。第一和第二对步足细长，用来爬行；第三和第四对步足短小，末端粗糙，用来紧紧支撑螺壳内壁，使身体保持稳定；最末一对腹肢已演化成钩状，用来钩住螺壳。虽然背负一个对它来说不轻的螺壳，但行走还相当快捷。蜷缩在螺壳里的身子是伸着的，很像虾。其实寄居蟹的真名本来叫寄居虾，因为寄居蟹实在是一种虾，而不是蟹。虾和蟹是不同亚目不同科的两类动物，虾属甲壳纲长尾亚目动物，蟹属甲壳纲短尾亚目动物。民间都把寄居虾叫惯了寄居蟹，所以就将错就错随俗定名叫寄居蟹了。

寄居蟹每蜕皮一次，身体随着长大。到一定时候，原有的螺壳容不下长大了的身体了，就得寻找比原有的稍大一点儿的螺壳藏身。偌大的大海，不是到处都有空螺壳可供它们挑选的。寄居蟹从不侵犯活着的海螺，那怎么办呢？到处找呗。

这里讲一个海洋生物考察队贝壳标本被偷的故事。这支考察队有一次进入一个荒无人烟的海岛。有一天早晨一觉醒来，发现辛辛苦苦采集来的堆在帐篷前的空螺壳标本全都不见了。这些色彩艳丽形状别致的空螺壳，到底被谁偷走了呢？考察队长查看了现场，很有把握地说：“这是寄居蟹作的案，你们看，这些破旧残缺的空螺壳，就是它们换下的。”可不是，原来堆放空螺壳标本的地方，现在尽是些残缺破旧的空螺壳了。老队长接着说："这些寄居蟹是一种很有意思的动物，它们不仅能正确地选择贝壳的大小，而且还有一定的审美能力呢！"

更加有趣的是有几种寄居蟹，还能主动向同类互相交换螺壳。需要换壳的寄居蟹，在找不到合适的空螺壳时，会主动去找自己的伙伴要求交换螺壳。它看中一个同伴身上的螺壳，如果对方正好也感到自己所寄居的螺壳太大，背着太累，就会主动建议对方互相交换。"谈判"是怎样进行的呢？据观察，寄居蟹种类不同，"谈判"方式也不同。

有一种寄居蟹要求交换螺壳时，总是用自己身上的螺壳，连续碰撞对方身上的螺壳。另一种寄居蟹要求交换螺壳时，不是碰撞对方螺壳，而是去摇晃对方螺壳，来表示自己的要求。还有一种寄居蟹要求交换螺壳时，上述两种方式它都会用，有时采取碰撞方式，有时采取摇晃方式。

那"谈判"的对方怎样表达自己愿意不愿意交换螺壳呢？据观察，被要求交换螺壳的一方，如果同意交换，一般它用自己的螯去轻轻拍拍对方的螺壳，以此表示同意交换，随后它就马上离开原来寄居的螺壳，把自己的"住房"让出来。如果不同意交换呢，它就把身体蜷缩起来，舞动大螯，摆出一副敌对的架势。

船蛆并不真是蛆

这里讲的船蛆，不是某种昆虫的幼虫，而是生活在海洋里的一种贝类动物。贝类是动物界的一个大类，已经知道的有10多万种，种类之多，仅次于昆虫类。因为乍看船蛆并没有一般贝类具有的某些特征，不像贝类动物，模样倒是有点儿像白色的蝇蛆，所以沿海渔民不叫它什么螺、什么蛤，而把它称作蛆。又因为它常钻到船底下的木头里生活，所以取名船蛆。科学家入乡随俗，也跟着渔民管这种海生贝类动物叫船蛆，在他们的学术著作和工具书里，都称为船蛆，其实它的真名是凿船贝。

船蛆从小挖凿木材，在木材上凿很深的洞，自己住在里面。它对海洋里的木质建筑物，像码头的木柱、木桩、护木以及渔民们用来支架渔网的网樯，特别是木制渔船，为害严重。在不生船蛆的江河湖泊里，一条木船可以用上几十年；可是在船蛆为害严重的海域，如果不加防范，木船往往一个季度下来就全毁了。

如果用斧子劈开藏有船蛆的木头，比如海边修船厂修船时换下来的旧木头，里面往往长满了白色的船蛆。这些旧木头从外表看，往往看不出什么门道来。你想想，一条被船蛆蛀得千疮百孔的渔船，远航在大海上，该有多危险。

从被蛀的木头里取出完整的船蛆观察，可以看到它身体前端，有一对左右对称的小贝壳。身体的末端，有两个细长的管子，一个是入水管，一个是排水管。这跟蚌、蛏等双壳贝类一样，不过由于生活环境不同，生活方式各异，它们之间的形状就大不一样了。

船蛆随着身体的生长必须向木材深处挖凿，以便藏身。又必须跟木材外面的海水环境保持密切联系，以便从海水中取得氧气和部分食物。所以它的身体长得又细又长。船蛆有木质的洞穴藏身，不需要贝壳保护柔软的身体。船蛆需要有个坚硬的东西挖凿洞穴，于是前端的一对小贝壳就成了它挖凿木材的工具了。船蛆能分泌一种黏液，这种黏液形成薄薄的石灰质的白色管子，把细长的身子包裹起来，免得跟木材摩擦而受伤。船蛆身体后端，还有一对很特殊的保护构造，通常叫做铠，形状像个小铲子。平时，铠缩回，使水管伸到木穴之外。当船蛆遇到敌害，或是感到外界生活环境不合适的时候，水管就缩回，同时把铠伸出，把身体跟外界相通的小孔堵住。铠是船蛆独有的，其他贝类都没有。其实铠的作用，跟田螺、螺蛳等的厣是一样的。

船蛆繁殖能力非常强，一只船蛆每次产卵可达1亿个以上。我国北部沿海所产的船蛆，生殖腺成熟以后，卵排在母体的鳃腔内，精子却排在海水中。海水里的精子从入水管进到另一个个体的鳃腔内，跟卵相遇而受精。

在我国南部沿海所产的船蛆，有的是精子和卵都排到海水中，卵在海水中受精。幼体很小，小到肉眼都看不见。幼体身上长有纤毛，靠纤毛的运动在海水里游泳。幼体遇到木材就附着在木材上，并钻凿木材。幼体生长十分迅速，10 多天能增加到原体积的 100 倍，30 多天能增加到原体积的 1 000 倍。满 1 个月，生长发育成熟，就可以繁殖后代。正因为船蛆生长快，成熟早，所以为害很大。

船蛆从进入入水管的水流中吸取食物，如微小的浮游生物硅藻、滴虫等。船蛆也以木屑做食物。

那么船蛆到底是怎样挖凿木材，凿穴而居的呢？

船蛆凿木，主要靠那对小贝壳。也有人认为船蛆的足部可以分泌溶解木质的物质，将木材溶解而钻入。不管怎么说，小贝壳在凿木上起了主要作用。船蛆的那对小贝壳跟其他贝类的贝壳都不一样，它的贝壳前部，分布着许多细密整齐的齿纹，样子像木锉，船蛆就用它反复旋转摩擦，把木材锉出一个洞，凿穴而居。

科学家研究食用贝类是为了扩大养殖，以提供丰富的海鲜佳肴；研究船蛆则是为了消灭它们，尽可能防止它们的为害。

所谓用机械方法防治船蛆，主要就是在下海的木船底部表面包一层铁皮，船蛆就不能侵入了。而用化学方法防治船蛆，就是用杂酚油等浸透木材，使船蛆不能着生。还有用生物方法防治船蛆的，主要是调节海水的含盐量，使船蛆不能适应改变了的生活环境而死亡。比如经常使海洋里的木制渔船到江河里航行和停泊，由于船蛆不适应淡水环境，从而限制它们生长和繁殖。

美 人 鱼

关于美人鱼的传说，国内国外都有。波兰首都华沙的城徽，就是一个手拿长剑和盾的美人鱼。传说河神美人鱼战胜水怪，帮助一对相爱的青年终成眷属。我国1 500多年前的古书《述异记》中，也说到南海有鲛人，身为鱼形，能纺会织，哭时还掉泪。这些都只是似是而非的有趣的传说故事，根本没有人形的鱼，更没有鱼形的人。

人们通常把一种海牛类动物儒艮，称为美人鱼。其实儒艮既不美，也不是鱼，而是一种海兽。儒艮身体呈圆筒形，整个身体轮廓很像海豚。儒艮皮肤粗糙，稀疏的刚毛遍布全身。它的后肢已退化消失，前肢变成适于游泳的鳍状。这都是它长期适应水中生活的结果。跟海豚、海狮、虎鲸等不一样，儒艮不吃肉食，是素食哺乳动物，在动物分类学上归在海牛类一目。食物以海藻和海草等多汁的水生植物为主，几乎任何水生植物它都能吃。跟陆地上的牛一样，儒艮的胃也分成4个室，对食物的消化比较充分。它的臼齿宽而平，很适合咀嚼海藻等植物性食物。它生长牙齿有一个特点，即在颌的后部总是定期增生新的臼齿，把整排牙齿逐渐往前推移，每当新臼齿长出时，原臼齿就自动脱落。一头儒艮在一生中，能以这种奇特的方式长出大约60颗新牙。

儒艮是一种性情安静、比较笨拙迟钝的动物。它终日昏昏欲睡，饱食以后，除不时露出水面换口气以外，总是潜入三四十米深的水底，或匍匐在岩礁上，以此消磨时光。它从不远离海岸到大洋深海中去。游泳速度也不快，仅2海里/时左右，即使受到攻击逃命的时候，速度也不超过5海里/时。

儒艮从不上岸，即使生儿育女，也不离开大海，不像海象、海狮等海兽交配、育儿等都在海滩上。儒艮母兽怀孕1年后在水中分娩，每次产1个幼仔。刚出生的小儒艮有1米多长，体质量约30千克，尾巴向前卷曲，不善游泳，母兽帮助幼仔浮出水面呼吸，有时母兽干脆让小儒艮骑在自己背上。母兽有两个乳房，有拳头那么大，位于胸部鳍肢下，跟人的乳房位置相似。这大概就是取名美人鱼的一个依据了。还有一个似是而非的问题是说儒艮都用鳍肢怀抱幼仔竖立水中喂奶，上身露出水面，远看很像妇女抱子喂奶一样。这其实只是人们的一种想象和推测。实际上儒艮授乳既不竖立于水中,也不以鳍肢抱幼仔,而是水平地浮于水面,把身体稍稍侧向一边,鳍肢斜向前伸着。这时候小儒艮跟母兽斜成一个角度,用嘴吸住母兽的乳头吮吸乳汁,同时跟母兽一起慢慢游动,母兽浮出水面换气时,也小心地让正在吃奶的幼仔把鼻子露出水面。

我国南海以及广东、台湾沿海,都有儒艮的踪影。印度洋周围、东南亚沿岸以至日本沿海,也都有儒艮出没。

不该有的97%

过去老一辈人常把农历跟阴历等同起来。这显然是一个似是而非的错误。

不过据说在北京市的一次中学生天文地理知识竞赛中,有一道涉及历法知识的题目,竟有97%的人都答“农历即阴历”。答错的人这么多,说明过去在天文历法科普方面做得很不够。

农历不是阴历,而是一种阴阳合历。

现在世界通用的公历,也叫阳历,把地球绕太阳转一圈的时间定作一年,共365天5时48分46秒。世间最古老的一种历法叫阴历,把月亮圆缺一次的时间定作一个月,共29天半,阴历一年只有354天左右,它不能反映季节。现在我国还在使用的农历,实际上是一种阴阳历——它跟阴历一样,也把月亮圆缺一次定作一个月,大月30天,小月29天;可是它又用加闰月的办法,使得平均每年的天数跟阳历全年的天数相接近,来调整四季。

历法最初是由农业生产的需要而创制的,因为农事活动跟四季变化密切相关。我国农业有特别悠久的历史,历法的起源也很早。我国历代历法,据史书记载,共有99种,大多使用传统的阴阳历。我们的祖先在春秋时代,首创用19年7闰的方法非常精确地来调整阴阳历,这是一项具有世界意义的伟大贡献,比希腊人发明这个方法早了160多年。春秋以后,秦代的颛顼历和汉代的太初历都以 365.25 天为一年，这是当时世界上所使用的最精确的数值，与后来古罗马恺撒大帝所颁布的著名的儒略历相同，但是我国使用这个数值比儒略历要早好几百年。到元代，郭守敬集古今中外历法之大成，创制颁布授时历，每年的天数精确到 365.2425 天，跟地球绕太阳一周的实际周期只差 26 秒，跟现行公历的一年周期相同，但是郭守敬的授时历比公历早了 300 多年。

我们的祖先起先都使用土圭日影长度测定冬至的精确日期的方法，来测量地球绕太阳一周的精确天数，测得一年是 365.25 天。用这个数值制订历法，在当时来说，已经是够精确的了。但年头一久，小小的误差累积起来，使当时的历法显得不那么完善。南北朝时期的祖冲之想出了一个新方法，不直接观测冬至那一天土圭日影的长度，而是观测冬至前后二十三四天的日影长度，再取平均值，求出冬至发生的日期和时刻，测得一年是 365.2428 天，这在当时来说，是最精确的。后来元代郭守敬首创天文仪器“景符”，用来观测“冬至”的日影，测得一年是 365.2425 天，这是中外历史上所使用的最精确的数值。

我国劳动人民从生产需要出发，还在战国末期独创了二十四节气。节气完全是太阳位置的反映，因此也就是气候寒暖的反映，和农事活动关系密切。二十四节气早就应用在历法中，这也是我国古代历法优越的地方。

“饮水鸭”是怎样自动饮水的

早些年，市场上曾出现过一种玩具“自动饮水鸭”。

这种“饮水鸭”头轻肚子重，头尾摆来摆去，每隔一定时间，摆动 10 多个来回，它就自动俯身向下，在杯子里饮一次水，饮完后又起身摆动。如此周而复始，不停地运动，几天，几个月，几年，要持续多长时间都可以。

人们都很奇怪，这玩具鸭子是怎么自动低下头去饮水的呢？

是肚子里装有发条。

是肚子里装有微型电动机。

……

大家都这么猜测。实际并非如此。

解剖一下这种鸭子（见原理图），我们才会发现，原来这种“自动饮水鸭”的颈部，有一个长管子直通到腹部，腹部上端跟颈部是隔开的。腹部贮藏有一种很容易蒸发的液体，如乙醚或三氯甲烷。乙醚液体一蒸发，液面上和鸭头里都充满了乙醚液体的蒸气。这玩具鸭子头部和鸭嘴上包有绒布等容易浸湿的东西。启动的时候，先把鸭头摁在杯子里“饮”一次水，使头部和嘴上的绒布全部浸湿，然后让它竖起身子来开始摆动。这时候绒布里的水分不断地蒸发，水分蒸发的时候要吸热，使得玩具鸭子的头部变凉，那里的乙醚蒸气就会凝缩，使得鸭子头部里面的气压降低，因而腹部乙醚液面上的气压就压迫乙醚液体由颈管上升。起先，由于乙醚液体在腹部，所以整个玩具鸭子的重心在支承点之下，处于稳定平衡状态。又由于玩具鸭子的嘴向右突出，所以重心是偏右的。当乙醚液体沿着颈管上升的时候，

“饮水鸭”的原理图

重心也跟着向上移动，移到支承点之上，就变成了不稳定平衡状态，又因重心偏右的缘故，玩具鸭子头部就向右倾倒下去，像去饮水一样。倾到一定程度，颈管下端的左侧离开乙醚液面，腹部的压强较高的乙醚蒸气就进入颈管，使头部的气压加大，把颈管里的乙醚液体压回腹部，重心也随着往回移动，玩具鸭子的头就又抬了起来，好像饮完一次水一样。此时玩具鸭子头部和嘴上的绒布又浸湿了一次，于是又重复上述的过程，这玩具鸭子就

会一次又一次地“饮”水。

如果把杯子里的水换成酒精等很容易蒸发的液体，那么玩具鸭子头部和嘴巴上浸了的酒精就蒸发得更快，低头饮水的间隔时间也跟着缩短，好像玩具鸭子更喜欢饮酒似的。

自然界一切过程都服从能量转换和守恒定律，物体要对外界做功，就必须消耗本身的能量，或从别处得到能量的补充。因此，一个物体的能量越大，它对外界就有可能做更多的功。

那么玩具鸭子头尾不停摆动的能量是从哪儿来的呢？

来自玩具鸭子体内液体蒸发时所吸收的周围环境里的热能。这种能量的供给比较隐蔽，所以一般都不太引起人们注意。事实上玩具鸭子就是利用周围环境中微少的热能，来维持它不间断地运动的。

鱼的沉浮

鱼儿在江河湖泊里自由自在地游动，忽左忽右，忽上忽下。一般认为，鱼的上下游动，是靠鱼鳔的作用。

> “鱼想从深水里浮到水的上层来的时候，它就鼓起自己的鳔，这时候鱼的体积就增大，使被排开的水的重量大过自己的体重——于是按照浮力原理，鱼就升到水面；如果它半途不想再上升，或者想下沉，那它就相反地压缩自己的鳔，这时候鱼的体积和它所排开的水的重量就会减少，鱼也就像阿基米德原理所说的那样，沉到了水底。”

这种说法最早出自17世纪的一位叫波雷里的大教授之口。在以后的300多年里，人们以讹传讹，从不怀疑。

其实鱼鳔对鱼的沉浮并不起决定作用。鱼鳔的真正功能十分有限，只是帮助某种鱼留在某一个一定的水层——就是留在鱼体所排开的水的重量等于它本身的重量的那个水层。比如乌鳢、青鱼鱼鳔的结构和体积跟它们底栖的习性相关，鲢鱼、鳙鱼鱼鳔的结构和体积又跟它们生活在水域的中上层的习性相关。夏天湖水缺氧的时候，鲢鱼、鳙鱼也会从中上层水域浮游到水面上来，嘴巴一张一张的，这叫浮头。鱼池里出现浮头现象，说明池水水质已变差，缺氧，应马上往鱼池里灌新鲜河水了。鱼儿浮游到水面，主要靠鳍，而不是主要靠鳔。

当鱼用鳍使自己下沉到比这个水层更低的时候，它的身体由于经受从水四面八方来的很大的外来压力，就要稍稍变扁，并且对鱼鳔施加压力。这时候被鱼排开的水的体积减小了，被排开的水的重量也变得比鱼的体重小了，于是鱼就会往下沉。它下沉得越低，水的压力就越强，鱼的身体就被压迫得越厉害，也就更要往下沉。

在鱼用鳍的力量使自己往上升的时候，鱼体摆脱了一部分外来的压力，鱼鳔要从里面把它撑大起来(鱼鳔里的气压在这以前是跟周围的水压平衡的)，体积增大了，也就向高处浮了起来。鱼体升得越高，它的身体就胀得越大，也因此越会继续往上升。

鱼在上述两种情况下的沉浮，可以说是身不由己的。鱼鳔体积的改变是被动的，是在外部压力增强或减弱的作用下进行的。这种体积的改变对鱼来说不但没有好处，相反，倒是替它招来了麻烦。因为它会使鱼不得不越来越快地沉到水底，或是越来越快地升到水面，远离适合它们生活的水层。深水底栖鱼类如果出于某种原因身不由己地升到水面，鱼鳔甚至会由于鱼体大大减压而胀大得从鱼嘴里鼓出一块来。

哦！对虾

对虾的主要产区是我国的山东、河北、辽宁沿海，朝鲜西海岸海域产量较少，所以对虾可以算是我国沿海的特产，故名中国对虾。

国内市场上常见到的两种大虾，常被误认为是中国对虾。这两种大虾一种名为墨吉大虾，另一种名为长毛大虾。它们与中国对虾比较起来，无论在大小、长相、体色上，都十分相似，如不仔细辨认，很难区别。墨吉大虾额角基部比较高一点，长毛大虾额角比较矮一点。墨吉大虾主要产在广东沿海，长毛大虾主要产在广东和福建沿海，而中国对虾只产在我国靠北的渤海和黄海海域。

我曾在山东的济南市和海阳县以及河北的北戴河见到并且品尝过真正的中国对虾。中国对虾体躯长大，约 20 厘米，雌虾大于雄虾，4 对（8 只）的质量约 1 千克。对虾头胸部比较短，腹部比较长，身躯粗壮。两只复眼很大，状似豌豆，着生在长长的眼柄上。第二对触角上的须特别长，游动时这两条长须向左右伸到身体的后方，身姿非常英武优美。

中国对虾爱作集群长途旅行，行程超过 1 000 千米，历时两三个月。主要的虾群常经山东半岛沿海进入渤海，有一部分向我国的鸭绿江口和朝鲜西海岸海域行进，也有一部分停留在山东半岛的南岸海域，小股虾群向南可到达浙江沿海的舟山群岛一带。

从春天到秋天，渤海湾沿岸各大河口附近，自然环境条件很适合对虾的生活和繁殖。

成年的对虾在秋末冬初交配，这时候雌虾的生殖腺还不成熟，就把雄虾的精液存贮在胸部的纳精囊中，直到第二年五六月间产卵的时候，才把精液放出，同卵子结合。每只雌虾产卵可达几十万到 100 多万粒。受精卵发育很快，产卵后经一昼夜就可以孵化。

对虾幼体刚孵化出来时，非常小，不吃东西，靠体内存留的卵黄维持生活，身体还不分节，所以叫它无节幼体。这种幼体经过 12 次蜕皮成为仔虾，再经过 14 次蜕皮才长成幼虾。幼虾生长很快，五六月间孵化的幼虾，到九十月间就长得跟母虾差不多大了。仅仅半年时间，对虾就可由卵子发育生长成成年对虾。

到秋末冬初，渤海湾已经寒气逼人，日照渐渐缩短，那里的自然环境变得不适合对虾生活了。于是已经长大了的对虾，成群结队迁移到黄海南部比较深的海里去过冬。直到第二年春天，它们才又沿着父辈走过的路线，踏上北上的旅途。

对虾的寿命一般只有1年。第一年五六月间所产的幼虾，到第二年五六月间成熟产卵，产卵以后就死去。只有少数对虾可以越过两个冬天，到第三年五六月间还能再度产卵，寿命最多2年。

对虾名贵，价高，因捕捞过量，使对虾资源濒临枯竭。现在国家已制定保护政策，限制国内外渔轮滥捕对虾。同时也发展人工养殖对虾，以提高对虾产量，满足国内外市场的需求。

月落乌啼霜满天

在寒冷季节的清晨，草叶上、土块上常常覆盖着一层白霜，在初升的太阳的照耀下，闪闪发光；等太阳稍稍升高，满地白霜就融化不见了。人们常把这种天气现象叫做下霜。其实霜不是从天空降下来的，而是在贴近地面的空气层里形成的。

人们还把窗霜、树挂、地冰花也都看做是霜，这实在全都是误解。知道了霜、窗霜、树挂、地冰花形成的条件和成因，就不难消除误解，明确它们之间的区别了。

形成霜的条件是地面物体表面温度降到0℃以下，而地面物体表面附近的空气温度却相对比较高些，这样在空气和物体表面之间就存在一个温度差。这时候较暖的空气和较冷的物体表面相接触，贴近物体表面的空气就会冷却，等冷却到空气里水汽过饱和的时候，空气里多余的水汽就会析出，凝结成霜。

霜一般形成于每年的晚秋、冬季和初春的夜间。在夏季，物体表面虽然夜间也会辐射冷却，但温度降不到0℃以下，于是形成露，而不能形成霜。

夜空的云层对地面物体的辐射冷却有阻碍作用，所以冬季夜里夜空如果有云，就不利于霜的形成，第二天清晨一般见不到霜。霜大多出现在冬季晴朗的夜晚，即地面辐射冷却强烈的时候。

刮大风的夜晚往往也不能形成霜。假如刮起了大风，空气流动得很快，接触冷物体表面的时间太短，在温度还没有来得及降到很低的时候就移过去了，所以形不成霜。

有一些貌似霜的现象，实际上是其他气象条件造成的，不能算是霜。

比如，有些地方冬季本来温度比较低，各种地面物体的温度也就比较低，一旦遇到天气突然变暖，有些大而重的物体却不能一下子变得跟周围的空气一样暖，于是在这物体和周围空气之间形成了一个比较大的温度差。只要这物体温度仍在0℃以下，就会在这物体上形成冰霜，这叫硬凇。冬天玻璃窗上的窗霜就是在这种条件下形成的。硬凇跟霜都是由于空气和地面物体之间存在温度差而形成的，但是形成硬凇的温度差是由天气变暖引起，形成霜的温度差却是由于地面物体辐射冷却引起。它们所反映的天气条件不一样，附着物也不尽相同，窗霜跟真正的霜反映的是不同的天气现象。

又比如，冬季在有过冷却雾的时候，特别有利于冰晶在地面物体上增长，于是在电线上、树枝上形成了白色的冰花，这叫雾凇，也叫树挂。雾凇也不是霜，因为雾凇跟霜的形成条件和成因不一样。

再比如，冬季有时候暖和的天气急剧变冷，田间土壤表面已经低于0℃，但比空气温度还是要高得多，土壤深层的暖和空气顺着土壤的缝隙上升的时候，跟过冷的土壤表面相接触，就有多余的水汽在土壤表面凝结成冰晶，这叫地冰花。大片土地上出现的像霜似的地冰花也不是霜。

是华，还是晕

在月亮或太阳周围，有时候会出现环绕月亮或太阳的白色或彩色光环。有人说这是月华、日华，但也有人说这是月晕、日晕。总之，多数人是华、晕不分，往往把华看做是晕，而把晕看做是华。

虽然华和晕都是环绕日月的光环，但是两者形成的条件和原因不同，预示未来的天气变化也不同，它们之间的差别还不小呢！

月明星稀的夜晚，若飘来一块扁球状的云，云边把月亮蒙住，在这种情况下，有时候在月亮周围，会出现环绕月亮的不大的白色或彩色的光环——月华。

太阳被高层的云蒙住的时候，只要条件合适，也会出现环绕太阳的白色或彩色光环——日华。只是因为白天太阳光太强烈，日华的光环往往被太阳光淹没了，通常看不见。不过，在有条件出现日华的时候隔着黑玻璃观察太阳，还是可以看到日华的。

不管是月华还是日华，华的彩色光环总是红橙色在外围，中间是黄色，内圈呈淡蓝色，在色彩排列上跟峨眉宝光有点儿相像。

华是太阳光或者月光通过云层中的微小水滴或细小冰晶的时候，经衍射发生色散形成的。具体地说，就是日光或者月光在通过薄云的时候，碰到云间的许许多多微小水滴或者细小冰晶，只要这些水滴或者冰晶大小比较均匀一致，它们的直径跟光波波长接近，光线就会绕过微小水滴或者细小冰晶，在这些水滴或者冰晶之间的孔隙穿过，发生光的衍射现象，于是产生光环。我们知道太阳光和月光（即月面反射的太阳光）都是由红、橙、黄、绿、蓝、靛、紫七色光混合组成，在上述情况下光线因发生衍射而偏折，又因7种单色光衍射偏折程度不同而出现色散现象，把白光分解成7色。七色光中红光衍射偏折程度最大，在外围，以下各色光的衍射偏折程度挨次一个比一个小，衍射偏折程度最小的是紫色光，在内圈。月光本身比较弱，再加上各色光环之间的重叠干涉，所以月华的彩色光环7色不全，只有几种色光比较明显，色彩没有虹那样鲜艳。

那么为什么衍射偏折的程度比较大的红橙光在光环的外圈，而衍射偏折程度比较小的蓝紫光在光环的内圈？又为什么人们看到的华是一个圆环？

下面就以月华为例说说这中间的缘由。

假如你夜间站在一个地方向月亮望去，月亮在一个短时间内可以看做是不动的，你站在一个固定的位置看月亮，眼睛也可以看做是固定在一定位置上的。这就是说，在一个短时间内，射出光线的月亮和接受光线的眼睛在相对的两侧各自固定在一定的位置上。从月亮的中心到你的眼睛可以假想连接一条直线，作为轴线。薄云遮挡在你的眼睛和月亮之间。组成薄云的微小水滴或细小冰晶是密密麻麻、上上下下杂乱无章地飘浮在天空的，但是跟你看到的月华有关系的，主要只是分布在跟上述轴线垂直的屏幕似的平面上的许许多多微小水滴或细小冰晶。这就是说，不是所有的微小水滴或细小冰晶都参加了“表演”给你看的那个月华的“演出”，只有刚好处在跟轴线垂直的假想平面上的微小水滴或细小冰晶才有机会参加“演出”。交代了这些关系，就可以进一步细说了。

由于月亮离薄云很远，所以从月亮射来的月光可以看做是一条条跟轴线平行的光线，每条光线都有可能穿过微小水滴或细小冰晶之间的孔隙产生衍射，引起色散而向多方向散射各色单色光。这些从无数微小水滴或细小冰晶经衍射偏折散射出来的单色光，只有上述轴线周围射到你的眼睛的那部分单色光你才看得见，散射到你眼睛之外的所有单色光你一概看不见。这样你的眼睛实际上处在以上述轴线为中心线的一个圆锥的顶点上，而这个圆锥的截面圆环正是月华本身。严格地说，如果你我之间站的位置不同，你我看到的月华肯定不是同一个月华，因为以你的眼睛为顶点形成的圆锥截面，跟以我的眼睛为顶点形成的圆锥截面肯定不在同一个平面的同一个位置上。所以也可以这样说，月光经微小水滴或细小冰晶衍射而色散成单色光，在空中本来是不成形的，射到哪个方向去的都有，没有人去看的时候，本来不存在圆形光环。对着月亮看，你的眼睛把射向四面八方的单色光中只有轴线周围跟轴线成一定角度、射到你的眼睛的那部分单色光汇总起来，你才看到了月华。因为只是汇总轴线周围跟轴线成一定角度的单色光，所以月华只能是圆环，正像圆规的两条腿成一定角度，只能画圆圈一样。为什么人们看到的峨眉宝光和月华是圆环形的，都是这么个道理。

懂得了上述道理，再解释为什么月华外圈红橙色、内圈淡蓝色就比较容易了。

月华外侧的微小水滴或细小冰晶处本来有许多经衍射偏折程度比较小的蓝色光射束，但是因为这些蓝色光射到你的身后去了，没有射到你的眼睛里，所以你看不见；而来自这些微小水滴或细小冰晶处的经衍射偏折程度比较大的红色光刚好射入你的眼睛，你就因此看到了红光。再看靠里面那一圈的情况：来自这一圈微小水滴或细小冰晶处的经衍射偏折程度比较小的蓝色光刚好射入你的眼睛，你看到了蓝色光；而来自这一圈微小水滴或细小冰晶处经衍射偏折程度比较大的红色光因射到了你的身前，没有到达你的眼睛，所以你也看不见。这样在外围你只看见了红色光，在内圈你只看到了蓝色光，所以月华的色彩排列次序是外红内蓝的。色彩排列次序取决于发生衍射、色散过程中各单色光偏折程度的大小。

日华、峨眉宝光光环出现外红内紫的色彩排列次序，也是同样的原因。

其实华的这样的彩色光环甚至在浴室里有时也能见到。浴室充满由水汽形成的雾气的时候，在室内电灯泡的周围有时就会出现这类外红内蓝模模糊糊的彩色光环。此外，在沿街的房屋里，隔着蒙上灰尘或水汽的窗玻璃看路灯，在路灯周围也能看到像华那样模模糊糊的光环。

云中微小水滴或细小冰晶的大小，关系到华的大小。水滴或冰晶的直径大小越接近光波的波长，色彩越明显。水滴或冰晶稍大一点儿，华的光环就小一点儿；水滴或冰晶稍小一点儿，华的光环就大一点儿。如果华的光环逐渐变大，说明云中水滴或冰晶在逐渐变小，这可以看做是晴天的预兆。反过来，如果华的光环逐渐缩小，说明云中水滴或冰晶在逐渐变大，这可以看做是阴天甚至是雨天的预兆。

前面说到，一般人们往往把华和晕看做是一回事，晕、华不分。其实它们之间的差别不小。

首先，从外观看，晕的光环的色彩排列次序跟华刚好相反，是外紫内红（实际上外围的紫色光几乎看不见，外围呈淡青色）。光环大小也不同，晕要比华大得多。晕还有多种形式。

其次，从形成原因看，晕是光线经冰晶折射、反射或折射加反射形成，而华是光线经衍射形成。

此外，从形成条件看，晕大多出现在由稍大冰晶构成的高达五六千米的卷层云上，冰晶直径大于可见光线的波长；而华大多出现在高积云的边缘，因为构成这种扁球状云的水滴或冰晶大小比较均匀一致，水滴或冰晶也小，直径跟可见光的波长接近。

华有日华、月华之分，晕也有日晕、月晕之分。日晕有的有彩色光环，月晕一般只有白色光环。下面以日晕为例，说说晕是怎样形成的。常见的日晕是太阳光照射在卷层云中的冰晶上形成的，中间经过两次折射，并在折射中产生色散，于是人们看到了彩色的日晕。

为什么日晕的色彩排列次序是外紫内红，跟虹相反？又为什么日晕也是一个圆环？懂得了虹的形成原因，就比较容易理解这些问题。

日晕跟虹的色彩排列次序所以刚好相反，那是因为太阳光在水滴内外经过两次折射、一次反射才形成虹，而太阳光通过冰晶只经过两次折射，就像通过三棱镜一样，通常没有发生反射就形成了日晕。形成虹的过程中太阳光多一次反射，就把色彩排列次序颠倒了。至于日晕为什么也是一个圆环，这也跟虹有点儿类似。不同之处是形成虹的水滴在你的面前，太阳在你的背后，太阳光在水滴内多了一次反射，你才看见面前的虹；而形成日晕的冰晶多数情况下跟太阳一起都在同一个方向上，都在你的前上方，光线透过冰晶射入你的眼睛，你才看见日晕。相同之处是虹和日晕都出现在以你眼睛为顶点、以眼睛和太阳中心的连线为轴线的一个圆锥截面环上。卷层云上冰晶很多，每颗冰晶也几乎都向多方向折射彩色光线，可是你的眼睛只能接收射入眼睛的彩色光线，射向你的前后、上下、左右的彩色光线你一概看不见。在各个方向上从那么多冰晶折射出来的彩色光线中，四面八方总有一些彩色光线刚巧跟轴线成一定角度，比如成22°夹角汇总到你的眼睛里，于是你看到了一个圆形的光环——日晕。

日晕因空中冰晶结晶形状的不同、冰晶受光面跟太阳光线之间的角度不同等原因，出现了多种形状，除单个光环之外，还有同时出现几个并列的光环的，有光柱形的，也有十字形的等等，真是光怪陆离。难怪从前人们一见到这种怪现象，就认为是某种天意的暗示，必将降祸于人间。现在我们掌握了科学知识，懂得了这中间的原因，当然就不会相信这类传说了。

最普通的一种日晕，是由正六角柱形的冰晶体（见图a）把向它射来的太阳光经过两次折射产生色散形成的，冰晶排列的位置要求能使太阳光刚好垂直射向正六角柱形冰晶体的轴线，从正六角柱形冰晶体的一个长方形侧面射进，并从另一个长方形侧面射出（见图b）。上面讲到，这种日晕的光环跟圆锥轴线相交于顶点（眼睛）的夹角是22°，因为在这个角度的圆锥截面上的正六角柱形冰晶体折射的光线最明亮。

如果正六角柱形冰晶体在卷层云里排列非常杂乱，那么有时候也会出

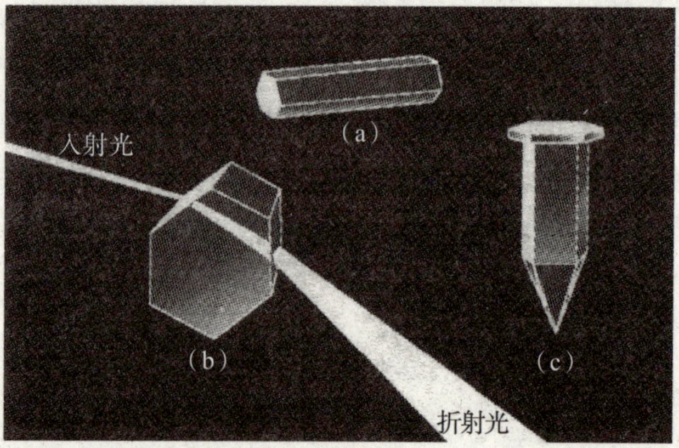

冰晶体及光在冰晶体里的折射示意

现比上述日晕的光环大得多的日晕。形成这种日晕的太阳光是从正六角柱形冰晶体的一个六角形端面射入，并从一个长方形侧面射出。这种日晕的光环跟圆锥轴线相交于顶点（眼睛）的夹角是46°，这个角度的圆锥截面上的正六角柱形冰晶体折射的光线最明亮。

有时候日晕表现为跟地平线平行的一个水平白色光环。这种式样的日晕是由竖直飘浮在卷层云中的六角柱形冰晶体的侧面反射太阳光形成的。这种六角柱形冰晶体呈钉子形（钉尖朝下，见图c），这种形状的冰晶体由于空气的阻力而竖直飘浮在卷层云中。

在早晚太阳离地平线不高的情况下，有时候在太阳的两侧会出现另一种日晕——假日。1957年1月9日甘肃省的安西桥湾地区出现过这种假日。太阳光在比较低的位置射入钉子形竖直飘浮在卷层云中的六角柱形冰晶体的一个侧面，再从另一个侧面折射出来，就会形成假日。

太阳刚刚进入地平线的当儿，有时候在昏暗的暮色天空里会突然竖起一根灿烂的光柱（见下图）。这光柱是一层层水平地飘浮在天空的片状冰晶体从底面各自反射太阳光形成的。

暮色中的空中光柱

冬季，难得有时候在太阳的两侧会出现两个光十字（见下图）。这种光十字是日晕光环的一部分跟上述的水平光环刚巧相交形成的。

太阳两侧出现的光十字

由于冰晶体形状不同、冰晶在天空的排列不同、太阳位置高低不同等原因，日晕还能呈现出更加复杂的形状。不过奇奇怪怪的日晕比较少见。

月晕的形成原因跟日晕基本上相同。月晕的形状不及日晕多样。

晕的出现通常是即将出现恶劣天气的预兆。这是因为天空出现晕，说明存在由冰晶构成的卷层云。卷层云是一种层状云，它是在暖湿空气沿着冷空气斜坡上升运动的时候生成的，并且是在整个大片层状云和降雨云系的最前沿，在它后面常会跟来高层云和雨层云，会带来雨和雪。通常在卷层云出现之后 12 小时左右，就会有雨层云移到。所以白天看见了卷层云和日晕，晚上会有风、雨；晚上看到了卷层云和月晕，第二天白天会有风、雨。这也就是天气谚语说的“日晕三更雨，夜晕午时风”的道理。

还有一句关于晕的天气谚语是“日晕对月晕，大水盖田塍（田埂）”，这是上面说的天气谚语的一个特殊情况。有时候暖湿空气沿着冷空气斜坡向上运动所形成的层状云，处在一个比较稳定的低气压区，这个低气压区移动得很慢，使整个一大片层状云也移动得很慢，因此当地不但白天看到了日晕，到夜里还看到了月晕。在这种情况下，往后雨层云移到这里，往往也会滞留较多的时日才会移走，而且这种情况下形成的云层多半又宽又厚，因此下起雨来会又久又大，有时候可能会造成洪水淹没农田。

凿石穴居的凿穴蛤

我国的天津新港，是20世纪50年代修建的人工海港。这个港口的外面，修有两道用岩石堆砌成的防波堤，用来缓冲海浪对海港的冲击，对港口起保护作用。只有几年工夫，防波堤的岩石上就布满了蜂窝状的洞穴。把这种蜂窝状的石头敲开，就能见到躲藏在石头洞穴里的一种小动物，这就是凿穴蛤。

凿穴蛤是贝类中的双壳类小动物，从外表看，它也有两个贝壳。贝壳表面的中部，由背面向腹面各有一条稍微向后方倾斜的线沟，把贝壳分为前后两个部分：前部稍稍凸出，表面生有很明显的齿纹；后部平滑，表面没有齿纹，却生有环形的生长纹。凿穴蛤身体末端生有两个水管，一个是入水管，一个是排水管。不过这两个水管几乎并合在一起，粗看好像只有一个水管。这一点跟同样是双壳类的蛏子、船蛆等不同，它们的入水管和排水管是明显分开的。在平时，凿穴蛤把水管伸到岩石洞口，由入水管吸入新鲜海水和食物，从排水管排出排泄物或生殖细胞。凿穴蛤的两个水管末端颜色跟岩石的颜色几乎一样，所以其他动物很不容易发现它。

凿穴蛤是怎样钻凿岩石进到岩石里面去的呢？

因为凿穴蛤长在岩石里面，钻凿岩石的过程不容易观察到，所以长期以来，人们一直认为凿穴蛤是同时用机械和化学两种方法来钻凿岩石的，即由斧足分泌一种酸性液体侵蚀岩石，溶蚀岩石，并用斧足和贝壳钻磨成洞，在洞里居住。事实上现在进一步的研究确认，凿穴蛤是用机械方法挖凿岩石的。科学家从凿穴蛤的生长过程中找到了证据。幼年凿穴蛤贝壳前端腹面不封闭，有锋利的小齿，斧足露在外面；而成年凿穴蛤足部萎缩，并且被石灰质的薄片包盖，贝壳前端锋利的小齿也完全跟新生的石灰质薄片相愈合。动物学家认为幼年凿穴蛤跟成年凿穴蛤有这些不同，正好说明凿穴蛤幼年时期一边生长，一边用贝壳前端锋利的小齿跟斧足配合着钻凿岩石；到成年时期，凿穴蛤不再生长了，小齿不锋利了，斧足也给包起来了，就不再钻凿岩石了。

凿穴蛤有雌性雄性的区别。每年七八月份是它们的繁殖时期。雄体的精子和雌体的卵都顺着排水管排到海水里，卵和精子在海水里相遇，并很快变成小幼虫。小幼虫能在海水里浮游，浮游一段时期，遇到岩石就开始钻入。小幼虫钻进岩石以后变化很快，短期内就能变成成年凿穴蛤的模样，随着身体的生长，逐渐深入岩石。凿穴蛤一钻进岩石，就终身自己禁锢在岩石里，从此再也不能从岩石里出来了。

有人曾在天津新港的一块长30厘米、厚22厘米、宽29厘米的石块中，找到了43个活着的凿穴蛤，还有40个死后留下的空贝壳。可见凿穴蛤对沿海石堤石坝等建筑有多大危害，使石堤石坝千疮百孔，以致把海堤的石质建筑摧毁。不过凿穴蛤只能钻凿石灰岩建筑物，而花岗岩太硬，它们无能为力。所以沿海石堤石坝等建筑，只要换上花岗岩石料，就可防止凿穴蛤的为害。

龙卷和尘卷

气象学上说的龙卷和尘卷，是指龙卷风和尘卷风，都是大气中的自然现象。由于龙卷和尘卷有相似之处，而且一般人只听说过龙卷风，不知道有尘卷风一说，于是误把尘卷风也看做是龙卷风。这是似是而非的认识。

有一年夏天，湖南省澧县上空，乌云翻滚，天昏地暗。突然，从乌云中垂挂下一个漏斗形的东西，“漏斗管”越伸越长，越伸越细，不久，终于伸到了地面，扫过澧水时，在江心卷起一个30多米高、几十平方米粗的水柱，一时竟露出了河底。澧县天空出现的这种可怕现象就是龙卷。

龙卷是一种旋转得极快的旋风，发源于几千米厚的积雨云的中央部分。在那里，底下的热空气急速上升，高处的冷空气急速下沉，气流在积雨云中产生剧烈的扰动，方向也有变化，于是产生漩涡。当漩涡弯曲倾斜，在积雨云边缘处急速旋转直往下垂而呈漏斗状云时，就成为一种可以看得见的云柱。

龙卷以差不多每秒100米的极快风速运转时，使得它内部空气变得非常稀薄，几乎接近真空，于是造成内外大气压力的很大差异。龙卷内气压极小，龙卷外气压特别大，这就使龙卷内产生巨大的吸力。龙卷最大上升速度可达每秒几十米甚至上百米。龙卷路过村落，能把村内房顶吸起，使房屋倒塌，把村内地面上的物体卷上天；路过水塘，能把塘水吸干；路过人群，也能把人吸走，然后抛向远方。龙卷的范围虽然很小，历时也不长，但它所到之处的破坏力比台风还要大几倍。如1967年3月26日上海地区出现的一次强龙卷，毁坏房屋1万余间，22座能承受2倍于12级大风（风速为33米/秒）风力的高压电线铁塔被拔起或扭折。

龙卷一般出现在夏天，春秋季节比较少见，冬季几乎绝迹。但我国南部的西沙群岛海面，龙卷几乎全年都可出现。夏天龙卷多，就是因为这时候天空最容易形成积雨云，这时候高空气流最容易由于强烈的扰动而产生漩涡。

我国几乎所有省份都出现过龙卷，比较起来，华南、华东地区，特别是海南省附近和东南沿海地区比较多见。美国、英国、新西兰、澳大利亚、意大利、日本等是出现龙卷比较多的国家。美国因为经常出现龙卷，不少农家都专门挖筑了躲避龙卷的地窖，一旦出现龙卷，人们赶快躲到里面去，免得被卷走。

在内蒙古、甘肃、新疆等干热的草原、沙漠和干燥地区，春夏季节也能见到一种夹带沙土旋转上升的空气漩涡，这就是尘卷。比如新疆公格尔山区，就出现过这种尘卷，远远看去，恰似一缕轻烟袅袅上升。出现尘卷一般是在晴朗无云的日子，地面受太阳照射增热极强，形成强烈的上升气流。由于西北地区空气干燥，很少有云形成，强烈的上升气流往上升，周围空气急速地直冲而来补充到原来的位置上，大气扰动不稳定，于是产生漩涡，风速最快的可达到 30 米/秒左右。漩涡一边旋转，一边夹带大量尘沙和其他杂物到达很高的空中，有的尘柱可达 1 000 多米高。

尘卷不属于龙卷，因为它们形成条件不完全一样，最大的区别是尘卷没有伴随出现漏斗云。尘卷的破坏力要比龙卷小得多，不过强大的尘卷也能造成一定程度的破坏。

全世界每年会发生 1 000 多次龙卷，给人们带来深重的灾难。因为龙卷范围小，出现又很突然，要做出预报不容易办到。现在用气象卫星照片等做分析研究，也只能做出警告，还不能精确地预报龙卷出现的时间和地点。

是鲆，还是鲽

菜市场上有时人们会看到一类长相很怪的海鱼，鱼体侧扁不对称，两只眼睛不是长在头部的两侧，而是长在鱼体向上一面头部的同一侧。口、牙、胸鳍、腹鳍等都不对称，肛口也不在腹面正中线上。鱼体向上一面颜色比较深，呈暗灰色，跟海底周围环境的色调相一致，这样便于隐伏海底；鱼体向下一面颜色比较浅，近乎灰白色，这样在它游动的时候，底下的肉食性海洋动物就不容易发现它。

这类长相很怪的海鱼，统称比目鱼，人们误以为是同一种鱼。其实仔细观察，你不难发现，这类长相挺怪的海鱼，有的两眼都长在头部的左侧，有的两眼都长在头部的右侧。它们不是同一种鱼，前者叫鲆，后者叫鲽。不仅两眼长的位置一在左侧（鲆）一在右侧（鲽）不一样，在我国沿海分布的海域也不一样。鲆生活在热带和温带海域，鲽生活在温带和寒带海域。

科学家通过实验观察发现，鲆和鲽刚从卵里孵化出来的时候，跟一般鱼类一样，两只眼睛也是对称地分别长在头部两侧的，只是到了稚鱼期，即从刚孵化出来算起约 20 多天以后，开始侧卧在海底生活，体形发生变态，仔鱼向下这一侧的一只眼睛才逐渐向上移动位置，最后跟上面原来的那只眼睛并列在一起。这说明鲆和鲽的祖先，也是左右对称的侧扁形的鱼类，只是由于长期平卧海底生活，经过不知多少世代的演变，才长成了现在这般挺怪的模样。从这个意义上说，鲆和鲽在个体整个生长发育过程中的某一个阶段，重现其祖先左右对称侧扁形的形象，也可以说是生长发育中呈现的返祖现象。返祖现象按严格的生物学的含义，仅指生物体已退化的器官或组织，又重新出现在个别生物肌体上的现象。比如个别人身上长有小尾巴、多乳头或全身长毛等，这种现象说明人类是从动物界分化出来的。把鲆和鲽生长发育中某个时期出现它祖先的模样也称为返祖现象，那是从广义上说的。

我国早在 2 000 多年前的古书中，就有关于比目鱼的记载，注意到了比目鱼两只眼睛长在同一侧面这样一个特点。并且推测比目鱼游动的时候，必须一雌一雄并在一起，分视左右两方，才能成行。可见古人并不知道比目鱼有鲆、鲽之分。

鲆和鲽平时以无眼的一侧身体平卧海底，过底栖生活。有时候还把身体埋在松软的泥沙里，只露出两只眼睛，这样一则便于隐蔽自己免遭袭击，二则也更有利于它们突袭猎物。鲆和鲽适应底栖生活，它们的鳃盖膜后缘已向内卷成管状，呼吸的时候，水自口入，然后从鳃孔上端的小孔慢慢放出，这样可避免泥沙进入鳃内。鲆和鲽一般栖息在水深 200 ~ 1 300 米的海域内。

别以为鲆和鲽是一天到晚平卧海底不动的，其实它们也挺能游泳。游泳时也以侧卧平躺的姿势，身体上下弯曲，做波状前进。它们都有洄游习性，最远洄游距离达 2700 多千米，也算是个“旅行家”了。

电扇 · 冰宫 · 空调制冷

赤日炎炎的夏天，有的学生一回家就先把自己房间里的电风扇开关打开，然后就离开房间干别的什么去了，用意是使自己的房间凉快一点儿再进房做作业。其实他们没有意识到，电风扇本身没有制冷功能。不信你可以把家用寒暑表拿到电风扇跟前去吹它一二十分钟，假如原来室温是 33℃，那么电风扇吹一阵后，寒暑表上肯定还是显示 33℃，不会因此降下来。

夏日里如果用湿毛巾擦擦身子，然后打开电风扇一吹，准会感到身上凉爽好多。这是因为电风扇一吹，会加快体表水分的蒸发汽化，水分汽化的时候会带走许多热量，于是感到身上凉爽了好多。每 1 克水汽化会带走 2000 多焦耳热能。夏天人体能始终保持体温在 37℃上下，主要就靠人体排汗蒸发汗水带走热量来维持的。

世上还没有电风扇、空调器的时候，人们都用扇子摇动来加速空气流动，加快体表水分蒸发汽化，使自己感觉凉爽一些。

60 多年前，在我小时候，当时夏天有的理发店里，在每个理发座椅上方，都吊装有布扇。布扇长方形，很大，用几层厚布叠起来，中间和上缘用竹片夹住，十分简陋。用一根绳子把五六个布扇在上方串联起来，由一个徒工通过一端的一个滑轮扯动这根绳子，使所有布扇来回摇摆生风，给理发师和理发客人扇风。现在已见不到这种布扇了。不过前些日子看电视剧《雍正王朝》，我注意到清代皇帝的寝宫里，也曾用这样的布扇摇动生风，只是布扇比较大，用料比较讲究，也不是一串，而只在皇帝宝座上方安了一个，由太监扯动绳子扇风。

三国时期，曹操的儿子曹植在他的《大暑赋》里写道："积素冰于幽馆，气飞结而为霜。"这说明在炎炎盛夏，天然的冰已经是他们的消暑之物。其实早在 3 000 多年以前，我们的祖先就已经知道构筑冰窖，贮存冰块了。《诗经 · 豳风 · 七月》上写道："二之日凿冰冲冲，三之日纳于凌阴（即冰窖）。"前一句描写冬天河中取冰，后一句描写窖中藏冰。据《汉书 · 艺文志》记载，在春秋时期，秦国造了一座冰宫。每年夏天，从冰窖里取出许多冰块，放进宫殿里一根根粗大特制的空心铜柱里，用冰制冷。

我国改革开放以来，家用空调器的使用在大中城市已十分普及。空调器的制冷原理，跟电冰箱是相同的。在闭路条件下，依靠冷却系统中的制冷剂循环吸热，来达到制冷的目的。容易汽化的制冷剂由液体变成气体，吸收大量的热，起到了制冷作用。然后，电动压缩机把这些气体在比较高的压力下又重新压缩冷凝成液体，接着又开始了新的吸热制冷的循环。只是电冰箱功率较小，散热在室内；而空调器功率较大，多数散热在室外。原来的制冷剂采用氟利昂，它对大气臭氧层有破坏作用。现在生产的电冰箱和空调器已选用别的制冷剂代替氟利昂了。比如新制冷剂 ZCI 系列产品，无毒、无味、不可燃、无腐蚀性、制冷性能好、节电量高，且无需改动原有设备即可直接充灌。

似鱼非鱼文昌鱼

文昌鱼身体呈鱼形，名称也叫鱼，其实文昌鱼并不是鱼，正像鲸鱼（属哺乳动物）、鳄鱼（属爬行动物）、鲵鱼（属两栖动物）、章鱼（属软体动物）徒有鱼名，实际都不是鱼一样。

文昌鱼只有三五厘米长，两端尖细，全身半透明，无头、无鳞、无脊椎，连眼、耳、鼻等器官也没有。它没有真正的心脏，只有一个能跳动的腹血管，血是五色的；也没有真正的脑，只有两对脑神经；更没有完整的消化器官，只有口和咽，有一条直肠通肛门。背鳍、臀鳍、尾鳍只是一层皮膜，没有真正的骨质鳍条。虽然也用鳃呼吸，但是鳃并不直接向体表开孔，而被皮肤和肌肉包裹，形成特殊的围鳃腔。它是一种比鱼类原始得多的脊索动物。

文昌鱼自身几乎没有什么自卫能力，但是具有惊人的钻沙本领，是一种半底栖动物。它们喜欢生活在浅海松软的沙质海底。幼鱼喜欢栖息在泥沙混合的细沙里，成鱼多栖息在夹有少量碎贝壳的粗沙里。文昌鱼怕强光，白天总把身体后端插入沙中，仅仅露出前端的吻部和触手，到晚间才离开海底，垂直游到水面觅食，吃硅藻等浮游生物。文昌鱼因为没有胸鳍和腹鳍，所以游动中不能随意转弯，身体也容易失去平衡。一般寿命仅两三年。

文昌鱼对生活环境要求比较苛刻，要求水深适宜，潮汛不大，水流和缓，沙滩成片，海水盐度适中，饵料丰富。所以文昌鱼分布不广，西欧、北美曾有发现，我国的青岛、烟台和广东沿海也有它们的踪迹，数量都极少。只有我国福建省的厦门同安县沿海，是文昌鱼的著名产地。文昌鱼是一种富有营养的珍肴，味道鲜美。厦门文昌鱼干品，早就畅销南洋各地。

不起眼的文昌鱼，很受科学家青睐，因为脊索动物比无脊椎动物要高一等，比鱼类又原始得多，是无脊椎动物进化到脊椎动物的过渡种类。而目前地球上还没有灭绝的这类过渡种类极少，于是文昌鱼就成了研究脊椎动物的进化以及研究原始鱼类起源的最理想的科研材料。

捕捞文昌鱼既不用渔网，也不用渔钩，倒有点像庄稼地里刨花生。捕捞的时候，每船两人作业，船在渔场中心选点定锚，一人负责用铁锄把海底含鱼的粗沙捞上来，倒在木板上，另一人取海水淘洗，把文昌鱼拣出来。这几年厦门渔民一方面注意文昌鱼资源保护，建立了文昌鱼自然保护区，一方面又重视新渔场的发现和勘采，使文昌鱼每年都有一定的捕捞量上市，同时又不使资源枯竭。

举重·身高·体重

种植水稻的水网地区，由于田间田埂多数比较窄，所以挑秧等农活还是肩挑的多。南方农村农活重，人们就把有的年轻人不长个子归因于肩上的重担压的。现在电视上看到举重运动员矮小的多，也认定是练举重压的。

其实人长得矮小，原因比较复杂，跟种族、遗传、营养和生活条件都有关系。有的是由于体内甲状腺素或生长激素的分泌量过少造成的，如果是这种原因，就应该上医院找医生治疗，遵照医生嘱咐适当补充生长激素类药物。

我国正常成年人的身高差距很大，最高的可达2.4米，矮小的只有1.45米。据人类学家的调查和统计，我国成年人的身高平均为1.656米。西南地区人的身材比较矮，如贵州人平均身高仅1.613米；北方或东北地区的人比较高大，如黑龙江人平均身高1.678米。

人的高矮，主要是由骨架决定的。而骨架的高矮，主要是父母遗传的。科学家认为，人的身高75%决定于遗传。父母个子高，子女多数个子也高；父母个子矮，子女多半也高不了。大致可以根据父母的身高按如下公式预测子女的身高：

儿子身高＝（父亲身高+母亲身高）× 1.08 ÷ 2

女儿身高＝（父亲身高 × 0.923+母亲身高）÷ 2

人的身高25%决定于后天的体育锻炼和合理的营养等。从小积极进行体育锻炼，可以使骨增长、加粗。在儿童、少年以至青年时期，主要是由软骨逐渐变成骨组织。如四肢的长骨，在它的两端各有软骨层，叫骺软骨。骺软骨的细胞不断分裂，产生新的软骨组织，并不断钙化成新骨质，这样就使长骨向两端延长，骨就不断增长。同时骨膜下面的成骨细胞也不断分裂，使骨加粗。如果在少年、青年时期经常进行体育锻炼，能加速血液循环，使骨组织获得充分的养料，骺软骨的细胞分裂能力和骨膜下面成骨细胞的分裂能力增强，使骨长得更长更粗，于是会使身体长高。同样年龄同样性别的青少年，经常锻炼的比很少活动的身材要高4～10厘米。人到25岁前后，骺软骨就已经骨化，骨就不会再增长，一般来说，人也就不再长个子了。

所以，任何正常的体育锻炼，包括练举重，只会使人长高长结实，不会使人不长个子。举重运动员因为按体质量分级别，身材矮小结实的运动员体质量较小，从事举重项目比较有利，所以我们看到的举重运动员身材比较矮的多，特别是轻量级举重运动员矮小结实的居多。

从“空中芭蕾”说开去

2000年10月6日，随着两架拉着彩色尾烟的国产轻型飞机像白驹过隙似地穿越我国太湖大桥主桥洞，现场30万观众发出了雷鸣般的掌声。这是为期4天的“2000年环太湖世界特技飞行大奖赛”上的一个动人场景。作为飞越大桥桥洞精彩特技飞行的前奏，“阿帕奇”等世界一流特技飞行队的“空中芭蕾”表演也令人眼花缭乱。伴随着节奏明快悦耳的音乐，机群时而编队向上直冲云霄，时而来个前滚翻或后滚翻，时而机舱冲下驾驶员头朝下贴近湖面飞行，时而机身旋转着自上而下直冲水面而来……为了增添特技飞行表演画面的美丽色彩，有的飞机拉着彩色的尾烟，红色的、黄色的、绿色的、白色的……

为了避免南来北往的民航客机在同一航线上相撞，全国统一规定大型民航客机自北往南航行时，飞机一定得在海拔1万米高空航线飞行；自南往北航行，一定得在9千米高空航线飞行，高低相差1千米，这就避免了飞机在同一航线上发生相撞事故。在高空往南飞行的大型民航客机上，如果你是坐在靠右边机窗的座位，只要留心观察，准能不止一次地看到，在你所乘飞机的右下方，有自南往北反方向飞行的民航客机正飞行在航线上，远远看去，飞机还不到半米长，活像一架模型飞机，尾部还拖着一条绸带样细长的白烟，十分有趣。

特技飞行表演飞机上拉出的彩色尾烟，是从机身下方喷撒出来的彩色粉末形成的，可以有时喷有时停，随意人为控制。从高空高速飞行的大型民航客机尾部拖出来的带状白烟，一般人也认为是从喷气飞机喷撒出来的。这其实是一个误解。

高空民航客机尾部拖出来的带状白烟，一般不是从飞机内部喷撒出来的，而是飞机在高空大气中飞行的时候形成的一种特殊的云。这多半发生在低温的高空。喷气飞机的燃料主要是含有碳原子和氢原子的碳氢化合物，也称烃。这种碳氢化合物在航空发动机的燃烧室里，跟从发动机进气口进入的空气中的氧发生氧化作用，即引起猛烈的燃烧，于是产生高温高压的二氧化碳气和水蒸气，从航空发动机的喷口喷出，形成极大的推力，使飞机正常飞行。如果这时候高空气温很低，空气湿度又大，水蒸气就会凝结成许许多多小水珠，远远看去，就像白色的烟雾。这种情况一般发生在8千米到1万多米的高空，那里气温一般在−40～−50℃。白烟在飞机后边50～100米处形成，能存留30～40分钟。

有时飞机机翼的尖端，也会出现淡淡的白烟，这种白烟形成的原因跟上面说的不一样。这种情况往往发生在中、低空飞行，空气湿度又很大的时候。中、低空虽然气温不太低，但是由于机翼造型上凸下平，飞行中机翼下方的气压较大，机翼上方的气压较小，机翼后边空气由下向上流动，产生涡流。这涡流中心气压较低，温度也随着降低，于是空气中水汽达到饱和，形成白烟。这种白烟消失得比较快。

启明星和黄昏星

记得在下放河南潢川农村劳动锻炼的那年月，天高地宽，视野开阔，那时候看天上星星的条件比在城市优越得多。一清早太阳出来之前，一般星星都不见了，独有一颗亮星还悬挂在东方的天空，农村孩子也知道这是启明星。傍晚太阳刚刚落下地平线，别的星星都还没有露面，独有一颗亮星在西方的天空中先亮了起来，农村孩子也知道这就是黄昏星。

我曾经问过农家的学生，关于启明星和黄昏星，大家还知道什么呢？他们回答说，好像启明星就是金星，黄昏星就是火星，其他就不太清楚了。

其实启明星和黄昏星是同一颗星，就是太阳系八大行星中大名鼎鼎的金星。

为什么金星有时候在黎明时刻出现,有时候又在黄昏时刻出现呢?这是因为金星跟地球一样,也一刻不停地在绕太阳转动,只是金星离太阳比地球近,所以地球上的人看金星,它的位置总是大体上在太阳所在的方向上。当金星转到了地球和太阳之间的位置,或者绕到了太阳的背后,这时候金星不是被耀眼的太阳光淹没,就是被太阳整个遮住,人们根本见不到。只有在金星绕到了太阳的东侧或是西侧的时候,人们才能见到它:当金星绕到太阳东侧的那些日子,人们可以在日落西山后的黄昏时刻见到它;当金星绕到太阳西侧的那些日子,人们又可以在太阳从东方出来之前的黎明时刻见到它。于是误认为是两颗不同的星。

金星出现的月份每年并不一样。这是因为金星绕太阳的圈子比地球小,地球才绕太阳转过大半个圈子,地球上的人们才过了225天,金星已经绕太阳转完了一圈。这样一来,地球、金星、太阳之间的位置关系就很复杂,因此每年金星出现的月份就不尽相同。一般说来,金星从启明星变成黄昏星,或者从黄昏星变成启明星,中间大约间隔两三个星期。

金星是地球的近邻,在金星表面软着陆的探测器数量最多,至少已有10多个。金星大气跟地球的不大一样,含氧和氮很少,二氧化碳却占97%以上,水蒸气只有0.1%左右。金星表面四五十千米高空有一层二三十千米厚的浓云,这浓云是由有剧烈腐蚀作用的浓硫酸组成的,以微小雾滴形态飘浮在金星大气中。金星表面的大气压比地球的大90倍,地球人根本承受不了那么大的大气压力。由于金星有浓厚的大气包裹,使流星很少有可能直接冲击金星表面,所以金星上很少有月球表面的那种环形山,倒是有耸立的山峰和曲折的山谷,既有平原,也有洼地。

金星上常有惊心动魄的放电现象,电闪雷鸣,令人生畏。"金星12号"探测器在从金星上空8千米处下降到5千米处的过程中,接连不断记录到1000次闪电。它还记录到一次长达15分钟的特大闪电,这在地球上是闻所未闻的。金星还有一个突出的特点,就是自转速度极慢,而且是太阳系内唯一的逆向自转的大行星,太阳在它那里是西升东落的。金星上一昼夜相当于地球上的118天，太阳一旦在金星上升起，59天都在地平线上，昼夜各约59天。

正是河豚欲上时

我国宋朝著名诗人苏东坡有一首诗，名《惠崇春江晚景》：

竹外桃花三两枝，
春江水暖鸭先知。
蒌蒿满地芦芽短，
正是河豚欲上时。

这首诗很美。诗中说到了每年初春正是河豚上市的时节。

河豚是一种海生剧毒鱼类，河豚毒素能致人死命。河豚肉味特别鲜美，有“拼死吃河豚”一说。这也是似是而非的认识。其实河豚主要是卵巢、肝脏和血液有剧毒，不新鲜的河豚体内毒素也会扩散到其他部位，只要在河豚还新鲜的时候把全部内脏掏出，并剥去鱼皮，清洗干净，再用清水浸泡一些时候，用来煮食，还是安全的。经过科学处理，河豚肉还是很受国外欢迎的出口创汇水产品呢！

有趣的是河豚遇敌时腹内气囊能吸气鼓胀，肚子鼓得圆圆的，使腹部朝天，仰浮水面，用躺倒装死迷惑对方，免遭侵害。有一年夏天我在北戴河休假，在退潮后的浅水海区，我就亲眼见到了河豚躺倒装死，鼓起圆圆的肚子仰浮水面的情景。

河豚是海产洄游鱼类，每年初春到淡水江河产卵，以到长江的最多，集中在江阴、镇江一带的长江中产卵。成鱼产卵后回归大海。幼鱼留在淡水江河中生长，到第二年春天，才成群结队游向大海，长大后再来淡水江河繁殖。

大批量捕获河豚不用渔网，而用渔钩钓。舟山渔业公司有专门钓河豚的船队。每年秋天，是出海垂钓河豚的黄金季节。船队包括钓船和冷藏船，一次出海长达3个月才回。到达渔场以后，先要选好作业位置，确定放钩方位，并且必须在天亮前放下渔钩，因为河豚喜欢在太阳刚出来时觅食。河豚是肉食性底栖鱼类，爱吃活食，所以要求饵料要新鲜。海底光线比较暗，要选白色或反光发亮的小海鱼做饵料，河豚才容易上钩。每次放下海的钓钩在6 000枚左右，扎在钓线上，钓线长约3万米，像是在海里布下一道长长的篱笆。放完钓钩1小时以后，就可以起钓了。钓船每天起钓一次，每次起钓最花时间，一般要10 ~ 12小时，渔工轮班作业。上钩的河豚，大多被钩住上颌，也有在游动中被钩住背部或腹部的。河豚生命力很强，出水后不会马上死去，还要拼命挣扎，所以往往已经上钩了还会被挣扎脱钩。渔工眼快手巧，见鱼赶快就用抄网抄入网内，但即使迅速作业总也有一部分河豚脱钩逃掉。

招潮蟹为什么舞动大螯

在我国东南沿海的海滩上，常常可以看到一种红褐色的小蟹，在海潮即将涌来的时候，面对大海，频频舞动它的大螯，仿佛在招迎潮水的到来。这就是甲壳纲沙蟹科的招潮蟹，又名望潮。

招潮蟹长相很特别，体扁，头胸甲前宽后窄，身长4厘米左右，背部稍稍隆起，螯红褐色。雌蟹一对螯都很小，雄蟹两螯中左螯很小，但是右螯特别大，几乎占它体质量的一半。招潮蟹在泥滩上挖洞穴居。雄蟹在海滩上频频舞动大螯，一向认为是在招迎潮水的到来，并由此取名招潮蟹。这实在是个似是而非的误解。

其实雄蟹舞动大螯并不是在招迎潮水的到来，而是在招引雌蟹，是向雌蟹求爱的一种方式。雄蟹在向雌蟹求爱时，一面按一定的路线爬行，一面频频挥动大螯——亚洲的招潮蟹只把大螯直上直下挥动，美洲的招潮蟹既直上直下舞动，也向侧面挥动。此外，雄蟹还用大螯的掌节或步足敲击地面，一连敲多少次，间隔不久再接着敲，不同的种类有不同的敲击规律。雌蟹的脚上有特殊的感受器，能在离雄蟹老远处就听到雄蟹敲击地面的信号。雌蟹爬近雄蟹后，雄蟹边敲边进洞。雌蟹一旦被引进洞内，一般直到产完卵、卵又孵化之后才出洞。雄蟹的大螯，也是用来跟别的雄蟹格斗的有力武器。

招潮蟹随潮水的涨落来安排自己的生活，潮水涌来时，它们早已藏身洞穴中，用泥沙堵住洞口，悠闲地在洞内休息；潮水退去以后，它们立即活跃起来，纷纷在海滩上寻觅食物。

招潮蟹体色随白天和黑夜的交替而变化，夜晚体色浅，白天体色深。而体色变得最明显的时间，恰恰是比前一天推迟约50分钟，这跟各地沿海每天涨潮的时间都要比前一天推迟约50分钟相吻合。每个地方的涨潮时间都比前一天推迟约50分钟，这是因为潮水上涨主要是地球上的水受到月球的吸引引起的。地球自转一圈是一天，月球绕地球公转一圈是农历的一个月。每天月球在公转轨道上移动一点儿距离，地球上某一个固定的地方要追上这一点儿距离，正好约50分钟。

有人对招潮蟹体色变得最明显的时间每天推迟约50分钟这一个生理现象，作了如下观察研究。

首先，他们把招潮蟹移放到没有昼夜之分和潮涨潮落的暗室里，经几个星期观察，发现招潮蟹的体色变化规律仍然跟在海滩时一样。这一实验证明，即使在没有昼夜变化和潮汐现象的条件下，招潮蟹还是显示出体色变化的节律。

他们又把招潮蟹放在黑暗的容器里，然后运到几千千米之外，放养在另一个时区的海滩上，结果招潮蟹很快适应了新的生活环境，并按新的时区来安排自己的生活节律。

有人还把一些招潮蟹放到暗室里达两个月之久，并使装蟹的容器温度从 25℃降到 6℃,结果招潮蟹的体色变化照旧很有节律。

后来他们改变实验方法，把招潮蟹放到水温几乎是 0℃的水里长达 6 小时,然后迅速把水温加热到接近室温,结果如何呢？他们发现本来招潮蟹的体色应在中午变得最深,可是经过降温又加温处理的招潮蟹,到了下午 6 点体色才变得最深,推迟了 6 小时。这说明,这一批招潮蟹的生物钟,在 0℃时整整停了 6 小时。

招潮蟹体色变化最明显的时间,为什么跟潮汐一样每天要比前一天推迟约 50 分钟,这还是一个有待进一步揭开的自然之谜。

多数鲨鱼并不伤人

在各种海洋鱼类中，鲨鱼家族是比较兴旺的，种类很多，全世界约有 340 多种,我国海域约有 110 多种。在人们的印象里,鲨鱼生性凶残,会吃人。这是一个似是而非的认识。其实世界上会袭击人的鲨鱼,总共只有约 20 种,我国海域约有 10 多种,如噬人鲨、锥齿鲨、灰鲭鲨、大白鲨、鼬鲨、双髻鲨、真鲨等。袭击人的鲨鱼一般体形粗短、口大、齿利、眼圆形。多数种类的鲨鱼性情温和,不主动伤人。

鲨鱼有许多特点。鱼类一般都是卵生的,在体外受精。但鲨鱼是体内受精的,虽然大多数也卵生或卵胎生,少数如灰星鲨等却是胎生的。

鲨鱼中的鲸鲨,是鱼类中的庞然大物,体长 20 米上下,体质量十几吨,比一头大象重得多。鲸鲨卵生,一个鱼卵足有西瓜那么大,算是世界上最大的卵了。

鲨鱼对海水污染十分敏感,只要有百万分之一的有害物质,它就能感觉出来,有所反应。

鲨鱼听力范围的低频区的最低点，远远低于人类的听力限度，能分辨次声波。

鲨鱼的嗅觉十分高超。渔民下海不小心被礁石或贝壳划破流血,鲨鱼远远就能闻到极微弱的血腥味,会立刻向受伤的渔民发起进攻。鲨鱼还能嗅出海水中其他微量的化学物质。

鲨鱼的视觉也很突出,对光线的敏感度比人的眼睛强10倍。

鲨鱼智力比一般哺乳动物稍高些,通过训练也能学会做一些简单的动作,学会一个动作的速度甚至比一般哺乳动物还要快。

鲨鱼在大多数情况下,行动保持严格的群体秩序。群体中有首领,有部下。一般情况下,地位低的鲨鱼都尾随在后。

鲨鱼的生活很有节奏,进食、休息有规律。

生性比较凶残的鲨鱼,如有一种名叫砂鲛的鲨鱼,不仅在海洋里是一霸,就是在娘胎里,也十分残暴。砂鲛是胎生的,在出生以前,幼鱼就在母鲨腹中自相残杀,大一些的往往活吞弱小的。这种情况,在整个动物界也是绝无仅有的。

鲨鱼害怕红色的物体,所以下海捕捞海珍的人,一般都穿红色衣裤,以防鲨鱼袭击。

人们早就注意到鲨鱼从不生癌,即使用大剂量的化学致癌物质,鲨鱼身上也不会形成肿瘤。探究它的原因,一般认为鲨鱼体内含有某种活性酶,而其他动物的这种活性酶在进化过程中逐渐消失了。如果这个假设能够证实,同时又能够成功地找到这种活性酶的话,那么人们就有可能找到非常有效的抗癌药物。

鲨鱼也有克星,它的天敌是豹鳎鱼。任何种类的鲨鱼遇到豹鳎鱼,都会逃之夭夭。小小的豹鳎鱼怎么能制服凶猛的大鲨鱼呢?只是因为豹鳎鱼体内含有一种毒素,这种毒素能破坏鲨鱼的神经组织,杀伤鲨鱼体内的红细胞。由此人们想到,一旦海船失事,人员落水,为免遭鲨鱼袭击,可把从豹鳎鱼中提炼出来的毒素撒入海水,以保障遇险船员的安全。

海龟之岛以龟代舟

10 多年前，国外新闻媒介发布过一则让人十分惊异的报道，说是海龟在一起海难中救起了一条人命。报道是如下记载的：

> “航行在菲律宾马尼拉以南 960 千米海面上的客轮“阿罗哈”号，不幸失火沉没，唯一的幸存者是一位身体肥胖又不会游泳的中年妇女，而这位妇女的‘救命恩人’竟是两只海龟……客轮沉没以后，这位妇女穿着一件救生衣在海上漂游了 12 小时。正当她感到自己已无生还的希望的时候，突然游来两只海龟，一大一小。它们先伴随她游了一会儿，大海龟就钻到她身下，用龟背把她托出水面，那只小海龟也用背壳紧靠这位妇女，以防止她滑落水中。就这样在海上又漂游了两天两夜之后，一艘商船才把这位妇女从海里救了起来。之后，两只海龟摇晃着身子，似乎有点儿依依惜别，慢慢地游走了……”

南美大陆厄瓜多尔东侧的太平洋洋面上，散布着一群面积不大的岛屿，名为加拉帕戈斯群岛。那里盛产海龟，是海龟之岛，不仅数量多，个儿也大。那里的人们爱骑海龟游海，人坐在龟背上，稳当舒适。人们常以龟代舟，海龟成了人们往返各岛的交通工具。

海龟是一种海生爬行动物，大海龟体长 1 米多，体质量 200 多千克。背甲棕黄色。4 只鳍肢呈桨状，前肢大于后肢。头、颈、四肢都不能缩入甲内。海龟每年循一定的洄游路线在沿岸近海的上层活动。在海里行动迅速灵活，主要以海藻为食。在我国，北起山东沿海，南至南海诸岛，都有海龟分布。

一般认为海龟是很安分平和的动物，是大海中的受气包。这个认识不完全对，也算是个似是而非的认识。有的大海龟也十分好斗，甚至敢跟鲨鱼较量。大海龟用坚硬的背壳能在鲨鱼身上划出一道道伤口。恶战过后，海龟往往会失去整条鳍肢。

平时，雄海龟总喜欢趴在雌海龟的背上，有时也扇动鳍肢帮雌海龟游上游下。在海底沙地上，它们也是这样相互靠得紧紧的，到水面换气时，它们更是身贴身地游上去，换气后再一起下潜到海底。有时好几只海龟在海里趴成一摞，五六只海龟依附在一起，由一只雌海龟趴在最下面，背起背上的那一摞，而且只它自己出力游动。

海龟生活在热带海洋里，偶尔随着暖流来到温带海域，但不在温带海滩产卵繁殖。海龟即使在数千千米之外，也要三五成群结伴回到故乡交配产卵。海龟怎么认识归途呢？一种说法认为它们可能跟某些洄游鱼类一样，体内具有某种能利用地球重力场辨认方向的构造，同时能参照海流和不同时期的水温来校正航向。海龟长途旅行不迷途的秘密，还有待进一步揭开。

每年夏季前后是海龟的繁殖季节，受精的雌海龟往往拖着沉重的身子游向岸边，竭尽全力爬上岸去，寻找合适的产卵场所。雌海龟多半在晚上爬上海滩产卵。它们在沙滩上转悠，有时兜了一大圈也找不到中意的产卵地点，于是不得不又重返大海。有的雌海龟找到了合适的产卵场所，就用前肢在沙滩上挖出一个坑，伏在里面，再用后肢交替挖一个约20厘米大小、深约50厘米的卵坑，随后把卵产在坑里。每次产卵一二百枚，卵圆球形，白色，有弹性。产完卵后，雌海龟用后肢把沙土扒入坑内，把卵埋好，然后返回大海。卵在沙土里靠太阳光晒热沙土孵化。大约经过两个月，幼龟就破壳而出。

一只只破壳而出的小海龟钻出了沙坑，它们顾不得熟悉一下这出生故乡的风土，就匆匆忙忙向着喧闹的大海快速爬去。这生命初期的头几分钟对它们来说是至关重要的，因为地上有沙蟹，空中有军舰鸟、海鸥、岩鹭等天敌，都会威胁小海龟的生命。也许正是因为如此，海龟赋予它们的后代一项卓越的本领，它们一出生就能识别哪里是海，尽管大海有时被沙丘等障碍物挡住，根本看不见，它们也不会弄错方向。

刚出壳的小海龟一入海，几乎没有游泳和潜水的能力，只能在海面随波逐流，过漂泊的生活。刚出壳的小海龟背部呈深褐色或橄榄色，腹部呈白色或淡黄色。受惊时，它们立即把前肢放在背甲上，然后缩回后肢和脖子。这时候整个龟体看去就像一小片木块漂浮在水上，又像是一块礁石微露水面。于是空中的天敌海鸥等会把小海龟误看成一块礁石，水下的天敌鼬鲨等会把小海龟误看成一小木块。就这样，弱小无援的小海龟常常得以死里逃生。

人们发现，大个儿的海龟，有自己把整个身子埋进海底淤泥里的现象。有人猜测，这是为了摆脱长在龟背上的藤壶，海龟自埋海底淤泥里，寄生龟背的藤壶会由于缺氧而死去。也有人猜测，这是海龟冬眠的一种形式。到底海龟为什么要自埋海底，还有待于进一步弄清楚。

潜艇·电池·烟囱

在电视屏幕或者画报上，人们看到的常规潜艇的脊背上都没有烟囱。这是因为潜艇在海战中必须事前深潜水下，用鱼雷等武器攻击敌舰，所以脊背上不能安装烟囱。否则，烟囱及烟气容易被敌方的雷达和红外探测仪发现，所以潜艇脊背上的确没有设置烟囱。于是不少人以为，潜艇是靠许多蓄电池组合在一起作为能源来驱动潜艇行进的，就像火车站的电瓶车靠蓄电池驱动前进一样。

实际上常规潜艇是以柴油机—电动机联合动力装置推进潜艇前进的。潜艇在海面或浅潜条件下航行时，都用柴油发动机驱动；只有在深潜水中航行的时候，才用蓄电池直流电动机驱动。

常规潜艇在浅潜条件下还能使用柴油动力装置推进，是由于潜艇上安装了潜艇水下航行时也可提供空气的升降通气管，长8～15米，柴油机所需的空气由升降通气管从水面以上吸入。要深潜航行就得使用蓄电池直流电动机作推进动力装置了。不过，潜艇上储备的蓄电池能供应的能源有限，如果开足动力在深海水中航行，航速达20节（即20海里/时）的话，蓄电池的电能量仅能维持1小时左右，航行不到30海里；如果低速航行，蓄电池的电能量则可维持几十小时，航行数百海里。

常规潜艇开动柴油发动机就会产生废气，那么常规潜艇是怎样排放柴油发动机产生的废气的呢？

实际上常规潜艇上还是有“烟囱”的，只是并不设置在潜艇脊背上，也不叫“烟囱”，叫排气管，出口设置在潜艇的左右两侧。

现代常规潜艇的排气管分水上排气管和水下排气管。潜艇在水面航行使用柴油发动机的时候，用水上排气管排放废气。水上排气管的出口一般都浸没在水线以下的水中，废气直接排放进海水中。现代常规潜艇排出的废气中烟气量很少，大部分是二氧化碳，它们大部分溶解进海水中，只有一部分经海水冷却后逐渐扩散，逸出海面，所以潜艇排放废气几乎很难被发现。

现代常规潜艇潜入浅海水下航行的时候，废气从水下排气管排出，排放废气的方式和结果跟水上排气管完全相同，只是排气管出口设置在潜艇更加隐蔽的地方。

尽管核潜艇已成为潜艇战的主角，但因为常规潜艇机动性好，造价较低，安全性也较强，所以在未来战争特别是局部战争中，它仍将占据不可代替的地位。

泉水叮咚

我国名泉遍布全国，像是镶嵌在祖国大地上的璀璨明珠。济南的趵突泉、镇江的中泠泉、无锡的惠山泉、苏州的观音泉和杭州的虎跑泉，同为我国的五大名泉。

有一种定时喷喷停停和定时流流停停的间歇泉，最为有趣儿。如我国贵州有一个间歇泉，每隔10多分钟流一回；美国黄石公园的间歇泉每隔66.5分钟喷一次，可说是十分准时。因为都是间歇泉，所以人们以为所有间歇泉都是同一原因形成的。这实在是一个误解。

话得从头说起。雨水从天空落到地面时，有一部分很快流入江河或湖泊，有一部分被蒸发掉，还有一部分渗入地下，成为地下水。地下水在地下是不停地运动的，所以井水用了还会不断被补充。地下水跟地表水一样，必须从高处向低处流。地下水在地下含水层里流动，遇到适当的地形、地质条件时，就会自动流出地表，这就是泉水。所以泉水的源头是地下水。

美国黄石公园的那个喷泉，长期以来总是每隔66.5分钟喷发一次。只是近几年来，据说间隔时间有时也会加长。我国西藏雅鲁藏布江河谷一带，也有这样定时喷发的间歇泉。地下水在地下受到岩浆加热，形成蒸汽。当地下蒸汽越聚越多，压力越来越大，到了足以使堵塞通道的水喷起来的时候，喷泉就出现了。喷泉一次喷发以后，地下大量蒸汽同时逃逸散失，于是重新平静下来，地下水又堵塞了泉水涌出的通道，等到蒸汽压力积聚到足以再一次喷发的时候，新的一轮壮观的喷发又出现了。这就是有的喷泉喷喷停停的原因。

贵州境内流流停停、停停流流的间歇泉，当地人叫它“圣泉”。这个泉差不多每隔十几分钟涌出泉水一次，相当有规律。原来这眼泉的活动规律，跟物理学上的虹吸原理有关。先做一个小小的实验：用两个脸盆，一个盛满水，放在桌子上，另一个空脸盆放在桌子旁的地上。再找一根1米多长比小手指稍细一点儿的软橡皮管或软塑料管（也可用洗衣机的进水软管），先把软管全部浸入盛水的脸盆，使软管内灌满水，然后一只手的手指堵住软管管口，并使管口固定在盆底，另一只手的手指堵住软管另一端的管口，并把这个管口移出盆外，置于底下那个脸盆的上方。最后两手都把堵管口的手指移开，一个奇怪的现象出现了——上面脸盆里的水就会通过

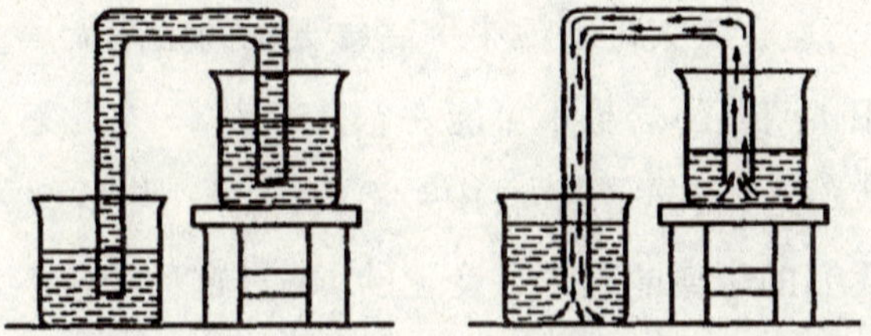

高处的液体水，因受空气的压力，能通过拱起的弯管，
先向上再向下流向低处，这就是虹吸现象。

软管，源源不断流到下面的脸盆里，直到流完为止。这就是虹吸现象。高处的液体水，因受空气的压力，能通过一条拱起的弯管，先向上再向下流向低处，这就是虹吸原理。出现流流停停间歇泉的山，一般由石灰岩组成。石灰岩长期受地下水溶蚀，在内部溶成了一些洞和沟，当洞和沟凑巧连在一起的时候，这洞就像我们小实验中桌上的脸盆，这沟就像小实验中弯曲的软管，这间歇泉眼就像软管下端的管口，一旦洞内积满地下水，就会出现虹吸现象，洞内的水通过弯曲的沟涌出地表。洞内的水流完以后，泉眼停止涌泉，然后洞里再慢慢积水，等到再一次积满水，也就再一次出现虹吸现象，泉眼再一次涌泉。这洞有大有小，地下水来源有多有少，所以这种间歇泉涌泉的间隔时间也有长有短。贵州境内的这个“圣泉”，一昼夜涌泉约100次。

夕阳山外山

已故著名教育家李叔同（即弘一法师）在20世纪30年代写过一首校园歌曲《送别》。其中“长亭外，古道边，芳草碧连天；晚风拂柳笛声残，夕阳山外山”意境优美，使我联想起儿时在南方小县城的学校生活，也联想起人们对夕阳的一个似是而非的认识。

人们根据自己亲身的体验，一直认为夕阳西下以及黎明太阳刚从东方升起来的时候，血红的太阳都比中午高挂天空的太阳大。

当然太阳本身是不会也不可能一忽儿变大，一忽儿缩小的。那是不是太阳早晚离我们近，看起来就大；中午离我们远，看起来就小呢？

太阳离我们的距离的确是在变化的。不过这种变化不大，不会影响到视觉中太阳的大小。一年之内，太阳离我们最近和最远时相差大约500万千米，这比起太阳跟我们之间的距离大约1.5亿千米来，简直算不了什么，这么一点儿差距，除非用仪器才能测量出来。这还是从一年来说的。在一天里面，太阳在早晨、中午、傍晚时候跟我们之间的距离变化，一般只有几千千米，更不会影响我们看太阳的大小了。

天文工作者还做过比较复杂的计算，发现并不是每天都是早晚的太阳离地球比中午近，而是有时候早晨的太阳比中午近，但傍晚的太阳离地球比中午远；有时候傍晚的太阳离地球比中午近，但早晨的太阳比中午远。从这里也可以看出，太阳早晚看起来比中午的大，距离的变化不是它的真正原因。而人们视觉上的错觉，才是产生似是而非认识的原因。

我们的眼睛在看天空的时候，有这么一种错觉，头顶部分的天空好像离得近些，地平线附近的天空好像比较远些，也就是说看天空有发扁的感觉。我们平时看一样东西的大小，常常是把东西的远近也考虑进去的，比如看近处的砖塔和远处的山，望过去山顶比砖塔还低，但我们怎么也不会真的认为砖塔比山顶高。看早晚的太阳和中午的太阳也是这样。明明太阳的大小没有什么变化，却因为它出现在人们看来有点儿发扁的天空，结果连太阳的大小似乎也不同了：旭日东升和夕阳西下的时候显得大一些，太阳越升得高，看起来越显得小（见示意图）。

此外，一早一晚太阳离地平线比较近，地面上有山有树有房，拿它们来跟太阳相比，太阳当然显得大些。中午太阳高挂天空，附近没有什么东西可以拿来作比较，只有一片茫茫的天空衬托着太阳，太阳也就显得小了。

其实，如果我们用照相的办法对太阳定点拍照，不论旭日东升、夕阳西下还是高挂天空，在照片上太阳应该是一般大小的。

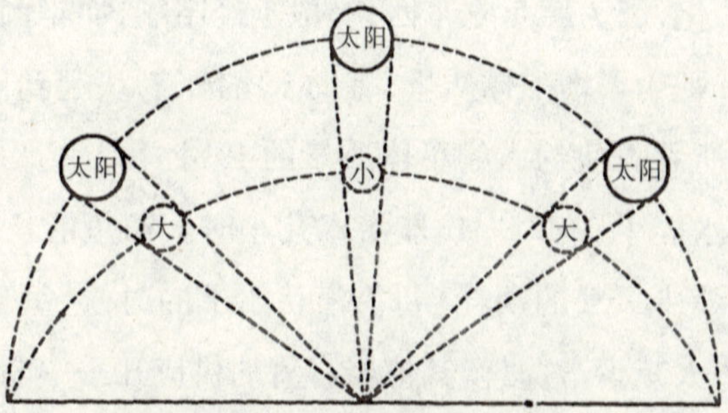

看天空有发扁的错觉示意图

月亮在刚升起来或者快落下去时，看起来也比高挂天空的月亮要大，原因是一样的，也只是人们的一种错觉。

鳄 鱼 泪

人们都说凶残的鳄鱼在吞食那些弱小动物的时候，会流出怜悯的眼泪，并以此来讥讽那些假慈悲者。也说海龟让人捉住以后，知道末日将临，再也回不到自己的故乡大海中自由自在地生活了，也会禁不住掉下泪来。

其实这些都是似是而非的误解。

动物学家对鳄鱼、海龟进行过仔细的研究，发现这些动物的眼睛附近，长有一些特殊的腺体，内有导管，并跟血管交错在一起，能把鳄鱼、海龟血液中多余的盐分离析出来，排出体外。由于排泄含盐体液的导管开口在眼睛附近，人们就误以为是流眼泪了。

一些海洋鱼类是通过鳃来排出多余盐分的。有些海鸟有专门的盐腺来排盐，比如银鸥、黑背鸥等，具有鼻腺，因而掉的是鼻盐泪。海蛇有舌下腺，它通过舌下腺排盐。

说到鳄鱼，还有一些有趣的事情，比如有几种鳄鱼有吞食石块的习性，并且为了寻找合适的石块，常常不得不长途旅行。人们发现，鳄鱼吞食石块，一则帮助消化，因为鳄鱼吃东西，一般不经咀嚼，而是囫囵吞食，借助石块磨碎食物；二则为了增加体质量，有助于潜泳，石块起到了像船舶压舱物的作用。一般所吞石块约占鳄鱼体质量的1%上下。

鳄鱼是潜水能手，有时一次能潜水几小时。鳄鱼能长时间潜水，是因为它能调节血液中氧气的消耗。每次潜伏水下的时候，每分钟心跳只有两三次，血流量大大减少，这时候其他器官氧的供应几乎中断，只保证对脑的供氧。

鳄鱼看起来丑陋粗笨，可是捕食的时候却粗中有细。平时浮在水面，只露出眼睛和鼻尖，静静地伺机捕食岸边的动物。一旦看见猎物，就悄悄潜泳过去，甚至水面都不起水波。潜到猎物跟前，它会突然用长长的有力的尾巴把猎物打晕，然后用嘴咬住，拖进水里。或者用尖牙利齿一口把猎物咬成几段，大块大块吞进肚子里。多数种类的鳄鱼生性凶残贪婪，即使是同类也互相残杀，弱肉强食。所以一般供游人观赏的养殖池里，只放养个儿差不多大小的鳄鱼，免得小鳄鱼遭殃。

凶悍的鳄鱼，几乎能袭击它周围的所有动物。但是鳄鱼与一种叫做千鸟的小鸟，却能和平相处，从不加害于这种小鸟。千鸟能自由自在地在鳄鱼身上觅食小虫，还能随便进入鳄鱼口腔，啄取寄生在那儿的水蛭。在鳄鱼闭上嘴巴的时候，千鸟只需轻击鳄鱼的上下颚，鳄鱼就会马上张开大嘴，让千鸟从嘴巴里飞出去。在鳄鱼闭目养神，张口小睡时，千鸟就开始担当起哨兵警卫的角色，一旦出现鳄鱼的敌害，千鸟就及时发出叫声，使睡梦中的鳄鱼惊醒，马上沉入水底，免遭意外袭击。鳄鱼跟千鸟就这样和平共处，相依为命。

国外滥杀鳄鱼，取鳄皮制革，吃鳄肉的情况很严重。滥杀鳄鱼已危及生态平衡。比如非洲鳄靠一种四须鱼为生，四须鱼又靠其他鱼类为生，其他鱼类吃各种昆虫。一旦非洲鳄被大量捕杀，四须鱼数量就会猛增，而作为四须鱼食物的其他鱼类会明显减少，结果势必造成当地昆虫大量滋生为害。所以非洲大陆尤其需要保护鳄鱼。

鳄鱼类动物中,有一种扬子鳄,是我国特产,现仅分布于江苏、安徽的长江南岸,数量稀少,已列为国家一级保护动物。

扬子鳄体长约 2 米,背部暗褐色,有黄斑和黄条;腹部灰色,有黄灰色小斑和横条;尾部有灰、黑相间的环纹;头颈短而粗;4 条腿又粗又短,在陆上活动不太灵活。扬子鳄从不主动伤人。

浮生如梦

古人自责自己大半生碌碌无为,虚度年华,常感慨浮生如梦。现在借用现成的佳句为题,说说关于做梦的似是而非问题以及说说做梦是怎么一回事。

过去习惯的说法是做梦会影响脑子休息,对健康有害。这是一个日常生活中似是而非的认识。现代的科学研究否定了原先的说法,认为做梦并不妨碍脑的休息,倒是对脑功能的恢复有益。

现在知道,睡眠过程中有两种状态:一种状态睡得比较死,科学上叫快波睡眠;另一种状态睡得比较轻,科学上叫慢波睡眠。通常一个晚上两种状态会反复交替出现。做梦往往是在睡得比较死的状态发生,在这种状态下脑血流量会增加,脑耗氧量也会增加,这都对脑工作能力的恢复有益。有人做过试验,有意制止人的有梦睡眠,发现反而会降低记忆力,影响学习效果。

所以,起码不要把做梦看做是对健康有害的事儿了。

做梦是怎么回事儿呢? 都说日有所思,夜有所梦。白天,人想过什么,看见过什么,听到过什么,做过什么,夜里睡觉的时候,有可能梦到。这是因为人的一切活动,都是由人脑指挥的。人脑各个部位分工很细,各管一摊,有管看的,有管听的,有管做的,等等。白天,人醒着的时候,人脑各个部位的神经细胞都在上班工作，所以可以做各种各样的事情。夜里，睡着了，人脑各个部位的神经细胞也下班停止工作了，人就什么也不清楚了。

不过人睡觉的时候，不是一下子就睡着的，是逐渐睡着的。最先逐渐停工的是管手脚活动的那部分人脑神经细胞，所以人一发困就会觉得四肢瘫软无力。接着才是管听的、管看的、管感觉冷热的神经细胞，一个部分接一个部分地逐渐停工，最后人就睡着了。

在人睡着的时候，人脑有一些部位的神经细胞停止活动了，但要是还有一些部位的神经细胞没有完全停止活动，就容易做梦。

至于为什么有的梦记得清楚，有的梦记不太清楚，这跟梦境对人脑刺激的强弱有关。人做梦，在梦里看到的、听到的、做过的事情，对人脑来说也是一种刺激。刺激强的、印象深的梦，就记得住，记得清楚；刺激弱的、印象浅的梦，就不容易记住。另外，有时候做的梦，梦见的就是一件事情，从头到尾很紧凑，比较完整，这种梦比较容易记清楚。有的时候做梦，梦到好多事情纠缠在一起，像一团乱麻，这种梦就不容易记清楚。

是虹，还是霓

夏天，天上落下了最后几滴大雨点，雨过天晴，树叶显得特别鲜绿，空气显得特别清爽。这时候，拉开了雨幕的天空那边，有时会出现一条彩色的光带——美丽的彩虹。

跟虹相似的霓，常使人们虹霓不分，往往把霓也看做是虹，出现似是而非的误认。其实两者形成的条件和原因不同，色彩排列次序也不同。

虹的光带是怎样发生的呢？空中那鲜艳的色彩又是从哪儿来的呢？

在回答这些问题之前，我们先自己来造一条人造彩虹看看。其实方法也挺简单，你在嘴里含一口水，背着阳光站立，然后抬头从嘴里喷出飞沫，你就能够看到，在飞沫里出现了一条跟天空中见到的一样的彩虹——虽然没有像在天空里出现的那么大，色彩也不那么鲜明。

这个实验能够说明，虹的出现与飞沫（小水滴）和太阳光有关系。

早在近千年前的北宋时候，我国古代科学家沈括曾在他的名著《梦溪笔谈》里写道："虹乃雨中日影也，日照雨则有之。"他虽然没有把虹的形成原因说清楚，可是把产生虹的条件"日照雨"说得十分明确。

后来法国科学家笛卡儿在喷水池上看到了人造的虹，就说虹是太阳光射入空中的水滴内形成的。但是他说不清楚虹为什么有各种色彩以及为什么颜色总是按一定次序排列的。

300多年前，英国科学家牛顿做了一个很有名的实验，才对虹的形成原理，特别是虹为什么出现有次序的色彩排列，作了合理的解释。牛顿使一束太阳光穿过一条狭缝，再照射到一个玻璃三棱镜上，太阳光线经过三棱镜就改变了原来的方向，发生折射，并在一个白色屏幕上映出一条色彩排列像彩虹一样的光带。光带的色彩排列总是靠近三棱镜顶角的一端是红色，靠近底边的一端是紫色，中间挨次是橙、黄、绿、青、蓝，这就证明白色的太阳光是由多种色光混合组成的。屏幕上出现的彩色光带叫光谱，光谱中的每一种色光叫单色光。太阳光经过三棱镜被分解成一些单色光，这种现象叫光的色散。光是一种波，光的颜色是由光波的频率决定的。红光频率低，通过三棱镜时发生偏折的程度比较小；紫光频率高，通过三棱镜时发生偏折的程度比较大。这就是造成色散的原因。颜色是一定频率的光波射入我们的眼睛引起的视觉现象。

上面说的牛顿实验只是说明形成虹的原理，还不是形成虹的直接原因。天上的虹不是太阳光通过三棱镜形成的，而是通过天空中的小水滴形成的。

那么，雨后，太阳光射入浮游在大气里的小水滴后的情况是怎样的呢？

为了便于说明，我们把一滴小水滴放大来看（见示意图）。太阳光中一条光线从左上角射入小水滴，光线发生折射，改变了原来的方向，并分散成为各色的单色光线。各色光线通过小水滴射到小水滴内部右侧后壁，就向左下方反射，各色光线又通过一次小水滴，并在左下方射出，进入大气后又折射了一次，然后射到地面上来。在这样经过两次折射和一次内反射后，引起色散，并使各单色光射向地面。

这种太阳光在小水滴内产生的折射、内反射和色散作用，同一时间在大量的小水滴内同时进行，于是我们在天空看到了彩色的虹。

那么，为什么虹总是红色在外圈，紫色在内圈？又为什么虹都是圆弧形的呢？

这问题比较复杂，这里只能说个大概。

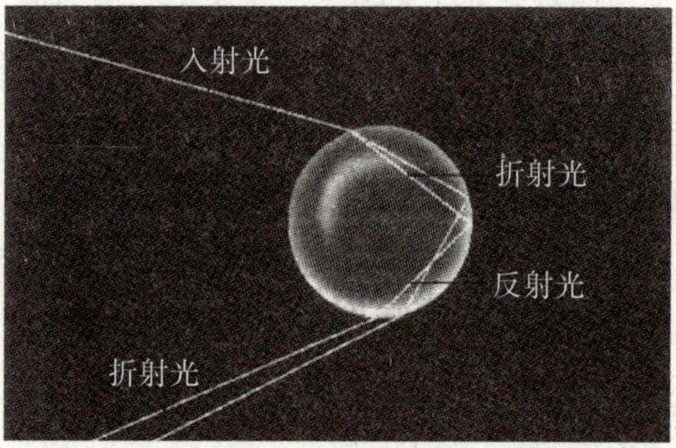

小水滴对入射光的折射、反射示意图

先要明确这一点，天空中密密麻麻的小水滴各自在引起太阳光折射，使之发生色散，并在小水滴内壁发生反射而把各色单色光射向你的时候，角度是很不一致的。有的太陡，射到了你的身前；有的太斜，射到了你的身后。据计算，只有 40°36′ ~42°18′ 这个角度最合适，不陡也不斜，而且从这个角度射来的单色光最密集，因此也最亮，色彩最鲜明。42°18′ 射来的是红色光，因为红色光折射时偏折程度比紫色光小；40°36′ 射来的是紫色光，因为紫色光折射时偏折程度比红色光大。其他单色光挨次分布在 40°36′ ~42°18′ 的范围内。这个角度跟太阳的位置和你站的位置密切相关。

说明了这些，就可以回答为什么虹总是外红内紫这一问题了。

设想把虹的红色光带上的各点跟你的眼睛连接起来，你可以得到一个轴心通过太阳中心和你的眼睛的圆锥截面环(见下图,一部分没入地平线下)。在这圆环上的每一小水滴到作为圆锥顶点的眼睛的连线,跟轴心连线的夹角都是42°18′。因此,所有这些小水滴在你的眼里都显出同样的红色。它们合在一起,就形成红色的光弧。在它们内侧的小水滴形成橙色的光弧,橙色光弧内侧的小水滴形成黄色的光弧,以此类推,直到蓝色光弧内侧的小水滴又形成紫色的光弧,这样就形成了弧形的彩虹。其实红色光带上的小水滴也散射出红光以外的其他单色光,只是这些单色光都射到你的眼外去了,眼睛看不见。所以虹一般都是红色在外围,紫色在内圈。

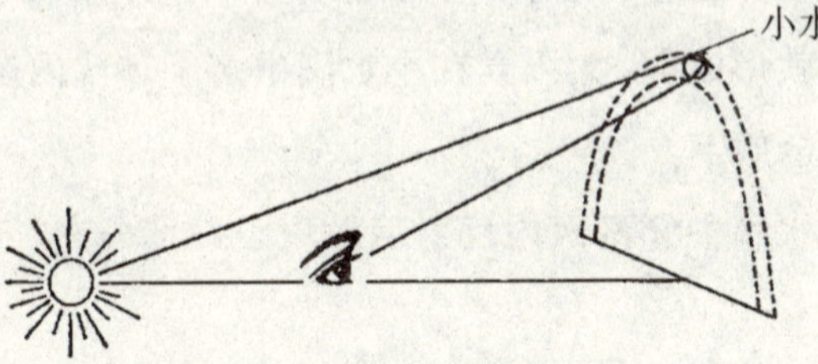

虹的构成示意图

上面说了,人们看到虹,是要求有一定的角度的,这个角度跟太阳的位置和人站的位置密切相关。同一时间太阳位置相同,但是你我站的位置不同,我看到的虹你看不见,你看到的虹我看不见,你我看到的一定不是同一条虹。我们的位置移动的时候,虹的位置也一定跟着移动,这时候看到的虹是由另外部分的小水滴形成的。如上所述,彩虹光带上射入人眼的色光跟连接太阳中心和眼睛的假想轴线必定成一个40°36′~42°18′的夹角,彩虹实际上应是以上述假想轴线为中心线,以眼睛为顶点,母线跟轴线成上述夹角的圆锥截面上的一个圆环。这就是说,彩虹本是圆形的,只是因为平时见到的虹大半没入地平线以下,人们看不见,只看见地面以上的那部分圆弧。在高空飞行的飞机上,就有可能碰巧看见圆形的彩虹。

小水滴在空中实际上不是固定不动的,都在慢慢往下掉。不过因为在一定位置上总有上层的小水滴来替补下掉的小水滴的位置,所以好像总有小水滴在那个位置上固定不动一样。

彩虹色彩的鲜明不鲜明，跟天空中小水滴的大小有关。小水滴比较大，比如直径约1毫米时，红色光带清晰，绿色、紫色光带也比较鲜明。小水滴比较小，直径在0.5毫米左右时，红色光带的亮度大大减弱。小水滴特小，直径小到0.06毫米时，虹就没有色彩，只出现白色光带。

有时候，我们也能够看到在天空同时出现两条彩虹，一上一下，排列在一起。不过仔细看，上面的那条虹色彩的排列次序跟通常见到的虹恰巧相反，紫色在外围，红色在内圈。这种虹通常叫副虹，也叫霓。

太阳光在产生普通虹的小水滴上面的另外一些小水滴中，做了两次折射，两次内反射，就形成霓。太阳光在小水滴中多了一次内反射，色彩排列次序上就正好完全颠倒。

太阳光在小水滴中经两次内反射后散失了一部分光。所以霓通常要比虹暗淡。

有时候偶然也会同时出现三条、四条虹，原因是太阳光的反光有时候也能形成虹。比如在海湾或是大河、大湖的上空，就有可能看到这样的虹，这是因为水平如镜的海湾、大湖能造成太阳的反光的缘故。

不要以为只有白天能见到虹，晚上，在特殊情况下，明亮的月光也能形成虹。这种虹只在对着月亮的那一边的天空出现，色彩也比较暗淡。

我们的祖先早在2 000多年前的春秋战国时期就已经注意到了虹出现的季节规律。在古书《礼记》里记载："季春之月，虹始见；孟冬之月，虹藏不见。"出现虹的条件，一是天空中要有比较大的小水滴；二是要有比较强的太阳光。春末到夏季，降雨比较多，雨滴比较大，雨过天晴，天空中还悬浮着大量小水滴，于是就形成了虹。有时这边放晴，那边还下着雨，更有条件形成虹。冬季天空中小水滴少，雨后阴沉沉的，一般也不会马上出太阳，所以不容易形成虹。

人们老早就注意到虹的出现跟天气变化有关系，我国民间早有"东虹日头，西虹雨"的天气谚语。因为我国所处温带地区的高空气流总是从西往东流动，下雨的云，几乎都是随高空气流一起移动。早晨，太阳在东边，如果西边有雨，那儿的天空就可能出现虹，而在西边下雨的云，就会随着高空气流移到当地上空来，当地也就可能要下雨。傍晚，东边天空有虹，说明那儿可能有雨，而在东边下雨的云，会随着高空气流更加远离当地移去，这时候，如果西边天气晴朗，那么这儿也准是个晴天。所以说这条天气谚语是很符合科学道理的。

企鹅·头领·演员

我们在电影、电视屏幕上看到的企鹅，直立时像是穿着燕尾服，一副绅士派头。成群直立行走时一摇一摆、蹒跚步行的样子，引人发笑，逗人喜爱。

由于通常只在有关南极的电影、电视或者报刊报道中出现企鹅的形象，所以在人们的印象中，似乎企鹅的产地，仅限于南极海滨和南极各岛屿，以致有的文字记载也说“企鹅是南极的特有动物”。这是一个误解。

企鹅共有18种，除南极外，南美、南非和澳大利亚南部海岸，也有不同种的企鹅生活着。甚至地处南美赤道上的加拉帕戈斯群岛上也有1种企鹅在那儿生活着。不过，企鹅是仅生活在地球南半球的鸟类。多数种企鹅分布于冰天雪地的南极海滨及其各岛屿。

企鹅不怕人，很愿意亲近人。见到人，似乎很好奇，会主动跟过来，挤到人跟前，上下打量，似乎很乐意跟人交往。

企鹅为了适应海上生活，双翅已演变成鳍状，不能飞行。身上的羽毛很像小鳞片，又密又厚，皮下有很厚的脂肪层，所以在几乎终年冰天雪地的生活环境下，还能保持正常体温。多数种企鹅换羽跟其他鸟类不同。企鹅换羽时，新的鳞片状羽毛逐渐生长，旧的羽毛不马上脱落，每根新生羽毛就直接长在旧羽毛的下面。等新生羽毛长成后，旧羽毛才全部被推出去。这种换羽方式，是企鹅长期在酷寒条件下对生活环境的一种适应。企鹅双脚短而粗壮，趾间有蹼，在海里潜泳极快，能顺着海浪跃起2米多高，从而登上陡峭的礁岸或冰丘。

巴布亚企鹅成群生活在一起，每个群体里会自发产生头领，由头领管理群体的正常生活。每天清晨，头领就发出驴一样的叫声，叫唤自己的部下赶紧离窝出来站队。看到有谁磨磨蹭蹭，无精打采，头领就会用嘴啄它，使它懂得应该遵守集体的纪律。

帝企鹅由雄企鹅担负孵卵的全过程。但是并不是每只雄企鹅都能得到蛋孵。这时候没有蛋孵的雄企鹅，往往衔起一块卵石或冰块放在自己腹下，装成孵蛋的样子，而且装得很像，以致人们很难分清哪些企鹅真在孵卵，哪些企鹅是在装假。有趣的是真假孵卵者有时会颠倒过来。如果有一孵卵者不小心把蛋滚落一旁，这时候早在一旁窥视动静的假孵卵者就会立即扔掉自己的假蛋，把真蛋抢过来放在腹下，并昂首挺胸蹲在那里认真孵卵，像是什么事情也没有发生过一样。丢蛋者找不到自己的蛋，也只好捡起一块卵石放到自己腹下孵起“蛋”来。

企鹅经过驯养，也能成为马戏演员。在马戏场上，它们时而随着华尔兹舞曲翩翩起舞，时而听从驯兽师的口令进行精彩的高台跳水表演。企鹅杂技演员还会跳出水面在空中接鱼吃。这些企鹅演员有点儿“人来疯”，表演完了之后，往往不愿意马上离开宽敞的表演池，这时候驯兽师就会放出海豚，赶那些企鹅离池回巢。海豚很乐意完成这样的任务，因为一方面可以显示自己“高人一等”，另一方面也可以因此得到一条鱼的奖赏。

上现蜃楼和下现蜃楼

在夏天的沙漠里，大风卷起黄沙漫天飞扬之后，往往接踵而来的就是叫人难以忍受的酷热，气温可达四五十摄氏度。偶尔出现一支骆驼队行进在茫茫沙海中，似乎只有驼铃单调的催人昏昏欲睡的“叮当”声，才打破这沉闷的寂静。此时此刻，人们是多么渴望有个凉快的地方歇歇脚啊。可是，在这渺无边际的沙海中，哪有凉快的去处？不过，有时候，特别是烈日当空的晌午，在人们眼前会突然出现一湾湖水，湖畔水光树影，清晰可见。湖水吸引了疲劳的人们，它似乎就在眼前，走呀，走呀，可是又总也走不到。一阵风刮过，这湖光树影就消失得无影无踪。人们这才醒悟过来，这是遇上海市蜃楼了。

在大海边，本来望出去是水天一色，茫茫一片，往往大半天什么都不见的海面上，有时候远处却突然出现了一座城镇，楼台城郭，桥梁街市，树木行人，历历可见。不久又销声匿迹，无影无踪了。这又是遇上海市蜃楼了。

海市蜃楼是一种空中幻景，又名海市。我国山东半岛最北端的沿海县城蓬莱县（古时名登州），靠海有个古建筑蓬莱阁，是个有名的观看海市蜃楼的地方。北宋科学家沈括曾在他的名著《梦溪笔谈》中，记录了他在蓬莱见到的海市蜃楼的景象："登州海中，时有云气，如宫室台观，城堞人物，车马冠盖，历历可睹。"海市蜃楼是光线在穿过大范围不同密度的空气层时，把几十千米甚至上千千米外本来看不见的景物，经过折射和全反射抬升到地面或者半空中的奇异的幻景。一般把沙漠里见到的海市蜃楼跟在大海边见到的海市蜃楼混为一谈，这是似是而非的一种认识。实际上，由于形成海市蜃楼的自然条件不同，海市蜃楼分上现蜃楼和下现蜃楼两大类。在大海边见到的海市蜃楼多数是上现蜃楼，在大沙漠里见到的海市蜃楼多数是下现蜃楼。

我国山东蓬莱海面上空多次出现的应该是上现蜃楼。三四月间，太阳光照射海面，因为海水蒸发耗去了大量热量，又因为海水吸收太阳光的热量后增温很慢，所以暖季里陆地地面已晒得烫人，而海水却显得很凉，接近海面的空气层受海水温度的影响，气温也比较低，较高处的空气层没有直接跟很凉的海面接触，气温反而比较高。这就形成了上暖下凉，空气密度上小下大的暖、冷空气层。来自景物的光线，在通过密度较大的冷空气层而进入密度较小的暖空气层时，经过折射和全反射，射入人们的眼睛，把本来没入地平线以下人们看不见的远处景物，“抬”高成了人们看得见的景象。

上现蜃楼也可以在大江、大湖和南极、北极等地方出现。在我国西藏的阿里高原湖上空，也多次出现过这类上现蜃楼。

下现蜃楼大多出现在沙漠地带，它的出现原理跟上现蜃楼相似，但情况刚好相反。在沙漠地区，晴天太阳直晒沙地，把贴近地面的空气很快烤热。在没有风的时候，地面空气升温可高达几十摄氏度，但是上层空气仍然很凉。这就形成了空气上凉下热、密度上大下小的分布。来自景物的光线在通过密度较小的贴近地面的暖空气层而进入密度较大的凉空气层时，先向下折射，半路上产生全反射，然后向上射入人们的眼睛，使本来看不见的景物呈现在了人们眼前。所不同的是在空气密度上密下疏的情况下，景物向人们的眼睛所投射的光线是向下弯曲的，因此形成的景象在景物的下方。通常看到的下现蜃楼的景象是景物的倒像（见示意图）。因为天空通常是蔚蓝色的，所以它在地面上的景象看起来很像一汪湖水，而景象又是倒的，看起来好像湖水中的倒影；要是空气层多少有点儿波动，景象发生晃动，看起来就会更像湖水在波动。因此，沙漠地区如果出现下现蜃楼，景象中往往有人们渴望的水面，常叫人上当。

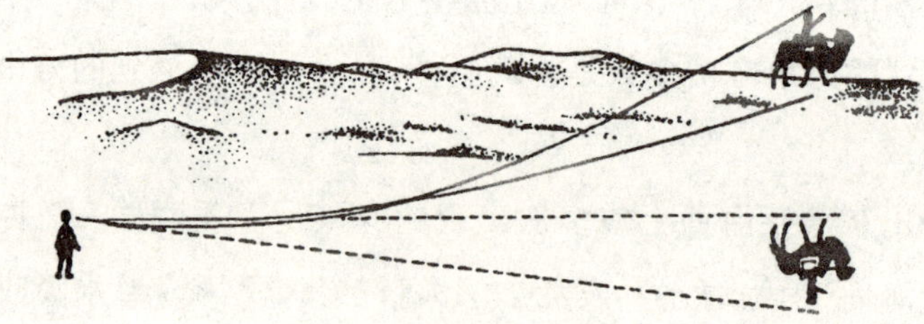

下现蜃楼示意图

海市蜃楼的出现，有时候也有例外。沙漠地区，在黎明之前，由于那里夜间辐射散热较快，地表气温比上层空气凉，于是形成上暖下凉上疏下密的空气层，由此形成上现蜃楼。海洋上，在低纬度和赤道海面，当冷空气流经这些海域时，会形成上凉下暖上密下疏的空气层，于是形成下现蜃楼。

给优秀电视剧挑个毛病

我在看中央电视台播放的一部革命历史电视剧时，注意到有个电视画面上，当时的陈毅市长气冲冲地对在场的市委领导曾山、许涤新、潘汉年说：一次投入10万银元，还是没能改善金融困难，几天工夫人民币贬值3倍……

我要给这部优秀电视剧挑的毛病，就在“贬值3倍”上。在一些书报刊物上，偶尔也出现过“低几倍”、“小几倍”、“减少了几倍”……来表示数和量，这些其实都属数和量的似是而非问题。请看下面3个错误例子：

“美国的国土比前苏联的国土小3倍……”；

“儿子年龄比父亲年龄小3倍……”；

“去年在校学生比今年少2倍……”。

以上用低几倍、小几倍、减少了几倍等来表述之所以不妥，在于表述的数和量不很明确。比如，去年本村文盲约800人，今年只有约200人，说今年本村文盲比去年减少了4倍(用200除800)。但是，如果他有100元，你有50元，那么你比他少几倍呢？说少1倍，照上面的算法就不对；如果说少2倍，那么少1倍又是多少呢？

所以上述的表述是不明确的。凡是说一个数比另外一个数小多少的时候，不要说小几倍，应该说这个数比另外一个数小几分之几，或者小百分之几，或者说减少了几成，或者说这个数是另外一个数的几分之几。

上述3个错误例子正确的表述应该是：

美国的国土比前苏联的国土小2/3，或者说前苏联的国土有3个美国大，或者说前苏联的国土等于美国的3倍，或者说前苏联的国土比美国国土大2倍。

儿子的年龄是父亲年龄的1/3，或者说父亲年龄是儿子的3倍，或者说父亲的年龄比儿子大2倍。

去年在校学生比今年少50%，或者说今年在校学生是去年的2倍，或者说今年在校学生比去年多1倍。

我国著名语法修辞大师吕叔湘教授跟朱德熙教授合作写过一本书，书名为《语法修辞讲话》，在第三讲“虚字”一章的第二节“数量、比较”一节中，明确指出：“说到减少，只能说减少几分之几，不能说减少几倍。只有往大里说，才能用倍数。”

下面分析2个句子的毛病：

> “铸型场的工人们把开炉时间缩短1倍，由从前10天开一炉改为5天开一炉。”
>
> “全月工伤假较去年6月（检修前的1月）减少百分之三百，病假减少百分之五百。”

第一例不该说“缩短1倍”，应该是“缩短一半”；第二例的“减少百分之三百……减少百分之五百”尤其叫人难懂，其实是“减少3/4”和“减少5/6”。

现在回过头来仔细琢磨上述优秀电视剧中当年陈毅市长说的“几天工夫人民币贬值3倍”，叫人觉得费解，是不是说几天工夫人民币贬值了3/4？

高处不胜寒

太阳的光和热，是我们地球上各个地方热能的主要来源。太阳是一个庞大而炽热的气体球，它的表面温度在6 000℃以上，中心温度高达2 000万℃以上。太阳的内部进行着像氢弹爆炸那样的热核反应，经常处在激烈的活动中。组成太阳的化学元素在发生热核反应的过程中，释放出大量的光能和热能。所以即使是寒冷的冬天，我们在露天坐北朝南的墙角里一蹲，只要能照到阳光，身上也是暖洋洋的。于是按一般推理，地球上离太阳比较近的高山之巅，应该比平原地区要暖和一些。常住平原地区又没有出过远门的人们，不少人也是这样认为的，因为从日常生活经验中体验到，冬天烤火取暖离火炉比较近的地方比离火炉远的地方要暖和许多。这当然又是一个想当然的似是而非的认识。

事实上，在喜马拉雅等高山上，一年四季气温都在零下二三十摄氏度，终年积雪不化，是个满地冰雪的白色世界。电视剧《长征》第18集红军路过雪山夹金山的时候，战士问毛主席，这儿夏天为什么还是冰天雪地。毛主席回答说，这就是古人说的"高处不胜寒"么。

离太阳近就应该热些，为什么高山反而比平原冷呢？

离一个烧得很旺的炉子10千米和12千米远，两者有没有区别呢？当然不会有什么区别。同样道理，太阳离我们大约1.5亿千米，而地球上最高的地方是世界第一高峰我国的珠穆朗玛峰，高约8 848米，不到10千米。这8 848米对于1.5亿千米来说，简直算不了什么。近了那么一点点距离，是不会影响到气候的冷暖的。

可见高山反而比平原冷，是另有原因的。

原来太阳辐射到地面上来的热量，首先被地面吸收，随后地面把吸收到的热再散射出来，把地面附近的空气"烘"热。紧挨地面的这一层空气"烘"热了，就膨胀上升，由另一层比较冷的空气来接替，这一层空气又被"烘"热以后，接着又上升。高山离平原比较远，平原散射的热只有很少一部分能够到达那里，所以高山要比平原冷。

此外，地面把吸收到的太阳热散射出来，空气是否能够保住这些热，不同情况就完全不一样。平原地区空气比较稠密，稠密空气固然会阻挡住一部分太阳光照射到地面上来，但是它能防止地面散射的热散失。天空布满云的夜间，气温总要比晴夜高，就是这个道理。高山空气比较稀薄，山越高，空气越稀薄。稀薄的空气对太阳光照射到山地上来的热的阻挡固然要小些，可是它保不住山地上散射出来的热——热来得容易，可是向太空散射得更快。这就是高山反而比平原冷的主要原因。

南斯拉夫上空的隐形飞机

自1999年3月24日起，美国、英国等西方8国，明目张胆地联合起来向一个主权国家南斯拉夫联盟进行狂轰滥炸，合伙侵略一个多民族的主权国家，强加给南斯拉夫人民深重的战争苦难。在这次罪恶战争中，美国曾分两批共派出F-117A隐形飞机24架，参加野蛮空袭。

在1991年的海湾战争中，美国研制的隐形飞机F-117A战斗轰炸机和B-2轰炸机，曾出动1 200多架次，竟没有一架隐形飞机被地面炽烈的防空炮火拦击受损，曾引起世界的注意。

英国科学幻想小说作家威尔斯写过一本《隐身人》，说是一个人用了一种褪色药，就能隐身，别人看不见他。这是一个科学幻想故事，现实生活中没有隐身人。有人以为隐形飞机像科学幻想小说中的隐身人一样，人们根本看不见它。这当然是一个误解。其实隐形飞机不过只是对雷达来说能隐形，地面防空雷达不容易发现它，而在人们肉眼视力所及的范围内并不能隐形。

研制隐形飞机主要考虑防止被雷达、红外探测器发现。隐形飞机所以能够隐形，主要是采用了一系列隐形高新技术，如机体骨架和蒙皮使用隐形材料、表面隐形涂料、外形隐形结构、降红外辐射技术、降噪声技术、电子干扰技术等。能吸收雷达波的材料有多种，如碳纤维增强树脂复合材料、碳化硅丝增强铝复合材料等。表面隐形涂料如镍钴铁氧体、金属和金属氧化物超细粉末组成的涂料等，能使辐射上来的雷达波的磁损耗加大，起到吸收、透波作用。隐形飞机外形结构也很特殊，机身剖面呈棱形、锥形，没有尾翼，改用倾斜的V形双立尾，这些都能削弱雷达回波。美国的B-2隐形轰炸机翼展 52.43 米，机身长 21 米，这样大的飞机，雷达散射截面只有 0.05 平方米，隐形效果极好。为了对红外探测器隐形，隐形飞机发动机的进气口、排气口设置在飞机顶部，并在排气口安装排气机和吸热装置，减少发动机喷口的热源，使地面的红外探测器探测不到飞机的红外辐射。至于噪声，隐形飞机安装有吸声装置，并采用噪声极小的飞机发动机。

总之，隐形飞机达到隐形效果的关键，在于采用隐形材料和隐形设计，尽量把雷达波束吸收掉，或者使其向偏离原雷达的方向反射。这些设计使飞机规避雷达和红外探测的能力达到最好的程度。隐形飞机的造价高，每架 F-117A 隐形飞机价格达 1.11 亿美元。

但是，隐形飞机不是万能的，目前还没有任何隐形飞机绝对隐形。首先，隐形飞机即使逃过了地面雷达的搜索，却逃不过空中预警飞机机载雷达的搜索。此外，像 F-117A 隐形战斗轰炸机在进行低空飞行时有可能反射来自地面雷达的波束，从而暴露自己在空中的位置。另外，打开武器舱门投掷炸弹的时候，舱门就会反射地面雷达波束；尤其是投弹时，炸弹本身会在雷达屏幕上显示出来，从而也暴露了隐形飞机自己的飞行轨迹。

据新华社报道，1999 年 3 月 27 日，北大西洋公约组织（简称北约）8 个成员国空袭南斯拉夫进入第四天，入夜，设在意大利阿维亚诺空军基地的北约战机分批起飞，其中包括 F-117A 隐形战斗轰炸机。当晚，一架 F-117A 隐形飞机在南斯拉夫上空被击落。第二天清晨，南斯拉夫国家电视台就播放了被击落的 F-117A 隐形战斗轰炸机残骸录像，残骸上有编号“AF-806”，电视屏幕上显示飞机仍在燃烧，火光在夜幕中特别耀眼。随后美国国防部一位官员在 28 日承认，一架美军 F-117A 隐形战机在对南空袭时失踪。4 月 3 日，南斯拉夫国防部长布拉托维奇宣布，这架被击落的 F-117A 隐形飞机上监视系统等的零部件，已运抵莫斯科，交俄罗斯的军事和科研机构研究。

蛇颈龙、翼龙、鱼龙等都不是恐龙

在我长期的科普编辑工作中，不止一次地遇到书稿作者把中生代恐龙时代的蛇颈龙、翼龙、鱼龙等，全都称作恐龙。这是一个似是而非的错误。

离开现在已有 17 000 万～7 000 万年的中生代，那时候整个地球气候非常温暖，没有像现在这样明显的寒带和热带的分界。地球上的地势也要比现在平坦，有许多湖泊和沼泽，生长着热带和亚热带的植物。那时的地球，是古代爬行动物——龙的世界。

那个时候，身体构造比爬行动物进步的哺乳动物还没有出现，只有当中生代结束后，自然环境的改变对爬行动物很不利时，哺乳类动物才得到发展的机会，代替了爬行类动物在陆地上的统治地位。

中生代爬行动物的种类很多，其中最著名的是各种恐龙，还有就是蛇颈龙、翼龙、鱼龙等。下面分别介绍一下不属于恐龙的鱼龙、蛇颈龙、翼龙的大致情况，并说明为什么它们不属于恐龙范畴，最后再大致介绍几种比较著名的真正的恐龙，看看跟蛇颈龙等主要区别在哪里。

在中生代的地球上，海、陆、空都是爬行类动物的世界。那时候，有一种鱼龙，它的祖先是在陆地上行走的四足动物，经过了长时期的自然选择和对水里生活的适应，它们逐渐形成了鱼形的身体。鱼龙具有类似鱼的鳍，可是里面还保留着退化了的在陆上行走的祖先遗传下来的肢骨。鱼龙的嘴很长很尖，牙床上长有尖利的牙齿。眼睛很大，眼眶四周有一圈抵抗水的压力的眼眶骨。尾巴跟鲨鱼尾巴很相像，是往上翘的。从复原的体形观察，鱼龙是很好的游泳能手，它们是当时海洋里很凶猛的食肉类动物。鱼龙虽然是爬行类动物，但是它们并不回到陆上产卵，它们是卵胎生的，即卵在母体内孵化后再产出幼体。科学家也确实找到过一些鱼龙母体的化石，在它们肚子里，找到了小鱼龙的化石。

蛇颈龙是另一种在海水里生活的爬行动物。它们有比鱼龙更发达的像划船用的桨一样的两对鳍，所以也名鳍龙（其实蛇颈龙只是鳍龙类中的一类）。蛇颈龙的身体很肥，有些扁平，有点像大海龟的身体。它们的脖子很长，像蛇的头颈，所以称它们为蛇颈龙。有位古生物学家曾经这样描绘蛇颈龙："蛇颈龙像一条贯穿在一只乌龟身体里的大蛇。"蛇颈龙跟鱼龙一样有很长的嘴，嘴里长满尖利的牙齿。最大的蛇颈龙身体有 13 米多长，它们是当时海洋里最凶恶的掠食者。

翼龙是中生代另一类会飞的爬行类动物。不久前，一件非常完美的翼龙化石，在我国内蒙古宁城义县地层下发现。这具翼龙化石有着精美的翼膜、遍布全身的"毛"以及近乎完整的化石骨架。它的翼膜跟下腹相连，尾膜跟第五趾连接，脚趾有蹼。科学家分析这条翼龙生活在水边，全身分布的"毛"可能是为了调节体温或者其他功能的需要，比如增强飞行能力以及飞翔中捕食猎物时的消声等。翼龙特别长的翅膀表明它具有很强的飞行能力。翼龙嘴宽而短，以食昆虫为主，可能还捕食鱼类等。科学家已把这一化石翼龙命名为热河翼龙，归入蛙嘴龙科——一类具有短尾的喙嘴龙类。热河翼龙具有许多喙嘴龙类的典型特征，如短颈，短的掌骨以及特别长的第五脚趾等。该科已知的成员曾经在德国、哈萨克斯坦共和国以及我国的辽西发现过，但都不如热河翼龙保存完整。热河翼龙的毛状皮肤衍生物跟带毛恐龙中华龙鸟的毛状皮肤衍生物形态相似，但两者是否为同源结构，尚待进一步研究判定。

恐龙一词最早见于《英国化石爬行动物》一书，该书作者是英国古生物学家理查德 · 欧文。目前全世界七大洲都发现了恐龙的遗迹，世界各地被描述的恐龙大约有 650 ~ 700 种。按照国际公认的关于恐龙的定义，是指生活在距今大约 2.35 亿年至 6 500 万年前的、能以后肢支撑身体直立行走的、已经灭绝的一类陆生爬行动物。鱼龙、蛇颈龙、翼龙等虽然都是那个时期的爬行类动物，但都不能用后肢支撑身体直立行走，因此按照国际公认的定义，它们都不能算是恐龙。

恐龙是蜥龙类爬行动物和鸟龙类爬行动物的总称。各种恐龙体型各异，有大有小，大的体长几十米，质量可达四五十吨。小的体长不到 1 米。有食肉的，也有食植物的（当时地球上还没有我们现在见到的各种草）。蜥龙类骨盘构造跟蜥蜴的骨盘近似，著名的如梁龙、雷龙、霸王龙以及我国的马门溪龙、禄丰龙等。鸟龙类骨盘构造跟鸟类骨盘近似，著名的如鸭嘴龙、剑龙、甲龙、角龙、青岛龙等。

梁龙的颈和尾都很长，四足行走。最大的个体长达 30 米，是已知最长的恐龙。化石发现于北美洲侏罗纪晚期地层中。

雷龙体躯庞大，长可达 22 米。头很小，颈和尾都长，四肢粗壮有力，四足行走，以植物为食。化石发现于北美洲侏罗纪晚期地层中。

霸王龙体长约 13 米，质量约 8 吨。牙齿锐利，前肢短小，后肢粗壮。是已知最大的食肉恐龙之一。化石发现于北美洲白垩纪晚期地层中。

马门溪龙体长可达 20 多米。头骨很小；牙齿纤弱，呈棒状；颈部很长；脊椎粗大笨重；肢骨关节面粗糙。以植物为食。因化石首次发现于我国四川宜宾马门溪而得名。化石发现于侏罗纪晚期地层中。

禄丰龙体长约四五米，高约两三米，头小，颈和尾都较长。前肢短小，后肢粗壮，行走时成半直立式，这是跟梁龙不同的地方。主要以植物为食。因化石首次（1938 年）发现于我国云南禄丰而得名。生存于三叠纪晚期。

青岛龙体长约 6 米，高约 5 米。鼻骨上有鼻棘，是鸭嘴龙的一种。以植物为食。化石发现于我国山东莱阳附近白垩纪晚期地层中。

曾经主宰了世界 1 亿数千万年的恐龙家族，在约 6 500 万年前的白垩纪末期彻底灭绝了，在中生代以后的地层中，人们再也找不到任何恐龙的痕迹。它们那么突然地灭亡，就像它们过去极度兴盛一样使人惊奇。

恐龙的突然灭绝，可能是多种原因造成的，如小行星撞击地球，火山普遍喷发等。但细想起来，全球自然环境发生巨大的改变应是主要原因。中生代末地球上许多地方都有相当强烈的地壳运动，有许多新的山脉形成了，火山的喷发和地震相当普遍。很多原来是湖泊广布的平原和低地，隆起成了山脉和高原。随着地形和水陆分布的改变,地球上的气候也起了很大的改变。海陆分布和地形的改变,对气候有很大的影响。新隆起的高峻的山脉改变了气流的方向,改变了雨量和温度的分布。这些自然环境方面的改变,加速了中生代晚期就已经开始了的植物界的改变。

地形、气候和植物等方面发生的变化引起了整个地球上动物在自然环境中的生存条件的改变。植物界一般对于自然环境的改变比动物"敏感"。植物界的很快改变首先影响到一些以植物为食的恐龙的生存。以植物为食的恐龙的死亡也威胁到肉食性恐龙的生存。

动物对于它们周围的自然环境只能适应，它们没有能力改变自然环境。当自然环境中的生活条件改变得太快时,它们因为不能适应新的生活条件,就会被自然淘汰。

前面说过,恐龙灭绝的原因可能包括许多方面。但是,中生代末期到新生代开始时,自然环境的急剧改变,确实是恐龙灭绝的一个基本原因。

酷似飞机的新型船舶——冲翼艇

2000 年 11 月,《北京晚报》报道了一则消息,说"地效飞行器将问世广州,广州市民将亲眼看到一种既离开水面又贴近水面的物体在江海上高速飞行,时速可达 200 千米,载员 15 人,如果从番禺到香港,比现在乘水翼艇要省一半时间"。这种地效飞行器模样十分像飞机,国内外正式名称叫冲翼艇,它是一种新型的能飞的船,而不是飞机,光看外表会产生似是而非的误认。

冲翼艇从外观上看极像飞机,艇体两侧也设置了一对巨大的像机翼那样的艇翼,艇尾也安装了尾翼,艇上采用涡轮风扇、涡轮螺旋桨或喷气式航空发动机推进,用调节尾翼的垂直舵、水平舵以及艇翼上的襟翼、稳定翼控制航向并保持飞行高度。艇身、艇翼结构也具有飞机的某些特点。艇内设备、仪表大多来源于飞机。

但是冲翼艇绝不是飞机，跟飞机有着质的区别。冲翼艇不设置起落架和前轮后轮。通常飞机飞行中靠上凸下平的机翼产生升力飞行，而冲翼艇飞行中主要靠艇翼贴近水面的表面效应产生升力托起艇体。所谓表面效应，是指艇翼在接近水面（或地面）的一定高度飞行时，流经艇翼与水面（或地面）之间的气流被强烈阻滞，下翼面下方的气流受到水面（或地面）与艇翼的两面挤压，很难立即流向外侧，这就使下翼面下方的压力大大提高，变成升力把艇体托起。这是跟普通飞机最大的区别。

冲翼艇明显优于一般船舶，在于冲翼艇利用表面效应使艇体完全脱离水面，在密度只有水的1/800的空气中航行，使航行阻力比一般船舶极大地减小，因而航速大大提高。目前一般船舶最大航速仅为30~40节（即30~40海里/时）。水翼艇、气垫船等虽然也可把船体托出水面航行，减小了水的阻力，但是因为水翼艇的水翼和气垫船的围裙仍跟水接触，使它们的航行速度限制在70~80节以下。而冲翼艇航速可达100节以上，甚至高达300~400节。而且冲翼艇还可以在冰上、雪地、沙滩、沼泽地、沙漠、草原作一定高度的快速飞行，适应范围很广。

冲翼艇优于一般飞机的地方，在于低空飞行性能好，它可以在离水面或地面0.8~50米高度范围内飞行。这是一般飞机很难做到的。低空飞行性能在军事上是十分有用的，低空是防空雷达的盲区，一般雷达找不到能超低空飞行的冲翼艇，在军事上有实用意义。冲翼艇也可以像一般船舶那样在水中航行，因此，万一发动机发生故障或操纵失灵的时候，冲翼艇可自动迫降于海面，这就保证任何时候任何条件下都能安全航行，所以冲翼艇的安全性能特别好。此外，由于冲翼艇是利用表面效应在离水面较近的高度飞行，其翼下由表面效应产生的升力极强，因此在同样发动机功率下可获得比飞机大数倍的载重能力。在同等功耗下，载重、速度、续航能力等，冲翼艇都要远远优于普通飞机。

1932年，芬兰人卡里奥设计试制了世界上第一艘可载人腾飞的表面效应艇“飞行雪橇号”，并由他最早命名为冲翼艇。后来飞机不断向高空、高速方向发展，使卡里奥的科研成果没有得到很快发展。不过，芬兰、日本、美国、德国、苏联一直有人在做大量的研究工作。20世纪80年代前苏联曾设计研制了新奥兰级的冲翼艇，当时西方曾称其为“新里海怪物”。该艇长58米，翼展31.5米，总高16米，最大起飞质量125吨，最大载质量28吨，巡航速度400千米/时，航程2 000千米。该艇艇身采用高速滑行流线型，翼尖有支撑浮筒。两翼采用下单翼，置于艇身最下部。头部斜装有2台大推力涡轮风扇发动机。高速气流在两翼下方形成高压气垫，使两翼产生极大的升力。另一台主发动机安装在垂直尾翼的顶部。载客总数100~150人，还可装3个大型集装箱或8辆卡车。这种冲翼艇作为经济、快速、隐蔽的运载平台，不仅在军事上可用作高速攻击艇、两栖登陆艇、反潜巡逻艇等，还可以在民用领域作为沿海和远洋运输艇使用。近几年来，俄罗斯在使冲翼艇向实用化方面投入了大量人力物力，在冲翼艇技术方面已处于世界领先地位。

从报纸上看到我国也在研制冲翼艇（即地效飞行器），高兴之余，顺便向读者介绍了冲翼艇的一些知识，旨在让更多的读者关注我国和世界科技方面的进步，引起学科学的兴趣。

从长脚怪蛇说到海蛇

不久前，国外有报道，说在伊朗东北部霍拉桑省，两位测绘人员在野外工作时，发现了一条长有两只脚的怪蛇。于是人们议论纷纷，有的说这是一条四脚蛇，有的说这是一条怪蛇。似是而非，莫衷一是。

其实，四脚蛇不是蛇，而是蜥蜴。现在生活在地球上的蛇类是不长脚的。不过最早的蛇类的确是长脚的，由于后来自然环境发生了急剧的改变，生活条件也发生了变化，在进化过程中，蛇的脚逐渐退化消失。有种身长六七米的大蟒蛇，虽然个体很大，但是在进化程度上却是比较原始和低等的蛇类，在它肛门两侧还留有一对棒状的后肢遗痕，这就是蛇的足。由此可以推测，在伊朗发现的怪蛇身上长脚，这是动物学上所谓的返祖现象，就像有的小孩出生时候肛门上方长个小尾巴，有的小孩出生的时候满身长毛，都是返祖现象一样。

说到蛇，人们凭想象，一般都以为海蛇跟陆生蛇应该是差不多的。这又是一个似是而非的认识。其实，它们之间差别还不小呢！

海蛇跟陆地上生活的蛇原本是一家，早先也生活在陆地上。后来，自然环境发生了很大的变化，迫使它们不得不再次下水。长期适应海水生活的结果，海蛇身体结构跟陆生蛇有了很大差异。海蛇尾部侧扁，像鱼类那样便于游泳；多数种类腹鳞已退化，已很难在陆地上爬行；鼻孔在吻端，朝上仰开，可露出水面呼吸到空气；两个鼻孔内长有能随时启闭的瓣膜，可防止海水进入；肺有发达的气囊，能贮藏足够的空气，能潜泳很久；舌下有盐腺，可把体内过多的盐分排出体外；体鳞下的皮肤也比陆生蛇厚，以防海水渗入。

全世界蛇类约2 500种，其中约650种是毒蛇。海蛇约有50种，全部都是毒蛇。我国海域也有海蛇出没，以南海较多。海蛇有两大类：一类终身生活在海水里，卵胎生，我国共有12种，分布在南北沿海；另一类腹鳞没有完全退化，也能在陆地上爬行，大多卵生，卵产在岸上沙滩或石缝中，我国有4种，只分布在台湾和附近海岛。

海蛇以鱼虾为食物，在近岸河口附近比较多见；尤其是雨季，因为那里雨水中冲来大量有机物，水质肥沃，吸引来成群觅食浮游生物的鱼虾，海蛇尾随鱼群而来。雨季过后，鱼群离散，海蛇也随着消失。

海蛇平时多生活在近海水底，也匍匐于礁石和水中建筑物上。风平浪静的时候，它们也爱静浮水面晒太阳，一有风吹草动就很快沉底。有些海蛇喜欢在夜间活动，到夜间才四出游动觅食。有趋光性，哪里有光亮，就游向哪里。这种趋光性，可能也跟觅食活动有关，因为好多种鱼虾也有趋光性，灯光捕鱼就是利用鱼类的趋光习性设计的。

有些海蛇的蛇毒，比眼镜蛇蛇毒的毒性大50倍。海蛇蛇毒具有神经毒，可麻痹对方神经而死亡。海蛇毒牙不大，一般咬不透潜水服。海蛇毒牙主要用来毒杀鱼类。海蛇爱吃海鳗，每当海鳗游过，海蛇能一口咬住海鳗的腹部，海鳗中毒后很快僵直，以致死亡。即使带棘刺的海鱼，海蛇也能一口吞下。

海蛇一般不主动攻击人，被海蛇咬伤，多半发生在提渔网、拣鱼或偶尔踏在海蛇身上的时候。但是在海蛇交配繁殖季节，常一反常态，它们也会主动出击。

海蛇是毒蛇，它的肉却十分鲜美，被渔民们看做是一道佳肴。出海遇见海蛇，渔民们总要设法活捉它，养在罐里，或当场打死，开膛去掉内脏，挂在船尾晒干。拿回家的活海蛇，在开膛之前，先切去尾部，把血直接滴入酒内，随即饮用，可治渔民易得的风湿病。去头去尾的海蛇，先用开水烫几分钟，剥去皮，去掉内脏，蛇肉可清蒸，或红烧，都很鲜美。在海南省，有一道名菜，叫做“龙凤呈祥”，就是用海蛇做成的美味菜肴。

宇航员在太空能不能看到中国的万里长城

30多年前，从国外传来一条消息，说是宇航员在太空观察我们居住生息其上的这个星球——地球的时候，用肉眼只能辨认出全地球两项非天然的特大工程，一项是我国的万里长城，另一项是荷兰的围海大堤。

多年来，人们在提起这件事情的时候，有些人总以为宇航员是在月球上看到了这两项人间工程，因为传出这个消息，是在美国宇航员1969年7月首次登上月球之后。这也算是个似是而非的认识。

可以肯定地说，登上月球的宇航员，从月球上看地球，是绝对不可能用肉眼辨认出万里长城和围海大堤的。因为月球跟地球之间距离38万千米，实在是太遥远了。不要说用肉眼，即使使用分辨率极高、能在高空辨认出地面上烟头大小物体的间谍卫星技术，在月球上也辨认不出地球上的巨大工程。

从登月宇航员的介绍和他们拍摄的纪录影片看，人在月球上看地球，是很有趣儿的。

第一，在月球上看，地球是一个在漆黑的天幕上挂着的浅蓝色明亮的星球。环绕地球的宇宙飞船离地面只有二三百千米，而月球离地球，前面说过相距38万千米，所以站在月球上看地球，看不到地球浅蓝色的大气圈，看到的地球是一个在漆黑天幕上的大亮球，比在地球上看到的月球亮得多，也大得多。

第二，因为月球自转和绕地球公转的周期恰巧一致，所以站在月球上看地球，地球始终停留在太空中的同一位置上，是一个永远不落的天体。当然，宇航员只有站在朝向地球一面的月面上，才能看到地球。像乘坐"阿波罗11号"登月舱踏上月球的阿姆斯特朗和奥尔德林，因为那次登月落点在月面中间偏东，所以他们在月球上看到的地球位置在偏西上方。乘坐"阿波罗15号"登月舱踏上月球的宇航员，登月落点在月面偏北方向，他们在月球上看到的地球位置在偏南上方。

第三，由于地球总是固定在一个方位上，而且地球的自转速度比较快，24小时就转一圈，而月球自转一圈需27日7时43分11秒，所以宇航员要是在月球上停留时间稍微长一点儿，就能观察到地球的自转。

第四，由于地球自身不发光，只能反射太阳光，所以看不到黑夜部分的地球，只能看到白昼部分的地球。

那么，宇航员不是在月球上，而是在太空的宇宙飞船上或是在航天飞机上看地球，能不能辨认出万里长城和荷兰围海大堤呢？这倒是完全可能的。

我看到过一位美籍华裔宇航员王赣骏写的一篇文章，题为《乘"挑战者号"飞向太空迷宫》[1]。

---

① 见陈天昌选编的《闯入无人区》，第1页，湖北少年儿童出版社1999年4月出版。

王赣骏是美国航空航天局所属帕萨迪纳喷气推进实验室的一位科学家，从事流体物理的研究工作。他提出的《太空旋转中的液体平衡状态》这一科研题目，入选美国航空航天局的太空实验计划。他经过两年多的太空环境适应和飞行训练，成为一名担负太空科学实验任务的宇航员。王赣骏1940年出生在江西赣县，在上海度过了幼年，读了小学，10岁随家人到台湾，1963年赴美国加利福尼亚大学攻读物理，1968年获硕士学位，3年后又取得博士学位。

王赣骏在文章中写道：

> “我这个拥有10多亿人口中国的后代，炎黄子孙，就成了迄今为止第一个进入太空的华裔科学家。”“从航天飞机的舷窗眺望地球，大空景观美极了，地球像个五颜六色的玻璃球，主要颜色呈蓝绿色，其次是陶土色、灰黄色。地球上的河流、山峦、城市、平原看得很清楚。见了这瑰丽迷人的景色，我高兴极了，赶快找相机来拍摄。到了中国的上空，同伴都把窗口让给我，我要拍中国地貌的照片，更想拍长城，可惜那几天中国的上空多云雾，没有拍到长城，只拍了上海市、长江口、海南岛和东海的照片。我准备把上海的照片放大，赠送给上海人民。”
>
> “有一次，当‘挑战者号’航天飞机从西南方向中国领空飞入时，我就开始在跑步机上跑步，从东北方向飞出中国领空时我停止了跑步，前后共用了7分钟——7分钟跑遍中国大地，看来我是赛跑冠军了。”

我摘引了王赣骏文章中的这些细节，目的是想说明，在离地面二三百千米太空的宇宙飞船或者航天飞机上，宇航员能辨认出河流、山峦、城市……应该也能辨认出中国的万里长城和荷兰的围海大堤。王赣骏在文章中也说本想在太空拍摄长城，只是正好因当时云雾多而没有拍成。

最近，据中央电视台新闻联播节目报道，2002年7月12日，美国宇航员尤金·赛尔南兴致勃勃地登上了中国的万里长城。他在长城上对周围的中国游人说,他曾经在宇宙飞船上,通过飞船上的舷窗,在太空用肉眼见到了中国的万里长城。长城虽然不算太宽,但是因为这座宏伟的古建筑很长很长,横跨大半个中国,所以宇航员在太空的宇宙飞船上,还是能辨认出来的。尤金·赛尔南当时虽然汗水已经湿透他的衬衣,还是坚持要爬上最高处的一座敌台,要做一名中国式的好汉。

后记　一路走来

我犹如一株野草，随遇而安；就地扎根，土生土长；风风雨雨中，艰难地成长……

人生旅途中往往会碰到一些偶然的机缘。而有的机缘甚至会决定一个人一生的道路。

机缘与愿望

我从事科普创作活动，也可以说出于一种机缘，是从进入出版界以后开始的。

我大概跟出版这一行天生有缘。解放初期，因家庭经济条件不允许上正规大学，从家乡松江到上海叔父家暂住。当时上海《解放日报》各类招考广告很多，我同时报考了华东军政大学、长春东北科学研究院（在上海招考实验员）和开明书店，这三处我差不多同时接到录取通知。跟家里商量，限于当时的觉悟，决定留在上海，于1950年4月进了开明书店，从此跟出版事业结下了不解之缘。

考进开明书店也相当偶然。报考者竟有好几百人。从几百人中先淘汰了一次，多数没有发考试通知，只通知了不到一百人。上午考数理化，下午考语文和外语。考过不久，我意外地又接到了口试通知。

我曾在《我与开明》一书的一篇文章中记下了那次口试的情景。

"那天我按时到经理室外的小会客室等待应试。一次只叫一个人进经理室口试。记得那天我穿的是一件用家乡土布做的长衫，样子很像《林家铺子》里的那个小伙计。轮到我的时候，我一进经理室，那个场面竟把我愣住了。一张扁椭圆形的大会议桌旁边，坐了一圈上年纪的人——后来知道都是些经理、襄理、协理和编辑部负责人等，总共10多位。这大会议桌的一头空了一把椅子，是给受试者留的。他们叫我在那个座位坐下，开始我竟站在那儿不敢坐。向我提问的只有靠近我座位的两位老人，他们大概是'主考官'。这两位到底是谁，我当时心慌，没有记住，后来也没有问。其中一位可能是周予同，他当时是开明书店的襄理，兼复旦大学历史系主任，因为他说话带外省口音，我有点印象。问的都是一些很普通很容易回答的问题，如在哪儿上的学，家里有些什么人，家境情况等。后来我看老人们都挺和善，再一次叫我坐下的时候，我就不客气地坐下了。交谈中我感觉到老先生们挺喜欢我这个乡下来的孩子。事后得知，通知口试的只有7个人，正式录取的只有5个人，我是5个中的一个。"

当时开明书店有好几位很有学问的老先生。周围同志们向我介绍情况的时候，一再提到顾均正先生、贾祖璋先生，说他们都没有上过什么大学，靠自己业余勤奋自学，成了出色的编辑人才，还写了好多文章好多书。

第二年春天，我由上海调北京开明书店总管理处生产部(即编辑部)工作。先给顾均正先生当了两个月的助手，他当时是生产部主任，相当于总编辑；后来调入自然科学编辑室，在贾祖璋先生身边工作。

二十上下的青年人，还没有定型，可塑性比较大，最容易受周围自己尊敬的人的影响。当时远离家乡和亲人，在北京举目无亲，业余除放放唱片听听音乐之外，也翻阅了不少顾均正先生和贾祖璋先生的著作，比如顾先生的《科学趣味》、《科学之惊异》、《从原子时代到海洋时代》、《电子姑娘》，翻译作品《化学奇谈》、《物理世界漫游》、《任何人之科学》、《飞行的科学》等以及贾先生的《鸟与文学》、《动物珍话》、《生物素描》、《生命的韧性》等。慢慢地，有意无意间他们在我的心目中成了学习的榜样，若隐若现地萌生了要像两位先生那样毕生从事科普编辑和科普创作的愿望。两位先生热爱科普事业、勤奋工作的精神，就像一颗种子，播进了青年人的心田。近50年来，学习两位前辈的精神，我一直坚守在科普战线上。

最初的尝试

1952年底开明书店和团中央的青年出版社合并组成中国青年出版社的时候，自然科学编辑室几乎全是原开明书店的原班人马，这跟别的编辑室大不一样。贾祖璋先生是我们自然科学编辑室的主任兼副总编辑。

在50年代初期，科普工作、出版工作也奉行"照搬前苏联"的方针，所以那个时候我们编辑室每年出的科普读物，有百分之七十上下是翻译前苏联的，个别也有引自匈牙利和波兰的，但是没有一本引自西方。当时全国解放不久，国内总体来说科学水平还不高，科普作者队伍也不大，从前苏联引进比较新的科学技术知识是符合当时的情况的。前苏联著名科普作家伊林、别莱利曼、费尔斯曼、伏龙卓夫—维略明诺夫等的作品，就是在那个时代由我们编辑室组织翻译出版的。

我常常是我们自己出的书的首批读者之一。我很喜欢伊林和别莱利曼的作品。我最初练笔投稿，就是介绍伊林的《在你周围的事物》，评介短文发表在1955年的《中学生》杂志4月号上，是篇千字文，署名四田。这个笔名是纪念我少年时代的小伙伴的，她小名世娣，四田是世娣的谐音。

50年代初期，时兴学俄语。我们出版社也公费选派青年编辑到中苏友协主办的俄语夜校学习。学制两年，能始终坚持下来的真不多，一般学半年就半途而废了。我和高庄（现科学出版社编审）倒是坚持学满了两年。那时我还自己对照我们编辑室出的翻译读物看原文，记得有一本小册子叫《人造卫星和宇宙飞行》，我就对照着从头到尾看过。那时出版社外文资料室还订了几种俄文杂志，如《知识就是力量》、《少年科技》、《环球》等，我也爱翻翻，增长一点新知识。

我早期写的科学小品，比如《万能的眼睛——电眼》、《地热电力站》等，就取材于前苏联的书刊。这两篇文章发表在1955年的《中学生》杂志上。

没有想到，这最初的两篇科学小品，竟被上海的少年儿童出版社选中，选进了他们1956年出版的科学小品集《奇妙的粉末》中。该小集子还收有王汶、郭以实等的作品。我曾感到纳闷，初学写作，功夫肯定是下了不少的，但毕竟是一个23岁青年的习作，怎么被选进集子呢？后来我自己想明白了，1956年社会上已经开始出现追求高指标的苗头，出版界也不例外，各出版社都追求多品种，于是这个集子应运而生，我的习作也就滥竽充数了。另外，当时我写文章，总写自己很喜欢的内容，写在当时来说比较新鲜的知识。我总想，连作者自己都不怎么感兴趣的知识，怎么能写好，又怎么能要求读者喜欢呢？这两篇习作所包含的知识内容在当时来说还算新鲜，被编辑选进集子，可能就是看中这一点。

摸索前进

写过几篇文章以后，我在平时工作、阅读中，就很注意琢磨、比较、学习中外科普作家的写作特点和写作技巧。

比如伊林的作品思想性很强，他用鲜明具体的事实，说明社会生产的发展推动了科学技术的发展；反过来，科学技术的发展又促使社会生产的发展出现新的飞跃。就是这样，作品渗透着辩证唯物主义和历史唯物主义思想，包含丰富的辩证法，给人以启发，给人以教育。伊林有相当一批作品是介绍社会主义建设，讲跟自然和谐相处的，是直接为前苏联当时的政治服务的。比如《五年计划故事》，是宣传前苏联第一个五年计划建设的；《人和山》，可以说是《五年计划故事》的续集；《建设共产主义的人民》，介绍了前苏联第五个五年计划（即战后第一个五年计划）的建设成就，是伊林去世前一年写的，是他的最后一本著作。这一类著作的字里行间，洋溢着这样一个信念，那就是：社会主义社会一切为了人民，不像资本主义社会一切为了利润。他鼓舞人们在建设共产主义的征途上满怀信心地奋勇前进。

伊林善于“把复杂、奥妙的事物，简单明白地讲出来”（高尔基语），比如《原子世界旅行记》；也善于把一般人认为是枯燥的事物，编成有趣的故事，比如《五年计划故事》。伊林的著作段落不长，句子简短，常常是一个短句就是一段，很少有冗长的段落。伊林曾经把缺乏热情的、无精打采地一句接着一句冗长的句子，跟磨平了齿儿的齿轮相比，说这样的齿轮什么也钩不住，什么也带不动；准确表达思想的句子应该留下痕迹，唤起读者的注意。我曾经在一篇伊林作品研究的文章里写过："简短的分段造句结构，有起有伏，具有节奏感。更重要的是这样的结构容量大。有简短的几段或几句话作过渡，把话题扯开去，或拉回来，都比较自然。犹如画一幅色彩秀丽的图画，几个地方有淡淡的几笔作过渡，使色彩层次丰富，画面柔和不刺眼一样。这样的分段造句结构跟伊林著作在知识内容上的安排是统一的。不过这样大容量的写作结构形式，要求作者具有渊博的学识，才能运用自如，达到尽善尽美的境界。"

别莱利曼写的《趣味物理学》、《趣味几何学》、《趣味代数学》、《趣味天文学》等一套书，写法上则是另外一个路子。他非常讲究选材，写的都是十分吸引人的有趣的知识，比如古时候祭司怎样做假骗人，说明永动机从不存在。也引用凡尔纳科幻作品里的材料，以增加阅读兴趣。有时也采取意想不到的角度讲十分普通的知识，比如讲向疾驰的汽车前面抛一个西瓜，这个西瓜就有可能变成"西瓜炸弹"，以此讲解速度、质量和能的关系。别莱利曼总是用几百字或千把字很短小的篇幅来写每一个小节，把这些小节分门别类编排起来，虽然各小节间没有明显的联系，实际上却是一部有趣的物理学或几何学、天文学……

国内科普作家中郑文光的作品跟方宗熙的作品也不是一个路子。

郑文光同志的作品文笔秀丽，很有文采。比如他的《飞出地球去》，我就仔细琢磨过，很有美学欣赏价值。

作为责任编辑，我审读加工过几本方宗熙同志的作品，如《古猿怎样变成人》、《达尔文学说》以及早年的《米丘林学说》等。他的作品脉络清楚，很有条理。这几本书几乎用了同一模式，即每章有几个小节，每个节标题下又分一、二、三、四……每个小节末尾都有一个小结，全书结尾还有一个提纲挈领的总结，叫人看了清清楚楚，也容易记住一些什么，很有特点。

我早年也很喜欢叶至善的作品，他行文平易、自然、清新，通情达理。《少年科普佳作选》编选过程中发现缺叶至善同志的作品，我脱口而出推荐了早年发表在《中学生》杂志上的《星空时钟》一文。后来我打电话征求他本人的意见，他回话："就这一篇可以。"

琢磨、研究高手的作品，意在博采众长，提高自己的文字表达能力。记得我年轻时候也模仿过高手的文章结构，比如我写《小陀螺和大陀螺》一文，就模仿过高手写的《今天的无线电》，后者讲无线电原理以及在各个领域的应用，前者讲陀螺的特性以及在海、陆、空交通运输工具上的应用——知识内容不同，文章结构设计却是类同的。

有益的鼓励

自 1958 年贾祖璋先生从中国青年出版社调科学普及出版社以后，20 多年里，我一直在王幼于同志的指导下做编辑工作，他给我的教益也很多，还是我的入党介绍人。我们从 1951 年起就在同一个编辑室工作。他开始是一般编辑，1956 年任编辑室副主任。贾先生调走以后，他任我们编辑室主任兼副总编辑。他是一个沉默寡言、对人对己都非常严格的人，不轻易说赞扬的话。有一回看了一篇我的作品，他说"这一篇写得不错"。因为这话十分难得，所以即使已经过去了好几十年，还深深印在我的记忆里。

那是 1957 年的事儿，当时正是"大跃进"的前夕，从党中央传下来一个精神，要提倡敢想敢干，特别提到中外历史上的一些出身低微、年纪较轻、学问较少、条件较差的发明家、科学家，可从这些古人的创造活动里获得力量，有所借鉴。于是出版社领导商定了一个选题，赶出一本《平凡的人，伟大的创造——历史上敢想敢做的人们》，要求 10 天半个月内把文稿赶出来。商定由两个编辑室合作，社会科学编辑室担负中国古代发明家部分，他们约请社内社外高手如叶至善、周振甫等撰写；自然科学编辑室担负外国发明家部分，向外约稿已来不及，贾先生决定编辑室内抽 4 个同志赶写，每人写几篇，七天内交稿。贾先生要我也参加撰写。我写了《蒸汽机的发明家瓦特》和《星际航行理论奠基者齐奥尔科夫斯基》两篇。幼于同志赞赏的是我写的瓦特那一篇。

我写瓦特，摈弃了瓦特看见水壶冒汽掀动壶盖，由此受到启发发明了蒸汽机这样的无稽之谈。我坚持用历史唯物主义、辩证唯物主义的观点来写瓦特和他改进的蒸汽机。

首先我肯定了蒸汽机的发明是18世纪划时代的一项成就，在动力利用上得以摆脱对自然的依赖，使手工业性质的小生产有可能发展成为使用大机器的大生产——世界经济面貌从此出现了一个簇新的局面。取得这项划时代成就的光荣，发明家瓦特有他应得的一份。

还简要回顾了蒸汽机的发明史，说明在瓦特之前，早已有了各种各样的蒸汽机，从希伦、白兰格、萨培利、巴本、包尔祖诺夫到纽可曼，都曾先后设计过自己的蒸汽机。瓦特只是在格拉斯哥大学里当修理工的时候，在修理纽可曼蒸汽机中，发现纽可曼蒸汽机动作不连续而且慢，蒸汽浪费太多，效率太低，他才想到要设法改良纽可曼蒸汽机，并决定从三方面下手：使活塞的动作又连续又快；工作中不使汽缸冷却而避免蒸汽浪费；汽缸的活门要能自动开闭。这是三个难题。经过认真钻研，他终于发明了分离冷凝器，一举解决了三个难题，因此最后完成了高效率蒸汽机的发明。

最后我夹叙夹议借题作了发挥，幼于同志欣赏的，可能也就是这一段，节录如下。

“发明家瓦特的获得成功，也说明了这么三条道理：之一是发明事业常常是后人继承了前人的工作而取得成功的，一个人关起门来胡思乱想是不可能完成什么发明的。纽可曼等继承了前人的工作，设计了自己的简陋的蒸汽机，而瓦特又在纽可曼取得的成就的基础上终于最后完成了蒸汽机的发明。之二是发明创造大部分是从劳动人民中产生出来的，大都出于那些社会地位低、学问少、条件差的人们。前面说过，瓦特根本没有上过学，是一个小木匠、钟表匠和技工。正是因为劳动人民接触生产实际，能够迫切地感觉到创造和发展技术的需要，同时通过劳动实践，获得了丰富的经验，给创造发明提供了基础。瓦特就是从修理纽可曼蒸汽机而想到要改进这个笨拙而不经济的机器的。后来他苦心研究、实验，最后终于作出了巨大的成绩。之三是任何一种创造发明都是和社会生产密切相关的。事情常常是这样：当生产的发展领先时，它就会促使一系列旧技术为新技术所代替。反过来社会上没有需要，任何创造发明也得不到支持，得不到发展。俄国的包尔祖诺夫就是这样，虽然他的蒸汽机发明比瓦特还早七八年，可是在农奴制的沙皇俄国，就得不到任何发展。而在英国，在瓦特的那个时代，生产的发展迫切需要效率较高的动力机械去代替那些陈旧的动力机械。可以这样说，在当时生产的推动下，不是瓦特，别的人也会发明这样或那样新的动力机械来适应社会生产的发展的。发明事业并不神秘，成功永远属于时代的自觉的革新者。”

事实上我在写这篇文章之前，曾跟幼于同志讨论过一些问题，文章中的一些观点，实际上是他提到过的，是他的观点，我只是表述得比较符合他的要求，才得到了他的称赞。

“白帆”的来历

1959 年，全国掀起了批判“白专道路”、到处“拔白旗”的运动，出版社也不例外，我和杨永青同志（现在是知名画家，中国版画家协会理事）被定为共青团内的批判对象。说我们不关心政治，对政治活动不热心，业余只知道画画写文章，追求名利，只专不红。一时间来势还挺猛。我仔细琢磨，似乎还不在于发表了几篇科普文章，还得从政治上找原因。我终于回想起，在 1957 年反右派斗争前期，我曾在团小组会上表示过对于把彭子冈和刘重作为右派分子进行批判想不通。彭子冈当时是我社《旅行家》杂志社的主编，采访过重庆谈判的名记者，是党内的行家。刘重当时是我社《中学生》杂志社的主编，是知名的儿童文学作家，也是党内行家。我一直很崇拜这两位经过生死考验的党内的知识分子。尤其是刘重，是他最早鼓励我练笔，并主动找我为《中学生》写稿，于是我们建立了忘年交。一旦把他们作为阶级敌人批斗，我思想不通，曾在团内谈心会上说出了自己的真实思想。我总觉得，后来团内批判我，肯定跟这个有关系。

之后我一方面吸取教训，遇事多从政治上考虑，说话也更加谨慎，并努力在政治上求得进步；另一方面不管人家怎么说，我还是认为青年人练笔没有错，只是此后一度发表文章用了个笔名白帆。我始终不认为自己是一面白旗，而是一叶纯洁无瑕的白帆。取名白帆，是扬起白帆继续远航的意思。

1961年（也可能是1962年）甄审平反中，团委书记通知我，1959年的“白专批判”是过火了，向我道歉。而我的确从那次批判中吸取了有益的教训。

事后想想，在当时形势下，假如我处在党委书记或团委书记的位置上，我可能也得找出几个“典型人物”来批判批判，而且在当时形势下还可能认为自己是很革命的。现在我们彼此都不介意，因为毕竟我们共事多年，彼此都有个起码的了解和理解，而且除了工作，还有多年的友谊呢。

命题作文

大概什么事物都是可以一分为二的，“白专批判”给我精神上带来过很大压力，可是不少同志也从批判中了解了我，觉得我还是一个比较勤奋的青年，笔下功夫也还有一点儿。于是出版社里赶一些急件，需要在几天内赶写出来发稿的任务，不管是自然科学方面的还是文学、其他社会科学方面的，也不管是青年读物还是少年读物，同志们都愿意邀我参加撰写工作。比如文学编辑室接受团中央下达的编辑出版《美帝国主义侵华罪行录》的急任务，他们通过社领导也临时抽调我参加编写，叫我写“孤儿的遭遇”，理由是我在孤儿院待过，有亲身感受。少儿社编辑出版《最聪明的人》，他们也命题要我作文。以致后来社会科学编辑室赶编《祖国》，也命题叫我写了其中的5篇文章。

我的追求

十年动乱中，我在“五七干校”呆了3年多，其中有两年半跟郑延慧同志等一起放鸭养鹅。我们一起在一个没有人烟的荒岛上建起了养禽场，这个无名小岛后来我们起名叫鸭岛（有时也叫鹅岛）。鸭岛周围大多是水面，春天湖岸遍地都是野花，红的白的，紫的黄的，确是好看。这个上千人的团中央干校，人员分布在方圆10里地的大围湖垦区。休假的日子，同志们没有别的地方好去，就都爱上我们鸭岛转转看看，就像假日逛动物园一样。在野外放鸭放鹅，风风雨雨，虽然辛苦，却也别有一番情趣。

即使在那个时候，我也坚信总有一天，终究还会要拿起我的秃笔，继续干我编辑这一行，还会写我的科普文章。所以平时劳动中，我还能有心观察鹅鸭等动物的一些有趣行为，还作了饲养记录。

回到北京恢复出版业务后，我曾把干校积累的素材写成三篇文章，《从大鱼吃小鱼说起》发表在四川的《科学文艺》杂志上，《黑鱼白鹅之间》发表在北京的《少年科学画报》杂志上，《牧鹅散记》发表在福建的《科学与文化》杂志上。《牧鹅散记》1984年被选入中国科普创作研究所主选的《少年科普佳作选》，该选集在1987年第二届全国优秀科普作品评奖中获得优秀图书二等奖。

我也曾利用春天去北戴河开会的机会，从海边向渔民要了一条小章鱼，带回东山宾馆住处饲养观察。

小章鱼很好玩儿，把饲养它的水盆移到太阳光下，它的体色会变深，呈深褐色；水盆放到卧室里，它的体色会变淡，近乎灰白色。最有趣的是只要用小棍一碰它的身子或者任何一条腕足，它的身上就会出现黑色纵向的粗线条，两只眼睛的外侧还同时会出现金色的带黑圈的假眼，显得十分可怕。小章鱼在小盆里游泳的时候才好看呢。它八条腕足一齐笔直伸向前方，身体像一支火箭，靠眼旁伸出的漏斗形软管喷水游动，速度极快。软管还能转换方向，所以它既能朝前游，也能倒退游——经常是倒退着游。

消息传开，同志们好奇地纷纷前来观赏活章鱼，与会的王国忠、郑延慧、盛如梅、郭以实等也特地来观赏过。

8天的会议结束了，我用一只大瓶装上新鲜海水，想把小章鱼养在瓶里带回北京。可是瓶子里的活动天地毕竟太小了，小章鱼在火车上就死掉了。连续好几天，我还常常记起小章鱼在水盆里游动时候很好看的身姿。

后来我写成一篇《小章鱼》，发表在上海的《儿童时代》杂志上。

我比较喜欢用自己观察所得的第一手材料，运用散文、小品等文学体裁，夹叙夹议，写物抒情，力求优美动人，使文章既有知识性，又有美学欣赏价值——这是我所追求的，也是今后努力的方向。

给道义同志"打工"纪实

我挺敬佩道义同志，主要因为他多次交给我经过努力我能够做的而且我喜欢做的工作。后来有了一些合作成果之后，我还感觉到他挺信任我，于是我们之间就有了更多的合作机会。

20世纪80年代初，中国科普创作协会和中国科普创作研究所组织人力编撰《科普创作概论》和《科普编辑概论》，我撰写了《科普编辑概论》中第三章第四节"加工"一节，约八九千字，审读后一次通过，认为符合撰写要求，不必再修改。当时主持这项工作的道义同志建议，可考虑从交稿的作者中选择少数人参加部分书稿的修改和重写工作，我被选中，承担重写第七章"科普图书的编辑工作"。这部分包括工交图书、农林图书、医药图书、少儿图书、科学文艺图书等8个门类，由8位作者分头写成，结构、写法很不一致。于是，道义同志按概论类读物的特点，亲自拟了一份详细的写作提纲，交给我按他的提纲重新写过，可以选用原作者的素材，不足的由我补充。结果，由原来的八九万字最后改写成4万字定稿，也是一次通过，没有再要求修改。这是我跟道义同志的第一次合作——愉快的合作。

1983年,中国科普研究所主持选编《少年科普佳作选》。作为选集,关键在选,要选准。道义同志和几位主编建议我作为责任编辑争取早期介入,我欣然同意了。我是这么考虑的:第一,参与筛选的过程,可以熟悉编选的原则和意图;第二,也可以及时交流出版社的一些想法,与其交稿后有不同想法,不如在编选过程中及时交流;第三,有的编辑工作可以提前顺手就做了,有利于赶在当年"六一"前出书。主编们集中在太湖工作了几天。初选工作快完的时候,他们把时任中国科普创作研究所领导的道义同志和作为责任编辑的我,叫到了无锡,参加复选工作。在无锡的八九天,道义同志带领我们6个人每天日夜工作,每人总共得看五六十万字。道义同志带头逐篇看作品,提出具体调整方案,十分尽心尽力,而不是因为自己是领导,就不做具体工作,只是说点儿不痛不痒的意见完事。那次合作,他的工作作风给我印象很深。该佳作选从交稿到出版只用了3个月,赶在"六一"前的5月出书,前后两次印刷共发行76 000册,也印装了部分精装本。到目前为止,40万字的一大本还没有发现一处差错。

1984年,依照胡耀邦同志的建议,国家民委提出要编一套《科学知识丛书》,在少数民族地区和边远地区发行。国家民委求助中国科协。中国科协又通过中国科普作家协会组成一个11人的《科学知识丛书》编委会,帮助民族出版社拟选题,物色作者。中国科普作协主持这项工作的道义同志推荐我参加了编委会,并按他要求每个编委会成员必须为这一套书写一本的规定,我撰写了生平第一本书,即《天空奇观》,用汉、蒙、藏、维、哈、朝6种文字同时出版发行。我比别人多一项任务,就是物色推荐整套书的封面设计、版式设计、插图绘画等美编人才。丛书整套40种,按计划顺利出版发行。后来的1999年,即15年后,经我推荐,精选其中24种重新修订排印,在浙江少年儿童出版社作为《小海豚科学丛书》装成3辑(3盒)重新出版,并在当年就重印了一次。这套新版小丛书特邀道义同志任主编,他撰写了序言。

1989年10月,宋庆龄基金会举办第二届宋庆龄儿童文学奖评奖。这一届只评儿童文学中的科学文艺类图书，所以要求中国科普作家协会参与工作。荣高棠任评委会主任，道义同志任评委会副主任。道义同志又推荐我参加了这一届评委会工作。中国作家协会高洪波和我任组长，加上宋庆龄基金会的刘娜，我们具体负责日常工作。这一届评奖历时42天，入住中组部招待所，规定不许跟外界泄漏评奖秘密，闭门日夜审读送评图书。分初评、复评、终评三次投票。来自儿童电影厂和中国儿艺等单位的七八位同志，只参加初评和复评工作，完成工作后就回原单位。最后，中国作家协会书记处束沛德、著名儿童文学作家杲向真、社科院文学研究所樊发稼和科普作家陶世龙、金涛、黎先耀等15位参加了终评工作。评委中一些儿童文学作家对科学童话有点儿看法，特别是数学童话，看了觉得挺别扭。于是，少不了还要做一些沟通工作。道义同志找我特别嘱咐，一等、二等奖务必把好关，要经得起全社会和时间的检验。评审结果一等奖空缺，二等奖3种，三等奖5种。最后，由我和高洪波撰写每本得奖作品的简短评语。1990年1月6日，在人民大会堂福建厅召开颁奖大会，荣高棠在颁奖大会上以“良好的祝愿”为题讲了话。后来郑文光的《神翼》、叶至善的《梦魇》、潘文石（北京大学教授、常驻秦岭地区调研的著名熊猫专家）的《大熊猫的故事》等8种获奖作品，在我们中国少年儿童出版社重新装帧排印整套装盒出版发行。之前，道义同志向我建议，乘获奖作品重新排印的机会，可考虑把这次评奖中付出了辛勤劳动的评委会成员印在每本书上，也向社会通报，是哪些人参与了评奖工作。我考虑再三，觉得直接把评委会成员名单印在书后，有点儿生硬。终于选择在作为代序的荣高棠讲话中提到评委会的地方下了一个脚注，用稍微小于正文的小五号字排印全部评委会成员名单和职务职称。这个办法得到了道义同志的认可。中国少年儿童出版社对这套书的出版发行也十分重视，曾在人民大会堂召开了首发式和赠书仪式。

记不得是哪一年了，大概是20世纪90年代初吧，会刊《科普创作》稿源奇缺，赵剑芳“巧妇难为无米之炊”，于是道义同志又临时召集了五六个人,好像都不是会刊的编委,要我们像剧场演出救场那样,赶快写点文章救救急。我遵照道义同志的嘱托,把过去想写而没有来得及写的有关文章以及写了一半放下未完成的有关文稿赶紧写了出来,如《少儿科普读物编辑出版大趋势》、《实践·体裁·意识——叶至善建议我把〈牧鹅散记〉由相声改写成散文》、《少儿科普读物千姿百态》、《少儿读物的特殊性及在编辑工作上的特殊要求》等陆续赶写了出来,交给赵剑芳在会刊上发表。

也还是20世纪90年代,有一天道义同志打电话给我,说中国教育电视台跟中国科普作协已商定合作搞一套科普动画片,请科普作家撰写动画脚本,教育台负责摄制和播出,问我有没有兴趣参加这项工作。我说我可以试试。于是,前后两次到教育台开会商量选题分工和撰写脚本的具体要求。电视台还有点儿国外资料可供借鉴选用。我分工撰写《动物的冬眠》电视脚本。最后,拍摄成2集4节共80分钟的知识动画片在中国教育电视台播出。

筹备召开全国科普工作会议期间,道义同志召集了汤寿根等五六个人,分工撰写为会议准备的文字材料。道义同志让我撰写"全国科普图书出版情况的调查报告"。1995年10月,我受北京市科协科普部委托,经过几个月的调查研究,写过一个《北京科普出版业的发展历史、现状、存在问题及其改进措施和建议》的调查报告(约17 000字)。写这份调查报告前曾参考过道义同志为《当代中国》丛书(出版事业卷)写的一篇长文章,出版业发展历史分期等都采用了道义同志的观点。北京市的调查报告包括了科普图书、期刊、报纸等诸多方面,不过只限于北京地区;道义同志要我写的是全国范围的,不过只限于科普图书,期刊、报纸等另有人写。我用为北京写的调查报告的框架,写成了全国科普图书出版情况的调查报告。

湖北少儿出版社约请道义同志主编一套大型彩色图册,他打电话问我有没有兴趣参加撰写文字部分的工作。我当然很感激他又给了我一个经过努力有可能做好这项工作的机会。最后,确定提纲和图片资料由主管林业部野生动物保护区工作的同志来承担,我和林业出版社的徐平承担撰文。林业部施光孚写出提纲初稿后，道义同志认为不像少儿通俗读物，要我参考提纲初稿重新再拟一份没有成人学术著作气味的新提纲供大家讨论。我的提纲不再分章分节，标题也改得生动活泼一点，以吸引读者阅读。根据大家讨论意见，道义同志亲自草拟编写要求，并亲自跟大家一起撰写样稿，通过具体的样稿来进一步统一思想。为了活泼版面，还设计了“小知识”、“小辞典”、“考考你”、“你知道吗”、“信不信由你”等小板块。绝大多数彩色照片都通过林业部直接向有关自然保护区索取，是首次发表的珍贵图片。又经宋祖廉、雨虹同志精心设计版面，一反过去见到过的那种一方方照片呆板排放的老套套，把全部版面安排得非常活泼流畅，看了叫人喜欢。绝大多数彩照没有边框，有的文字就印在以淡雅的图片为背景的画面上，叫人赏心悦目。这部大型彩色图册在湖北省获得高奖，在2001年第四届全国优秀科普作品奖评选中获二等奖。

2001年，道义同志推荐我参加了第四届全国优秀科普作品奖的评奖工作。这一届评奖由中国科学技术协会、中华人民共和国新闻出版总署、国家自然科学基金会、中国作家协会联合主办。我作为评审专家分在基础理论组，任副组长。这届评奖历时8天，入住京郊蟹岛度假村。因为《中国珍贵野生动物》（大型彩色图册）我是两个撰稿人之一，所以跟金涛、张开逊、陈芳烈、胡作玄等一样，既是参与评奖的评审专家，又是有这届送评著作的作者的一律在小组评审自己作品和小组投票中回避。我们小组认为，我是组内最认真对待评审工作的。小组初评入选作品每种都由正副组长分工撰写简短评审报告，并签名后报送评委会。《中国珍贵野生动物》在这一届评奖中高票获得二等奖。

机遇只给有准备的人

我一生从事科普编辑工作，科普创作只是业余爱好。

在选编《中国少儿科普名家作品自选集·陈天昌卷》的过程中，我注意到，有相当一批作品的问世，是跟我的编辑工作、跟干编辑这一行密切相关的，罗列如下：

《少年百科丛书》精选120种重印，《浮力的故事》被入选。只是跟其他入选的书比起来，该书过于单薄。本来要是作者梁恒心教授还在世，当由他亲自来增补。可惜作者已故世了。乘再版重排这个机会，在很短的时间期限内，我和我社余俊雄同志为这本小册子作了修订补充，补写了一些章节，篇幅增加三分之一以上。仍用原作者名义出版，只在书后写了一个后记，向读者作了些交代。现在收进自选集里的"卫生间里的浮力装置"、"虎跑泉不沉的硬币"、"浮力永动机"、"鱼鳔的功能"等几篇，就是在这种特殊情况下赶写出来的。

《今天的科学》(一)入选《少年百科丛书》(精选本120种)，其中一篇长文章的作者因故被禁止在出版物里出现，社里要求重印时把这篇文章撤下来。时间紧，另找人撰文正好能填满这撤下的9面印刷页，也不易，不便难为人家。于是我只好自己执笔，在同一题材范围内，从选材和切入角度等方面做到有别于原作者，写成了"把视野拓展到宇宙深处——介绍天体物理学"，该文也收进了自选集。

文集中"峨眉山的猴子怎样欺负人"一文，那是有一年出席中国出版工作者协会召开的第二届编辑出版学术年会后写成的。那次年会在四川峨眉山山脚下的红珠山宾馆召开，会议最后组织与会代表上山看看祖国的这一名山。山上的几群猴子给我留下很深的印象，回来写成此文，原先发表在《少年科普报》上。

收进自选集的《龙宫探奇》一书的问世，说来也很偶然。1990年上海出版工作者协会和少年儿童出版社在上海联合举办全国少年儿童读物编辑培训班，他们邀我专程去上海讲一课。我的授课题目是"编辑的进取意识和成才之路"，利用我已经发表的几篇有关文章的素材，再结合自己的经历，夹叙夹议，讲到动情处，我自己也很激动。后来接到听过我讲课的学员林毓琼同志热情的来信，说他们福建教育出版社正策划编辑出版一套《小学图书角丛书》，邀我务必为他们这套书写一本，由她当责任编辑。《龙宫探奇》就是在这么一个背景下出笼的。这本书初版印了5.5万册，后来重印过3次，1996年还重新包装换了封面作为精选本出版。

《中国孩子的疑问》（一套4册）是跟台湾人类图书文化有限公司合作编辑出版的，他们出版周期很短，履行合同也特认真。从策划到发稿只给很少几个月时间。显然原先按部就班那一套工作程序行不通，社里决定就在本社抽几个既有高级职称又有写作经验的人跟台湾作者一起来突击完成任务。我承担了其中动物植物篇和人体奥秘篇两个分册各一大半文稿的撰写。这套书1999年已重新包装第8次重版。

1993年社里计划要给农村少年编辑出版一套《农村少年书箱》（一套20种），当时从各方面了解到国内已有两家出版社也已开始编农村少年儿童读物，规模还相当大。为了争取早日出书，商定仍在社内组织写作力量赶写书稿。分工由我承担其中两个选题的撰写，即《自然奇观知多少》和《迷信·骗术·毒瘤——讲科学破迷信》（包括现代迷信和传统迷信两部分）。这两本小册子的部分内容也选进了自选集。

由此我想到，科普编辑工作者尽早练笔，业余从事一些科普创作，是有助于顺利完成科普编辑任务、有助于做好科普编辑工作的。编辑与创作（多数属再创作），能相辅相成，相互促进。另外，机遇也只给有准备的人。

乐在其中

现在我已退休，新宅敞亮的书房，成了我继续为祖国服务为少年儿童服务的工作场所。我已开始了一些新的尝试，比如给中国教育电视台撰写知识动画脚本，已拍成两集4节80分钟的知识动画播出。

也承担了报刊专栏的定期撰稿任务，如河南省教委系统办的学生报，我承包了一个“让我告诉你”专栏，由我独家供稿，已持续几年；又如给我社《我们爱科学》杂志社策划并承包了一个“100个似是而非的问题”专栏，由我独家撰稿，已持续3年半。

几家兄弟出版社要求我为他们策划整套丛书，替他们拟定选题，物色作者。有的丛书已经出版，并当年就重版，如浙江的《小海豚科学丛书》，一套三盒共24种；有的正在操作中。由我设计策划的丛书，我自己总要承担其中某一本书的撰稿任务。

为北京人民广播电台撰写科学散文，已播出两篇。也撰写有关编辑学研究和编辑工作研究的文章，如《人民日报》刊出的“呼唤科普精品”以及《科技与出版》刊出的“科普图书编辑出版怎样走出困境再创辉煌”等。

我不认为从事科普创作是个苦差使，倒是乐在其中。

人生苦短。我们珍惜生命的可贵，就要像流星那样，纵然转瞬即逝，也要把光留给人间。